中級日本語文法要点整理ポイント20

友松悦子・和栗雅子 ◆ 著

スリーエーネットワーク

中級日本語文法要点整理ポイント20

友松悦子・和栗雅子 ◆ 著

スリーエーネットワーク

© 2007 by TOMOMATSU Etsuko and WAKURI Masako

All rights reserved. No part of this publication may be reproduced, stored in a retrieval system, or transmitted in any form or by any means, electronic, mechanical, photocopying, recording, or otherwise, without the prior written permission of the Publisher.

Published by 3A Corporation.
Trusty Kojimachi Bldg., 2F, 4, Kojimachi 3-Chome, Chiyoda-ku, Tokyo 102-0083, Japan

ISBN978-4-88319-457-5 C0081

First published 2007
Printed in Japan

PREFACE

はじめに

本書の対象

　このテキストは、日本語初級の学習が終わり、中級レベルの学習を始めて間もない人、現在中級レベルの学習を半ばまで進めている人、中級レベルは一応終わった人などが、中級文法関連の学習項目を全体的に見渡せるようにと作成したものです。中級レベルの学習は奥が深いので、どんなことをどう学習したらいいのかわからないまま、文型を次から次へと覚えることに終始することが多いように見受けられます。それよりも、中級文法の大切な学習ポイントの全体像をつかみ、初級の学習と関連づけながら学習するほうが有効ではないかと考え、本テキストの作成を試みました。

本書のねらい

　本書は、『初級日本語文法総まとめポイント20』の姉妹編です。日本語とはこういうことに注意しながら学習するのがいいのだということがなんとなくわかってくれば、学習がしやすいのではないかと思い、初級の学習項目を整理して作成したものが『初級日本語文法総まとめポイント20』です。本書のねらいも初級編と同じです。中級レベルの大切な学習事項のアウトラインを示すことによって、効率のいい学習を促すことができればいいと考えています。

本書の構造

　大切なポイントを20項目に分けて、次第に奥へ進めるように並べました。はじめに助詞など構造の面からの学習、そして、中級の大きな柱となっている複文の学習、わたし（話者）の気持ちを伝えるいろいろな言い方の学習、社会生活に溶け込むための運用面での学習へと進んでいきます。各課ははじめにスタートテストがあり、まず腕試しをやってみます。次にその課で学習するポイントの説明や例文があり、その後に、学習し

たことを確認するための練習問題が続きます。（文型の練習問題については、正しい文を作るための注意書きが別冊解答に加えてあります。）

　課の最後に、まとまった文章の中での使い方を考える練習問題を加えました。

語彙と翻訳について

　大切な説明部分は、3か国語（英語・中国語・韓国語）の翻訳をつけ巻末に収めました。また、学習者のために訳が必要と思われる語には、3か国語（英語・中国語・韓国語）の訳をつけ、旧日本語能力試験2級以上の漢字にはルビをつけました。

　中級レベルの文法学習は、初級で学習したことの塗り固めのようなものです。妹編の『初級日本語文法総まとめポイント20』の学習が、姉編である本テキストによってさらにブラッシュアップされたら、著者としてこれに勝る喜びはありません。

　妹編と同様、第一出版部の佐野智子さんには企画の段階から、全体の構成、学習者にわかりやすくするための工夫、説明事項の内容に至るまで、たくさんのアドバイスをいただきました。特筆すべきは、学習者のために、解説の翻訳と語彙の訳を巻末につけて使いやすくするというアイディアを思いついてくださったことです。心からお礼申し上げます。

　また、原稿を若い世代の目でチェックし、語彙や表記などについてもわかりやすくするためのご指摘をくださった田中綾子さん、本当にありがとうございました。

2007年11月　著者

＊本書の学習項目の索引は、スリーエーネットワークホームページ（https://www.3anet.co.jp/np/books/3320/）からダウンロードできます。

接続のしかた

文を作るときは、それぞれの文型に応じて接続の形を整えなければなりません。
このことも中級レベルの学習のポイントです。

接続の形　凡例

品詞	接続する形	例
動詞	動詞ない形	見ない　＋うちに（9課）
	動詞（~~ない~~）	話さ　＋ざるをえない（13課）
	動詞（~~ます~~）	わかり　＋次第（9課）
	動詞辞書形	探す　＋までだ（13課）
	動詞う・よう形	がんばろう　＋ではないか（14課）
	動詞て形	見て　＋はいられない（13課）
	動詞た形	行った　＋ものだ（14課）
	動詞ている形	している　＋最中に（9課）
イ形容詞	イ形容詞い	熱い　＋うちに（9課）
	イ形容詞くて	痛くて　＋しかたがない（13課）
ナ形容詞	ナ形容詞な	大丈夫な　＋わけがない（12課）
	ナ形容詞で	心配で　＋ならない（13課）
その他	普通形	人間だ・人間である・お金がない　など＋からといって（10課）
	する動詞の名詞	（発展する）発展　＋につれて（11課）

例1

　普通形（ナ形容詞な／である　名詞の／である）　＋わけがない　

普通形に接続します。ただし、
「ナ形容詞だ（きれいだ）」ではなく、ナ形容詞な（きれいな）」の形で接続します。
　　彼の部屋がきれいなわけがない。

または「ナ形容詞である（複雑である）」の形で接続します。
　　　説明書が複雑であるわけがない。

「名詞だ（社長だ）」ではなく、「名詞の（社長の）」の形で接続します。
　　　彼が社長のわけがない。
または「名詞である（経済大国である）」の形で接続します。
　　　わたしの国が経済大国であるわけがない。

例2

> 名詞の、普通形（ナ形容詞な　名詞である）　＋おかげで

直接「名詞の（先生の）」に接続して、複文にはなりません。
　　　先生のおかげで合格しました。

普通形に接続します。ただし、
「ナ形容詞だ（元気だ）」ではなく、「ナ形容詞な（元気な）」の形で接続します。
　　　母が元気なおかげで、わたしは安心して仕事を続けられる。

「名詞だ（教師だ）」ではなく、「名詞である（教師である）」の形で接続します。
　　　母が教師であるおかげで、わたしは勉強のしかたがわかる。

＊本書では、あまり使われない接続のしかたは載せてありません。

CONTENTS

目 次

はじめに	……………………………………………………	III
接続のしかた	……………………………………………………	V
1課 いろいろな働きをする助詞	……………………………	2
2課 話題の取り立て	……………………………………………	12
3課 助詞の働きをする言葉　1	……………………………	18
4課 助詞の働きをする言葉　2	……………………………	27
5課 助詞の働きをする言葉　3	……………………………	35
6課 名詞化の方法　「こと」と「の」	…………………	43
7課 複文構造　－複文の中の「は」と「が」・時制－	………	55
8課 名詞修飾	………………………………………………………	62
9課 複文を作る言葉　1　－時間－	………………………	70
10課 複文を作る言葉　2　－仮定の言い方・逆接の言い方－	………	80
11課 複文を作る言葉　3　－原因・理由を表す言葉・相関関係を表す言葉－	…	89
12課 否定の言い方	……………………………………………	99
13課 わたしからの発信　1　－感覚・強い気持ち・不可能判断－	………	106
14課 わたしからの発信　2　－話者の推量・願望・感嘆・提案－	………	114
15課 決まった使い方の副詞	…………………………………	123
16課 接続の言葉	……………………………………………	136
17課 語彙を広げる	……………………………………………	148
18課 硬い文章	………………………………………………	154
19課 ていねいな言い方	………………………………………	163
20課 会話・文章のまとまり	…………………………………	176
コラム　「のです・んです・のだ・んだ」のいろいろ	………	54
「する」のいろいろ	………………………………………	69
「する」と「なる」	………………………………………	98
会話でよく使われる終助詞	……………………………	122
感情・呼びかけ・応答などに使われる言葉	…………	147
どちらの立場で？	………………………………………	188
翻訳（英語・中国語・韓国語）	………………………………	189
（語彙	……………………………………………………………	263 ）

1課 いろいろな働きをする助詞

Particles with various functions

具有各种作用的助词
여러 기능을 하는 조사

初級で学習した「が　へ　を　で　に　から　まで」などは文の構成に関わる大切な助詞です。このほかに助詞には、話者の気持ちやニュアンスを表すことができるものがあります。中級ではこのようないろいろな働きをする助詞を学習します。

STARTING TEST　スタートテスト

問題 どちらか適当な方を選びなさい。

1. 今では、インターネットで遠い国のこと｛a しか　b まで｝すぐにわかる。
2. お正月｛a ぐらい　b ばかり｝ゆっくり休みたい。
3. 山田さんはわたしが困ったときいつも助けてくれる。山田さん｛a こそ　b まで｝本当の友だちだ。
4. 田中さんは作家だ。ペンと紙｛a こそ　b さえ｝あれば、どこででも仕事ができる。
5. 兄は物を作るのが好きだ。テーブルや椅子｛a こそ　b まで｝自分で作る。
6. 甘いもの｛a でも　b ばかり｝食べていると太ってしまう。
7. きょうは一日中忙しくて、昼は30分｛a まで　b しか｝休めなかった。
8. きのうは8時間歩いた。きょうは足が痛くて立つこと｛a でも　b も｝できない。
9. あの人とは別れたい。あの人の顔｛a なんか　b まで｝もう見たくない。
10. ちょっと休んで、お茶｛a でも　b ばかり｝飲みませんか。

POINT ポイント1　限定の意味を添える助詞
(Particles to denote a limit / 帯有限定意思的助詞 / 한정의 의미를 더하는 조사)

助詞	どんな働き？	例文
だけ	限定を表す	どうしても納豆だけは食べられない。 毎朝20分歩くだけの軽い運動をしている。 母にだけは本当のことを言おう。
ばかり	同じもの、同じことが多い マイナスイメージ	母はいつも安いものばかり買う。 このごろわたしは失敗ばかりしている。 山田さんは授業中寝てばかりいる。
さえ	必要十分条件 （さえ～ば／なら）	雨さえ降らなければ、スポーツ大会は行われる。 君さえよければ、ぼくはずっと君のそばにいるよ。 年をとっても、体さえ丈夫なら心配はいらない。
しか	ほかにない、と強調する （しか～ない）	ぼくの気持ちをわかってくれる人は君しかいない。 この病気を治す方法は手術しかないらしい。 だれも手伝ってくれない。一人でがんばるしかない。

1課　いろいろな働きをする助詞

問題1−1 ☐から最も適当なものを選んで＿＿＿の上に書きなさい。
（一つの語を２回以上使います。）

| だけ　ばかり　さえ　しか |

1. 父は暇＿＿＿あればゴルフをやっている。
2. 今、冷蔵庫には卵＿＿＿入っていない。この卵で料理を作ろう。
3. 他人の悪口＿＿＿言うな。
4. この高校に入れるのは女子＿＿＿です。
5. 今は買わないで見る＿＿＿よ。いいのがあったら後で買いましょう。
6. 彼の言うことはうそ＿＿＿だ。
7. わたしは彼の子ども時代＿＿＿知らない。彼が５歳のときから会っていない。
8. 天気＿＿＿よければ、毎週ハイキングに行きたい。
9. どうしたの？　泣いて＿＿＿いないで、ちゃんと話してよ。
10. きのうの試験で100点をとったのはクラスで田中君一人＿＿＿だった。

問題1−2 どちらか適当な方を選びなさい。

1. 行ったことがある国？ ｛ ａタイとアメリカ　　ｂいろいろな国々 ｝ だけです。
2. 花子は辛いものばかり ｛ ａ食べる　　ｂ食べない ｝。甘いものは好きではないらしい。
3. この仕事は時間さえ ｛ ａあれば　　ｂあると ｝ できる。
4. たくさんの歯ブラシが置いてありますが、ほかの人のものを使わないでくださいよ。自分のものしか ｛ ａ使ってくださいよ　　ｂ使ってはいけませんよ ｝。

POINT ポイント2 強調、程度が大きいという気持ちを表す助詞
(Particles to show emphasis or the degree of something is high / 表示強調、程度之大这一语气的助词 / 강조, 정도가 심하다는 느낌을 나타내는 조사)

助詞	どんな働き？	例文
も	多いという気持ち	え、お宅には猫が8匹もいるんですか。 会社まで毎日2時間もかかる。 たばこを一日20本も？吸いすぎですよ。
	普通ではない程度 (それより程度が高い(低い) もの・ことはもちろんという気持ち)	林さんはエベレスト山にも登ったことがあるそうだ。 きのうは疲れて起き上がることもできなかった。 きょうは忙しくて昼ご飯を食べる時間もなかった。
だけ	程度が大きい	わたしがあれだけ注意したのに、彼はスピード違反をしてしまった。 これだけ努力したんだから、きっといい結果が出るよ。 わたしがどれだけ謝れば彼は許してくれるのか。
	範囲いっぱい	<試験の後で>やれるだけやった。後は結果を待とう。 ここにある果物、ほしいだけどうぞ。 きょうは好きなものを食べたいだけ食べてもいいよ。
こそ	肯定的な気持ちで強調する	A：いつもお世話になります。 B：いえ、こちらこそ。 今年こそたばこをやめるぞ。 あなたのことが心配だからこそ、うるさく注意するんですよ。
まで	同じ種類のものがさらに加わる	風が強くなった。雨まで降ってきた。 ごちそうになった上におみやげまでいただいた。 きょうは休んだ人の分まで仕事をさせられて、疲れた。
	極端な範囲にまでおよんだという気持ち	母までぼくの言葉をうたがっているようだ。 借金までして車を買ったのに事故を起こしてしまった。 父は90歳だがとても元気だ。登山までする。

さえ	極端な例をあげて、予想外で普通ではない程度だと強調する (それより程度が高い(低い)もの・ことはもちろんという気持ち)	このごろは忙しくて日曜日さえ休めない。 まだひらがなさえ読めない子が英語を勉強している。 最近は子どもでさえケータイを持っている。

問題2-1 ☐から最も適当なものを選んで＿＿＿の上に書きなさい。
（一つの語を2回ずつ使います。）

> だけ　こそ　まで　さえ

1. 会社から持てる＿＿＿の書類を持って帰った。
2. こんなまずいもの、犬＿＿＿食べないよ。
3. きのうの面接試験の質問は細かすぎる。叔父、叔母が働いている会社の名前＿＿＿聞かれた。
4. 徹夜＿＿＿してレポートを書いたのに、電車の中に置き忘れてしまった。
5. ああ、おいしい。これ＿＿＿わたしが探していた味です。
6. 昔のことはみんな忘れてしまった。いちばん好きだった先生の名前＿＿＿思い出せない。
7. 愛しているから＿＿＿、あなたに迷惑をかけたくないの。別れましょう。
8. 試合のためにあれ＿＿＿練習したのに、勝てなかった。

問題2-2 どちらか適当な方を選びなさい。

1. え、お宅の犬は一日4回もご飯を｛a 食べるの　b 食べないの｝？
2. 彼は片づけが好きではないらしい。自分が使ったコップも｛a 洗う　b 洗わない｝。
3. それだけ食べて、おなかが｛a もういっぱいなの　b まだいっぱいにならないの｝？
4. 子どもだからこそおもしろい絵が｛a かける　b かけない｝。
5. 外国への引っ越しに亀まで｛a 連れていくのか　b 連れていかないのか｝！
6. 彼女は普通の食事でよく食べる魚の名前さえ｛a 知っている　b 知らない｝。

POINT ポイント3 — 程度が軽いという気持ちを表す助詞

(Particles to show that the speaker feels the degree of something is low / 表示程度很轻这一语气的助词 / 정도가 심하지 않다는 느낌을 나타내는 조사)

助詞	どんな働き？	例文
しか	少ない、という気持ち（しか〜ない）	きのうは5時間しか寝られなかった。 運がいいことは2回しか続かなかった。 今月はあと6千円しかない。
でも	提案・意志・希望・推量などの軽い例示	お茶でも飲みましょうか。 あしたは映画でも見ようかな。 冬休みにでも一度スキーをやってみたい。
など なんか なんて	重要ではない、嫌だという気持ち	あの人の顔など見たくない。 こんな問題なんか簡単に解けるさ。 おばけなんていないよ。
ぐらい （くらい）	程度は軽い、という気持ち	わたしができる料理は卵焼きぐらいです。 この仕事が好きだ。給料がちょっと少ないくらい、問題じゃない。
	最低限	自分のシャツぐらい自分で洗いなさい。 日曜日ぐらい昼まで寝ていたいなあ。

問題3-1 ｜｜から最も適当なものを選んで_____の上に書きなさい。
（一つの語を2回以上使います。）

| しか　でも　なんか　ぐらい |

1. わたしのアパートから駅まで3分_____かかりません。
2. 自分一人_____悪いことをしても大丈夫だろうと思ってはいけない。
3. 同じマンションに住んでいるんだから、あいさつ_____したらどうですか。
4. 外で遊ぼうよ。宿題_____後でやればいいよ。
5. あした天気がよかったらハイキング_____しませんか。
6. 薬の名前は1度聞いた_____では覚えられません。
7. わたしはまだ結婚_____したくない。
8. A：おかしいなあ。サニー会館はどこでしょうね。
   B：道がわかりませんね。あの店の人に_____聞いてみましょうか。
9. 始まる時間まであと5分_____ありませんよ。急いでください。
10. 椅子が25_____ないよ。30人以上来るらしいから足りないね。
11. パーティーにはちょっと_____遅く行っても大丈夫だよ。
12. いくら待ってもメールが来ない。一郎_____もう大嫌い！

問題3-2 どちらか適当な方を選びなさい。

1. コピー用紙があと少ししか {a あります　b ありません}。
2. 誕生日にはすき焼きでも {a 食べましょうか　b 食べました}。
3. お金なんか {a たくさんほしいよ　b 要らないよ}。
4. 林さんが言っていることなど {a 信じたい　b 信じられない}。
5. それぐらいのこと、子どもでも {a 知っているよ　b 知らないよ}。
6. 車の運転免許をとるくらい {a 簡単だよ　b 簡単じゃないよ}。

POINT ポイント4　同類のことがらを並べる助詞
(Particles to list similar items / 列举同类事物时使用的助词 / 같은 종류의 사항을 열거하는 조사)

<初級では>　机の上には本やノートやペンなどがある。
　　　　　　土曜日にも日曜日にも仕事がある。

助詞	どんな働き？	例文
～やら～やら	いろいろある	庭には赤やら黄色やら色とりどりの花が咲いている。 大会では準優勝だった。うれしいやら悔しいやら複雑な気持ちだった。 自転車を壊されて、弟は泣くやら怒るやら大変な騒ぎだ。
～とか～とか	例をあげる	わたしはキムチとかカレーとかの辛いものが好きです。 この町はプールとか運動場とか、スポーツ施設がたくさんある。
～とか～とかして		あなたはダイエットするとか運動するとかして、少し体重を減らしたほうがいいですよ。
～だの～だの	代表として並べる マイナスイメージ	祭りの後は紙くずだのカンだのがいっぱいだった。 この子はケーキだのあんパンだの、甘いものばかり食べたがる。 ケンはこのごろ赤だのピンクだの派手な色のシャツを着るようになった。
～にしても～にしても	～の場合も～の場合も	リンさんにしてもカンさんにしてももっと時間を守ってくださいよ。 小説にしてもテレビにしてもわたしは時代物の方が好きだ。 山に行くにしても海に行くにしても、わたしはいつもこの子といっしょだ。

問題4 ☐から最も適当なものを選んで_____の上に書きなさい。
（一つの語を2回以上使います。）

> やら　とか　だの　にしても

1. わたしは野球_____サッカー_____、チームでやるスポーツの方が好きだ。
2. 水曜日_____金曜日_____、店はもう予約がいっぱいなんです。
3. 「疲れた」_____「眠い」_____と言っていないで、早く宿題をしなさい。
4. 結婚式では、うれしい_____恥ずかしい_____で、うまくあいさつができなかった。
5. 部長_____課長_____、営業をやっているわたしの気持ちをもっと考えてほしい。
6. インターネットで探す_____不動産屋に相談する_____して、早く新しいアパートを探さなければ…。
7. 試合の応援をする人たちは大声を出す_____歌う_____、じっとしていられないようだった。
8. この魚は煮る_____焼く_____して、火を通してから食べてください。
9. 電話をかける_____メールを送る_____、言葉には気をつけたい。

まとめ 　　から最も適当なものを選んで＿＿＿の上に書きなさい。

A　| しか　でも　なんか　ばかり　まで　も |

（一つの語を1回ずつ使います。）

母：あれ、あんまんを四つ①＿＿＿＿食べたのね。わたしの分②＿＿＿＿食べたんでしょ。甘いもの③＿＿＿＿食べないで、野菜も食べなければだめよ。このきゅうり④＿＿＿＿食べたらどう？

子：きゅうり⑤＿＿＿＿いらないよ。

母：でも、きょうはきゅうり⑥＿＿＿＿ないのよ。

B　| こそ　だけ　でも　にしても　やら　まで |

（2回使う語もあります。）

八百屋の店先にはきゅうり①＿＿＿＿トマト②＿＿＿＿いろいろな野菜が並んでいる。野菜③＿＿＿＿ではなく、果物もある。今は冬なのにすいか④＿＿＿＿置いてある。母は野菜も食べたほうがいいと言うが、母⑤＿＿＿＿野菜をたくさん食べてダイエットしたほうがいいのだ。野菜⑥＿＿＿＿果物⑦＿＿＿＿、生で食べられるものは簡単でいい。きょうはいろいろな野菜を買ってサラダ⑧＿＿＿＿作ってみようか。

C　| こそ　ぐらい　さえ　しか　だけ　とか |

（2回使う語もあります。）

体①＿＿＿＿健康ならがんばることができる。今年②＿＿＿＿飲みすぎ、食べすぎはやめて、健康的な生活をしよう。自分の健康管理③＿＿＿＿自分でやらなければだめだ。ジョギング④＿＿＿＿水泳⑤＿＿＿＿、運動もしなければならないだろう。でも、たばこ⑥＿＿＿＿は止められないなあ。そうだ、いいことを考えた。「一日3本⑦＿＿＿＿吸わない！」これなら実行できそうだ。

2課 話題の取り立て

Topicalization

话题的提起
화제 내세우기

初級で学習した助詞「は」は、話題を取り上げるときの助詞です。中級では話題の取り立てのための言葉をいろいろ学習します。どれも何かの意図を持って話題を取り立てるときに使います。

STARTING TEST スタートテスト

問題 どちらか適当な方を選びなさい。

1. A：Bさん、林太郎さんっていう人を知っていますか。
   B：ええ、林さん｛a なら　b とは｝よく知っていますよ。
2. 　林さん｛a は　b とは｝わたしの高校の先輩なんです。
3. A：この間、和田さんのうちで、その林さんが料理をしたんだけど、その辛かったこと｛a といったら　b なら｝食べられないほどだったんですよ。
4. B：本当？　林さん｛a とは　b に限って｝そんなことはないでしょう。
5. 　彼は料理｛a とは　b にかけては｝プロのように上手なはずですよ。イタリア料理店でアルバイトをしていたんですから。
6. A：そうなんですか。イタリア料理｛a といえば　b に限って｝、先週イタリアから帰ってきた森さんも料理が上手ですよね。
7. B：そう、森さんは料理｛a に限って　b のこととなると｝すごく熱心になりますよ。
8. 　いつも、「料理｛a というものは　b にかけては｝ていねいに作るものだ」と言っていますよ。
9. A：そう言えば、スローフード｛a というのは　b に限って｝イタリアから始まったんですよね。
10. B：そう。ファーストフード｛a というと　b というものは｝アメリカだけどね。

POINT ポイント1 　説明、関連づけのために話題を取り立てるときの言葉
(Expressions used to emphasize a topic when giving an explanation or connecting things / 为了说明或加以关联而提起话题时的用语 / 설명, 관련 짓기 위해 화제를 내세울 때의 말)

1. ～なら ⇒ 相手の言葉や様子を受けて取り立てる。
   - A：田中さんはいませんか。
     B：田中さんならもう帰りましたよ。
   - A：「東京タワー」という本、おもしろかったよ。
     B：「東京タワー」なら、ぼくはテレビで見たよ。
   - めがねを探しているの？　めがねなら、ほら、ここにあるよ。

2. ～というのは・～とは ⇒ 意味を説明したり、定義をしたりするために取り立てる。（「～とは」の方が硬い言い方）
   - 「師走」というのは古い言い方で、12月のことである。
   - 「足が出た」というのは予算がオーバーしたという意味です。
   - 正三角形とは3辺が等しい三角形である。

3. ～といえば ⇒ 相手の話や自分で言ったことの中に出てきた言葉を、それと関連のある話に導くために取り立てる。
   - A：隣の山田さんはニューヨークに転勤で、きのう引っ越したんですよ。
     B：そうですか。引っ越しといえば、うちも来年は引っ越そうと思っているんです。
   - A：うちの近くに耳鼻科の医院がオープンしましたよ。
     B：耳鼻科といえば、今年も花粉症の季節が近づきましたね。
   - きのうテレビで広い草原の風景を見たよ。草原っていえば、来年はモンゴルに行ってみたいなあ。

4. ～というと・～といえば・～といったら ⇒ その言葉からすぐに思いつくことを言うときに取り立てる。
   - スイスというと、美しい山の姿を思い浮かべますね。
   - 日本のお正月といえば、おもちとおせち料理ですよね。これがなければお正月ではないみたいです。
   - くじらっていったら、さあ、どんなことが思い浮かびますか。

5. ～はというと ⇒ ほかと比べて違っていると言うために取り立てる。
   ・彼は魚料理が好きで何でも食べるが、肉料理はというとかなり好き嫌いがある。
   ・祖母はケータイやパソコンなどをよく使う。一方母はというと、ケータイもパソコンも全く使おうとしない。
   ・彼の小説はどれもみんなおもしろかったが、最新作はというと期待はずれだった。

問題1 □から最も適当なものを選んで、＿＿＿＿の上に書きなさい。

なら　　というのは　　といえば　　はというと

1. 妹：あれ、ここにあったいちごは？
   兄：いちご＿＿＿＿＿＿ぼくが食べちゃったよ。
2. わたしは理科系の科目は好きなんですが、国語や社会＿＿＿＿＿＿苦手なんです。
3. 先生、「尊大」＿＿＿＿＿＿どういう意味ですか。
4. うちの庭に今年は白いばらが咲いたんですよ。白いばら＿＿＿＿＿＿、この間「白バラの祈り」っていう映画を見ました。

なら　　というのは　　というと　　はというと

5. わたしは外国の映画はよく見ます。でも日本の＿＿＿＿＿＿あまり興味がありません。
6. すみません、この「アップデート」＿＿＿＿＿＿どういうことですか。
7. 交番＿＿＿＿＿＿ふつう硬い建物を想像しますが、駅前にできた交番は絵本に出てくるようなすてきな建物なんです。
8. A：このテキスト、いいね。
   B：ああ、そのテキスト＿＿＿＿＿＿、ぼくはもう使わないから君にあげるよ。

POINT ポイント2 ある気持ちを言うために話題を取り立てるときの言葉
(Expressions used to emphasize the topic to highlight the speaker's feeling / 为了表达某种感受而提起话题时的用语 / 어떤 느낌을 말하기 위해 화제를 내세울 때의 말)

1. ～というものは・～ということは ⇒ 感慨を込めて話題にする。
   (名詞につながるとき：～というものは　名詞以外につながるとき：～ということは)
   ・親というものはありがたいなあ。
   ・人間の気持ちというものは簡単にはわからないよ。
   ・子どもを育てるということは難しいことだなあ。

2. ～に限って ⇒ 特別に～だけは、という気持ちを込めて話題にする。
   ・傘を持っていかない日に限って雨が降る。
   ・どうしてだろう。急いでいるときに限ってタクシーがつかまらない。
   ・うちの子に限ってそんな悪いことはしません。あの子を信じています。
   ・あなたに限ってわたしにうそは言わないと思っていたのに…。

3. ～といったら ⇒ 程度を強調するために話題にする。
   ・彼女の泳ぎ方のうまさといったら、まるで魚のようだ。
   ・国家試験に合格したときのうれしさといったら、今でも忘れられません。
   ・久しぶりに会った兄の変わり方といったら、別人かと思ったほどだ。

4. ～にかけては ⇒ ～に関して非常に優れている、と言うために話題にする。
   ・あの子は走ることにかけてはだれにも負けない。
   ・うちの母は花作りにかけてはプロ級です。
   ・ファッションセンスにかけては彼女は社内でいちばんだ。

5. ～のこととなると ⇒ ～については普通でない反応を示す、と言うために話題にする。
   ・田中さんは愛犬のこととなると、急にやさしい性格になってしまう。
   ・妹は好きな歌手のこととなると、勉強も忘れてしまうようだ。
   ・父は仕事のこととなると、目の色が変わってくる。

問題2−1 次の文中の「は・には・のことは」を、□の中の最も適当な言葉に置き換えなさい。

というものは　　に限って　　といったら　　にかけては　　のこととなると

1. 人の命は（＝＿＿＿＿＿＿＿＿）何にも代えられないものなのだ。
2. A学園の施設のすばらしさは（＝＿＿＿＿＿＿＿＿）日本一でしょう。
3. どういうわけかぼくが旅行する日には（＝＿＿＿＿＿＿＿＿）雨が降る。
4. 愛子はまだ8歳だが、ケーキ作りは（＝＿＿＿＿＿＿＿＿）大人以上にうまい。
5. うちの社長は自分の息子のことは（＝＿＿＿＿＿＿＿＿）公私の区別がわからなくなってしまう。

問題2−2 □から最も適当なものを選んで＿＿＿の上に書きなさい。

というものは　　ということは　　に限って　　といったら　　にかけては のこととなると

1. あの人＿＿＿＿＿＿不正なんかするはずがない。
2. あの店のラーメンのおいしさ＿＿＿＿＿＿何度食べても飽きない。
3. 平和＿＿＿＿＿＿ありがたいものだ。
4. うちの夫はカレーを作ること＿＿＿＿＿＿レストランのコックみたいに上手だ。
5. あ〜あ、人を愛する＿＿＿＿＿＿難しいなあ。
6. 彼は魚釣り＿＿＿＿＿＿話が終わらなくなる。

まとめ

A
a なら　b といえば　c に限って　d にかけては　e のこととなると

山田：うちの太郎は写真が好きで、写真① e ほかのことを忘れてしまうようです。いい写真を撮ること② d だれにも負けないみたいです。

田中：写真③ b 、先日の旅行のとき、富士山の写真をたくさん撮ったのに、旅行の後、カメラをどこかで失くしてしまったんですよ。

山田：え？あのカメラ④ a わたし、見ましたよ。会社のロッカーの上にありましたよ。あなた⑤ c 忘れ物などしないと思っていたんですが、あれはやはり忘れ物だったんですね。

B
a というのは　b はというと　c というものは　d といったら　e にかけては

人生① c 不思議なものですね。つらかったことなのに懐かしく思うことがあります。職がなかったときの不安感② a 夜も眠れないほどでしたが、今ではあのころが懐かしいです。わたしの親戚には堅いサラリーマンが多いのですが、わたし③ b 、時間に縛られる規則的な生活は苦手。それで会社勤めは続かなくてフリーになりました。フリー④ d 自由だけれど何もない、という意味ですから、今も生活は安定していません。でも、今では照明デザイン⑤ e 業界ナンバーワンと言われるまでになりました。

3課 助詞の働きをする言葉 1

Phrases used like particles—1

具有助词功能的用语 1
조사의 기능을 하는 말 1

中級には言葉が連なった形で助詞と同じような働きをするものがあります。この課では場面、時点、範囲、手段、原因などを表すものを学習しましょう。

STARTING TEST　スタートテスト

問題 どちらか適当な方を選びなさい。

1. 入学式は4月3日10時より、講堂 ｛a において　b によって｝ 行われる。
2. このレポートは留学生の食生活 ｛a について　b に際して｝ 書かれたものである。
3. 敬語の使い方 ｛a を通じて　b に関して｝ 300人にアンケートをした。
4. 新年度の初め ｛a にわたって　b にあたって｝ 一言ごあいさつ申し上げます。
5. 田中さんはいつもお年寄り ｛a に対して　b にとって｝ 優しい。
6. わたしは日本語を教える仕事 ｛a を通して　b に対して｝ いろいろな国の人と出会った。
7. きょうは夕方から夜 ｛a に際して　b にかけて｝ 雨が降るでしょう。
8. 林さんの話 ｛a によると　b によって｝ 王さんは来月結婚するそうだ。
9. タバコの火の消し忘れ ｛a において　b から｝ 火事になった。
10. この島は一年 ｛a について　b を通じて｝ 雨が多い。

POINT ポイント1　場所、場面、時点を表すもの・範囲を表すもの
(To indicate the place, situation, a point in time/Indicates the range of something / 表示场所、场面、时间的用语与表示范围的用语 / 장소, 장면, 시점을 나타내는 것・범위를 나타내는 것)

＜初級では＞　体育館でスポーツ大会が開かれる。
　　　　　　国を出るときにいろいろ準備をした。
　　　　　　9時から5時まで働いた。

A　場所、場面、時点

1. ～において（～における）　⇒　場所、場面、状況、分野など。改まった言い方。
 ・本日ホールにおいてアルバイトの説明会が行われる。
 ・経済界において彼の名前を知らない人はいないだろう。
 ・どの計画も、お金がかかるという点において問題は共通していると思う。
 ・21世紀における最大の問題は何か。

2. ～にあたって　⇒　節目になるような特別な時点、重要な行動を始める時点。その時点での改まった気持ちや意志的な姿勢を表すときの言い方。
 ・お二人のご結婚にあたって、一言ごあいさつ申し上げます。
 ・新しい年の初めにあたって、みなさまのご健康をお祈りいたします。
 ・社会に出るにあたって、親から自立しようと決心した。

3. ～に際して　⇒　特別なことをする、始める時点。改まった言い方。
 ・今回の来日に際して、みなさまには大変お世話になりました。
 ・わたしの本の出版に際しては、母校の先生方のご協力をいただきました。
 ・お世話になったみなさんとお別れするに際して、心からお礼を申し上げます。

B　範囲

1. ～から～にかけて　⇒　始めと終わりがはっきりしないある範囲。その範囲で同じ状態が続いている。
 ・きのう、夜中から明け方にかけて弱い地震が数回あった。
 ・1960年代の終わりから70年代にかけて、日本ではミニスカートが大流行した。
 ・明日は関東地方から東北地方にかけて大雨になるでしょう。

2．〜にわたって（〜にわたる）　⇒　期間、場所、回数などの全範囲。その範囲で同じ状態が続いている。

・子どもの遊びについての調査は５年にわたって続けられた。
・今度の台風は九州地方全域にわたって被害を与えた。
・数回にわたる会社側との話し合いの結果、住民の願いがやっと一部聞き入れられた。

3．〜を通じて・〜を通して　⇒　ある期間。その期間ずっと途切れることがなく同じことが続いている。

・この公園は一年を通じて、花がいっぱいだ。
・留学時代を通じて、保証人のお宅のみなさんにずっと仲良くしていただいた。
・彼は一生を通して、熱心な教育者だった。

問題1-1 どちらか適当な方を選びなさい。

1. { a じゃ、あした、駅前において会おうね。
   { b 本日、駅前において、演説会が行われます。

2. { a 車が動かなくなる } にあたって、近所の人の協力を頼まなければならない。
   { b 野外で実験をする }

3. { a ご帰国 } に際して、ぜひ差し上げたいものがあります。
   { b 今度の面会 }

4. 北関東から長野県、新潟県にかけて、{ a 山が多い。
   { b わたしの実家がある。

5. リン君は全科目にわたって { a 成績がいい。
   { b 3科目不合格になってしまった。

6. 在日期間を通じて、わたしは { a 1度だけ富士山に登った。
   { b よくハイキングを楽しんだ。

問題1-2 ☐から最も適当なものを選んで＿＿＿の上に書きなさい。

| において　　における　　にあたって　　にわたって　　にわたる　　を通じて |

1. わたしは自分の店を開く＿＿＿＿＿親や友人たちからお金を借りた。
2. 日本の精神医学＿＿＿＿＿第一人者は田中先生だと思う。
3. 東京ディズニーランドは年間＿＿＿＿＿人が多い。
4. 大雪のため、国道18号線は全線＿＿＿＿＿通行止めです。
5. 全国学生スポーツ大会はT市の市民グラウンド＿＿＿＿＿行われた。
6. 10日間＿＿＿＿＿全国スポーツ大会が、今、幕を開けました。

POINT ポイント2　手段・方法、原因を表すもの
(Expressions to show means, methods or cause / 表示手段、方法、原因的用語 / 수단・방법, 원인을 나타내는 것)

＜初級では＞　ペンで書く。

　　　　　　　新聞で知った。
　　　　　　　新聞記事からわかった。
　　　　　　　風で木が倒れた。

1．〜によって（〜による）　⇒　手段、方法、原因
　・今はインターネットによって、世界中の情報をすぐに得ることができる。
　・営業の仕事は実際に人と接することによって覚えていくものだ。
　・戦争によって多くの人が亡くなった。
　・この地震による津波の心配はありません。

2．〜を通じて・〜を通して　⇒　媒介になるもの
　・現地の大使館を通じて、事故の様子が伝わってきた。
　・わたしは高校時代の先生を通じて知り合った人と結婚しました。
　・わたしは今の仕事を通して、たくさんのいい経験をしている。

3．〜によれば・〜によると　⇒　情報の出どころ
　・彼の話によれば、展覧会は来年3月に行われるらしい。
　・天気予報によると、明日は午後から雨が降るそうだ。
　・カタログによると、この商品の色は4色、形も3種類あるようですね。

4．〜から　⇒　原因
　・ちょっとした不注意から大事故になることがある。
　・わたしの短いメール文から彼女との関係が悪くなってしまった。
　・ストレスから心の病気になることもある。

問題2-1 どちらか適当な方を選びなさい。

1. ｛a メールや携帯電話の普及によって、仕事のやり方が大きく変わった。
　　b じゃ、後でケータイメールによって時間を知らせるね。

2. わたしはボランティア活動を通じて、｛a いろいろな国の人と知り合った。
　　　　　　　　　　　　　　　　　　　b いつも楽しかった。

3. 母の手紙によると、｛a わたしはすぐ帰国するつもりだ。
　　　　　　　　　　　b すぐ帰国してほしいとのことだ。

4. スピードの出しすぎから｛a 大きい事故になってしまった。
　　　　　　　　　　　　　b 大きい事故だ。

問題2-2 □から最も適当なものを選んで_____の上に書きなさい。

| によって　　による　　を通じて　　によれば　　から |

1. この地方は、台風や大雨_____被害が多い。
2. 専門家の意見_____この事業は将来性があるとのことだ。
3. マッチ1本_____大火事になることもあります。気をつけましょう。
4. 今度の選挙_____新しいリーダーが決まる。
5. 先輩の田中さん_____A社の部長とお会いすることができた。

POINT ポイント3　対象を表すもの
(Expressions to highlight an object or target / 表示対象的用語 / 대상을 나타내는 것)

＜初級では＞　ヤンさんにプレゼントをあげる。
　　　　　　　わからなかった人のためにもう一度説明する。
　　　　　　　歴史のことを調べる。
　　　　　　　田中さんは水泳が上手だ。

1．〜について・〜に関して（〜に関する）　⇒　思考関係（話す、聞く、調べる、説明するなど）の主題を言う。

・わたしは明治時代の文学者について調べています。
・この商品の特長についてもう少し詳しく説明してください。
・モーツァルトの性格に関しては、いろいろなことが言われている。
・この事件に関するデータが大体そろった。

2．〜に対して（〜対する）　⇒　行為や感情が向けられる対象を言う。

・デパートでは客に対してとてもていねいな敬語を使う。
・今のご意見に対して何か反対意見はありませんか。
・大人に対する反抗心は何歳ごろから出てくるのだろうか。

〜は　意見を言う　敬語を使う　〜に対して

3．〜に応えて　⇒　ほかからの期待や願いに沿うように行為をする、と言う。

・アンコールに応えて、彼女は2度も舞台に出てきた。
・みんなの期待に応えて、フィギュアスケートのA選手はすばらしい演技を見せてくれた。
・住民の願いに応えて、市では子どもの遊び場を3か所も増やした。

4．〜をめぐって　⇒　争い、議論、対立、うわさなどの対象を言う。

・財産問題をめぐって、兄弟が争っている。
・マンションの建設をめぐって、建設会社と住民との対立が続いている。
・だれに責任があるかをめぐる話し合いは、なかなか終わりそうもない。

問題3-1 どちらか適当な方を選びなさい。

1. あの人について、｛a わたしはとても好きです。
　　　　　　　　　　b わたしは何も知りません。

2. 田中先生は、｛a わたしに対して｝歌を教えてくれた。
　　　　　　　　b わたしに

3. 今度の知事はわたしたちの期待に応えて、｛a いい働きをしてくれるだろうか。
　　　　　　　　　　　　　　　　　　　　　b とても実行力がある人だ。

4. きょうの会議ではルール改正をめぐって、｛a いろいろな意見が出るだろう。
　　　　　　　　　　　　　　　　　　　　　b 会長が説明する予定です。

問題3-2 ◻ から最も適当なものを選んで＿＿＿の上に書きなさい。

| について　　に関する　　に対して　　に対する　　に応えて　　をめぐって |

1. わたしは自分の国の教育＿＿＿＿＿あまり関心がなかった。
2. 市では子育て中の女性＿＿＿＿＿積極的にサポートする計画を立てている。
3. アルバイト＿＿＿＿＿ことは事務の田中さんに聞いてください。
4. 彼の突然の帰国＿＿＿＿＿、いろいろな人がいろいろなことを言っている。
5. 国のサッカーチームはファンの声援＿＿＿＿＿3対1で勝った。
6. 田中先生＿＿＿＿＿感謝の気持ちは、今も変わりません。

まとめ 　　　から最も適当なものを選んで、その記号を　　　　の上に書きなさい。

A | a 話し合い　　b 会社側　　c 住民側　　d 工場の建設　　e 建設計画　　f ３か月

この町で計画されている①＿＿＿＿をめぐってまわりの住民と会社側との対立が続いている。会社側は②＿＿＿＿について住民に説明した。しかし、住民は③＿＿＿＿に対して強く抗議した。抗議行動は④＿＿＿＿にわたって続いている。

この問題は⑤＿＿＿＿によって解決するだろうか。

B | a 社長　　b 住民　　c 工事開始　　d 工事の責任者　　e スポーツ施設　　f みなさんの要望

半年後、工場の建設工事が始まった。①＿＿＿＿にあたって、社長が住民にあいさつした。②＿＿＿＿によれば、工事は住民の迷惑にならないようにするということだ。「もし、何か問題があったら、③＿＿＿＿を通じて私に連絡してください」とも言った。また、「④＿＿＿＿に応えて、工場内にスポーツ施設も造ります」と言った。

再来年の春、その⑤＿＿＿＿において、スポーツ大会が行われるそうだ。

4課 助詞の働きをする言葉 2

Phrases used like particles—2

具有助詞功能的用語 2
조사의 기능을 하는 말 2

中級には助詞のような働きをする言葉がいろいろ出てきます。ここでは基準、無関係、添加を表すものを学習しましょう。

STARTING TEST スタートテスト

問題 どちらか適当な方を選びなさい。

1. 彼女は昔の話 {a に沿って　b をもとにして} 子どもの歌を書いた。
2. ハワイのダンスが男女 {a を問わず　b もかまわず} 流行している。
3. この店はサービスがよくない {a ばかりか　b に限らず} 値段も高い。
4. トムはさしみ {a を問わず　b はもちろん} 納豆でも何でも食べる。
5. 村上春樹の小説はアジア {a は別として　b に限らず} ヨーロッパやアメリカでも読まれている。
6. 彼は教師だった両親 {a のもとで　b に沿って} 多くの本を読んで育った。
7. この地方では、夏 {a は別として　b もかまわず} 一年中雨が少ない。
8. 学校にいる間、先生方 {a の上に　b はもとより} 事務の方々にも大変お世話になりました。
9. マリ子は空港で人目 {a もかまわず　b はさておき} 大声で泣いた。
10. この会の規則は会員の意見 {a に沿って　b はもとより} 決められている。

POINT ポイント1　行動の基準を表すもの
(Expressions to show the basis of an action / 表示行动基准的用语 / 행동의 기준을 나타내는 것)

1．～をもとに（して）　⇒　～を素材に使って…（作る・できる・書くなど）
　・この物語は日本の昔話をもとにして作られた。
　・漢字をもとにして、ひらがなとかたかなができた。
　・父から聞いた話をもとにして童話を書いてみた。

2．～のもとで　⇒　～に守られ、その影響を受けながら…
　・彼は優しい両親のもとで、子ども時代を楽しく過ごした。
　・弟はある有名な脚本家のもとで、テレビドラマの作り方を勉強している。
　・この製品は厳しい管理のもとで作られました。

3．～に沿って（～に沿った）　⇒　～の基準から離れないように…
　・大会の準備はスケジュール表に沿って順調に進んでいる。
　・「環境を守る会」の会員は、会の方針に沿って行動してほしい。
　・この店の店員はお客様に対してただマニュアルに沿った対応しかできない。

4．～に基づいて（～に基づく）　⇒　～を行動の基本と考えて…
　・この学校は設立した人の言葉に基づいて教育が行われています。
　・過去の経験に基づいて正しい政治が行われなければならない。
　・新聞には事実に基づくことが書いてあるはずなのに…。

問題1-1 どちらか適当な方を選びなさい。

1. この歌は有名なクラシックの音楽をもとにして ｛ a 作られた。
　　　　　　　　　　　　　　　　　　　　　　　 b 歌われている。

2. ｛ a この犬や猫のもとでわたしは楽しく生活しています。
　　 b この犬や猫は、やさしい飼い主のもとで楽しそうに生きています。

3. 説明書に沿って ｛ a 組み立ててください。
　　　　　　　　　 b 使い方がよくわかります。

4. 学校教育は教育基本法に基づいて ｛ a 公平に行われなければならない。
　　　　　　　　　　　　　　　　　　 b 非常に大切なことである。

問題1-2 □□□から最も適当なものを選んで_____の上に書きなさい。

をもとにして　のもとで　に沿って　に基づいて　に基づく

1. 以上のことは、わたしの経験_____意見なのです。
2. 料理の本に書いてある作り方_____作っていけば、おいしいものができるはずだ。
3. 先生のあたたかいご指導_____わたしは歌手としてデビューしました。
4. この曲は日本の古い歌_____できたものである。
5. 政治家は民主主義精神_____政治を行ってほしい。

POINT ポイント2　関係ないこと、問題にしないことを表すもの
(Expressions to show irrelevance or lack of consideration / 表示无关的事情、或不作为问题的事情的用语 / 관계 없는 것, 문제로 삼지 않는 것을 나타내는 것)

1．～を問わず・～にかかわらず・～にかかわりなく

　　　　　⇒　～には関係なくどんな～でも・どちらの場合でも…

・このアルバイトは経験を問わずだれでもできます。
・きのうのM氏の言葉について、国の内外を問わずいろいろな人からファックスやメールが届いた。
・このドームでは天気にかかわらず、いつでも野球の試合ができる。
・男女にかかわらず、時間がある人は仕事を手伝ってください。
・参加するしないにかかわりなく、この計画についてご意見をお書きください。
・この会には日本語の力にかかわりなく、どなたでも入会できます。

2．～もかまわず　⇒　ふつうは～を気にかけるが、それを気にかけないで…

・人目もかまわず電車の中で化粧している人がいる。
・母は着ているものもかまわず、デパートへも銀行へも行く。
・小林君は夜でも朝でも時間もかまわずあちこちに電話をかける。

3．～は別として　⇒　～は例外的に考えて…

・休みの日は別として、この電車には学生の乗客が多い。
・がまん強い人は別として、普通の人間は体のどこかが痛いときは顔に表れる。
・大雨、大雪の日は別として、わたしは毎晩ジョギングをしている。

4．～はさておき・～はともかく（として）・～は別として

　　　　　⇒　とりあえず今は～のことは問題にしないで…

・この料理は値段はさておき、味はとてもいい。
・仕事の内容はさておき、この仕事は4時に終わるから楽だ。
・結果はともかく、健治の努力は認めるべきだ。彼は一生懸命やったのだ。
・原因はともかくとして、疲れているようだからゆっくり休んでください。
・どんな歌を歌うかは別として、プログラムの中に歌を入れよう。
・いいか悪いかは別として、わたしは親をモデルにして小説を書きたい。

問題2-1 どちらか適当な方を選びなさい。

1. このスポーツ大会には { a 年齢を問わず / b 高齢を問わず } だれでも参加できます。

2. 田中君は { a 学歴もかまわず、 / b 親の心配もかまわず、 } 学校を辞めてしまった。

3. てんぷらは別にして、{ a 日本料理ではあまり油を使わない。 / b 日本料理の中で特においしいと思う。 }

4. この旅行に行く人が少ないのは、
   { a 細かい点はともかくとして、旅費が問題なのではないか。 / b 旅費はともかくとして、細かい点が問題なのではないか。 }

問題2-2 どちらか適当な方を選びなさい。

1. このバスは乗車区間 { a にかかわらず　b もかまわず } 運賃は200円です。
2. 社長は反対意見がたくさんあるの { a にかかわらず　b もかまわず }、自分の計画を実行しようとしている。
3. このごみ置き場には、曜日 { a を問わず　b は別として } いつでもごみを出せます。
4. 味 { a にかかわりなく　b はともかく }、あなたが料理を作るなんて驚きましたよ。
5. わたしは遅くまで仕事がある日 { a を問わず　b は別として }、毎日犬を散歩に連れて行きます。
6. 買うかどうか { a を問わず　b はさておき }、すばらしいマンションだ。こんなマンションに住みたいなあ。
7. わたしは種類 { a はさておき　b にかかわりなく }、どんな犬でも好きです。
8. あの夫婦は人目 { a もかまわず　b にかかわりなく }、駅で大げんかをしているよ。

> **POINT** ポイント3　添加を表すもの
> (Expressions to show addition / 表示添加的用语 / 첨가를 나타내는 것)

＜初級では＞　肉だけではなく野菜もたくさん食べよう。

1．～上（に）　⇒　～と同じようなことがらがさらに加わって…
　・わたしの部屋は狭い上に、あまり明るくない。
　・きのうは大雨が降った上に、風も強かった。
　・昨年は地震の被害の上、台風の被害も多かった。

2．～ばかりでなく・～ばかりか　⇒　～だけでなく、それに加えて…
　・肉ばかりでなく、野菜もたくさん食べなさい。
　・日本のお酒は今、国内ばかりでなく、外国でも人気がある。
　・うちには犬ばかりか、猫、うさぎ、にわとりもいる。
　・この本は難しいばかりか、内容もよくない。

3．～に限らず・～のみならず　⇒　～だけに限定しないで…
　　　　　　　　　　　　　　　（「～のみならず」は硬い言い方）
　・人間に限らず、ペットも成人病になる。
　・鎌倉は休日に限らず、ウィークデーも観光客が多い。
　・地球温暖化のため、島のみならず、大都市まで海に沈んでしまうかもしれない。

4．～はもちろん・～はもとより　⇒　～は当然のことだが、それだけでなく、ほかに
　　　　　　　　　　　　　　　　　もっと…
　　　　　　　　　　　　「～はもちろん」は当然という気持ちが強い。
　　　　　　　　　　　　（「～はもとより」は硬い言い方）
　・現代では、紙はもちろん缶やガラスびんもリサイクルが進んでいる。
　・わたしたち医療チームは病気の治療はもとより、病気の予防にも努力しています。
　・家族はもとより友人や先輩に支えられて、自分の店を開くことができました。

問題3-1 どちらか適当な方を選びなさい。

1. あの青年はハンサムな上、
   - a 気持ちは優しい。
   - b 気持ちも優しい。

2. 文型の練習ばかりでなく、
   - a 言葉をたくさん覚えることは
   - b 言葉をたくさん覚えることも

   大切ですよ。

3. 東京に限らず、
   - a ほかの都市でも
   - b どこの家庭でも

   ごみは大きい問題だ。

4. わたしが結婚することになって、
   - a 友人たちはもとより家族も喜んでくれた。
   - b 家族はもとより友人たちも喜んでくれた。

問題3-2 どちらか適当な方を選びなさい。

1. きょうはラーメン {a のみならず　b だけでなく} カレーも食べたい。
2. 自分のこと {a ばかりでなく　b はもとより} ほかの人のことも考えなさい。
3. 旅行好きな母 {a はもとより　b に限らず} このごろは父もよく外国へ出かける。
4. 雨 {a ばかりか　b に限らず} 風も強くなってきた。
5. 明日、東京 {a の上に　b ばかりでなく} ほかのいくつかの県でも知事選挙が行われる。

まとめ ☐から最も適当なものを選んで、その記号を_____の上に書きなさい。

＜小説家大川〇子について＞

A | a 兄弟　b 両親　c 昼夜　d 野菜　e 米　f 服装

大川〇子は、優しい①_____のもとで元気に育った。彼女の家には②_____はもちろん、親類の人たちもいっしょに住んでいた。生活が楽ではなかったので、両親は③_____を問わずよく働いた。④_____は別として、ほとんどの野菜を自分のうちで作った。そして、母は⑤_____もかまわずどこにでも行き、野菜を売って歩いた。

B | a 男性　b 男女　c キリスト教の精神　d 教育　e 出来事　f お金の問題

大川〇子の両親はクリスチャンだった。①_____に基づいて子どもたちを教育した。また、子どもたちを②_____にかかわりなく平等に育てた。これからは③_____ばかりでなく女性も社会で活躍すると考えていた。④_____はさておき、彼女は幸福な家庭に育ったと言えるだろう。

大川〇子の最近の小説を読むと、彼女が自分の家庭の⑤_____をもとにして小説を書いたことがわかる。

5課 助詞の働きをする言葉 3

Phrases used like particles—3

具有助词功能的用语 3
조사의 기능을 하는 말 3

中級には助詞のような働きをする言葉がいろいろ出てきます。ここでは立場、基準、対応を表すものを学習しましょう。

STARTING TEST　スタートテスト

問題 どちらか適当な方を選びなさい。

1. この町の人々 {a にとって　b に応じて} 桜は大切な花である。
2. 働く時間 {a に応じて　b にしては} 給料に違いがあるのはしかたがない。
3. このお菓子は値段 {a ともなると　b のわりには} おいしい。
4. 同じ昔話でも地方 {a によって　b にとって} 少しずつ違っている。
5. 今の若い人 {a によって　b からすると} この小説の言葉はわかりにくいだろう。
6. 田中さんは父親 {a として　b にとって} 毎日子どもの勉強をみている。
7. 大会社の社長 {a ともなると　b からして} 簡単には会社を休めない。
8. カレンダー {a としては　b の上では} きょうから春だが、まだ寒い。
9. 彼は歴史の先生 {a だけあって　b からして} 昔のことをよく知っている。
10. お金は使い方 {a として　b 次第で} 人の役に立ったり立たなかったりする。

POINT ポイント1 — 判断、評価、行動の立場を表す言葉
(Expressions to show the position of somebody's judgment, evaluation, or action / 表示判断、评价、行动立场的用语 / 판단, 평가, 행동의 입장을 나타내는 말)

＜初級では＞ わたしから見ると、山中さんは何でも知っていて、生きている辞書のようです。

1. **〜にとって** ⇒ 〜にはどう感じられるか。
   - わたしにとってこの犬はいちばんいい遊び友だちです。
   - 日本語の敬語は日本人にとってもめんどうなものだ。
   - この絵は100年も前からうちにあるもので、家族にとって大切なものなのです。

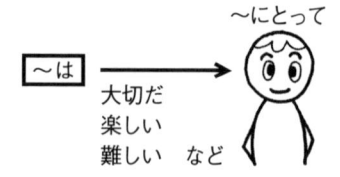

2. **〜として** ⇒ 〜の立場、資格、名目でどうするか・どうであるか。
   - わたしは留学生として日本で勉強しています。
   - 夫として、父として、ぼくは家庭を大切にしています。
   - 彼には人間としてのあたたかさがない。
   - 山田先生は大学の先生としてよりもテレビタレントとして有名になった。
   - 次回の市民会議のテーマとして、「遊ぶ」ということを取り上げましょう。

3. **〜からすると・〜からすれば・〜からして** ⇒ 〜の立場、〜の観点から考えるとどうであるか。
   - 母親のわたしからすると、この子は素直でいい子なんですが…。
   - 観光客からすれば、歴史の町に高いビルが建つのは残念なことだ。
   - 犬に人間と同じ食べ物をやるのは、犬からすればうれしくないのではないか。
   - 便利さからすれば確かにこの商品はすばらしいが、値段が高すぎる。
   - あなたの健康状態からして、今月はゆっくり休んだほうがいい。

4. **〜にしたら・〜にすれば** ⇒ 〜の気持ちを想像すればどうであるか。
   - 両親にしたら、わたしがいつまでも仕事を持たないことは困るのだろう。
   - 猫が好きな人にしたら、どんな猫もかわいいのかもしれない。
   - 作って売る人にすれば、ものを何年も大切に使う人はありがたくないのだろう。

5．～の上で ⇒ ～を見て判断するとどうであるか。
・説明書に書いてある数字の上では、A社のパソコンの方がよさそうだ。
・健康診断のデータの上ではわたしの体に問題はないのだが、最近疲れやすい。
・地図の上では、この山に登る道は二つある。

問題1-1 どちらか適当な方を選びなさい。

1．わたしにとって、 a 2月25日を忘れません。
　　　　　　　　　 b 2月25日は忘れられない日です。

2．アジア大会の選手として、 a 試合は大切です。
　　　　　　　　　　　　　 b わたしは一生懸命がんばります。

3．専門家からすれば a この本はつまらないだろう。
　　　　　　　　　 b この本は読まないだろう。

4． a 高校生にしたら、古いデザインの制服なんか嫌だろう。
　　 b 学校側にしたら、古いデザインの制服をまだ変えないらしい。

5．仕事の上では、 a 彼はとても有能な人物です。
　　　　　　　　 b 彼は細かい仕事が好きらしい。

問題1-2 どちらか適当な方を選びなさい。

1．わたしは一人の母 {a として　b にとって} この国の教育のことが心配だ。
2．年金生活者 {a の上では　b にとって} 医療費の値上がりは重大な問題だ。
3．見かけ {a の上では　b にしたら} アパートの部屋はみんな同じですよね。
4．きれい好きな田中さん {a からすると　b として}、わたしの部屋の汚さはがまんできないほどだろう。
5．社長の立場 {a にとって　b からすると} パートタイマーが多いほうが得なのだろう。

POINT ポイント2　評価の基準を表す言葉
(Expressions to show the criteria for the evaluation of something / 表示评价标准的用语 / 평가의 기준을 나타내는 말)

1. ～わりに（は）　⇒　～という割合から予想した程度ではなく…
   - あまり練習しなかったわりには、きょうのスピーチはよくできた。
   - この食品、高いわりにはおいしくないね。
   - 祖父は年のわりには考え方がやわらかい。

2. ～にしては　⇒　～という事実から予想されることとは違って…
   - きょうは真夏にしては涼しい一日だった。
   - プロが描いたにしては下手なイラストだ。
   - 君は日本に来たばかりにしては日本語が上手ですね。

3. ～だけあって　⇒　～だから当然だが、それにつりあう高い評価ができて…
   - ここは一流ホテルだけあって、サービスがいい。
   - 彼は海の近くで育っただけあって、魚の名前をよく知っている。
   - 川田先生はさすが教育経験が長いだけあって、指導力がすばらしい。

4. ～ともなると・～ともなれば　⇒　程度が～まで進めばそれに相応して…
   - 100人も集まる会ともなると、あいさつするわたしは今から緊張してしまう。
   - 社会に出て30年ともなると、会社での責任も大きいだろう。
   - 12月末ともなれば、みんな忙しくなる。

問題2-1 どちらか適当な方を選びなさい。

1. この部屋、部屋代のわりには { a 広くてきれいだね。
                                b よくも悪くもない。

2. A：今、隣のビルは工事中なんです。
   B：そうですか。工事中にしては { a うるさいですね。
                                  b 静かですね。

3. 日本で勉強した時間が { a 長い / b 短い } だけあって、日本語がとても上手だ。

4. { a 事務長ともなると、/ b 平社員ともなると、} いろいろな仕事をしなければならない。

問題2-2 どちらか適当な方を選びなさい。

1. 彼は今年二十歳 { a にしては　b ともなると }、子どもみたいだね。
2. ここは海の近く { a にしては　b だけあって } 魚が特別においしい。
3. 彼女はデザイン学校を卒業した { a だけあって　b ともなると } 洋服のセンスがいい。
4. これ、値段 { a のわりに　b だけあって } 品質がよくないね。
5. プロの料理人 { a にしては　b ともなると } 食材がいいか悪いかはすぐわかるらしい。

POINT ポイント３ 対応を表す言葉
(Expressions to show how things relate or correspond / 表示対応的用语 / 대응을 나타내는 말)

1. **〜によって** ⇒ 〜に対応していろいろ異なる。
   ・国によって言葉も習慣も違う。
   ・人によって意見はいろいろだ。
   ・その日の天気によって、わたしのうちから富士山が見えたり見えなかったりする。

   〜によっては ⇒ 〜の一例を取り出して言うと…
   ・この職場はみんな忙しい。人によっては毎日10時過ぎまで働いている。
   ・この村には大家族が多い。家によっては4世代10人がいっしょに生活している。
   ・今月は忙しいので、場合によっては旅行をキャンセルするかもしれない。

2. **〜に応じて（〜に応じた）** ⇒ 〜が変われば、それに対応して変える。
   ・ご予算に応じて、いろいろなメニューをご用意いたします。
   ・働いた時間に応じてアルバイト代を払います。
   ・今度の橋の工事では、必要に応じて働く人の数を増やします。
   ・そのときの状況に応じたやり方を考えるべきだ。

3. **〜次第で** ⇒ 〜に対応して異なる・決まる。
   ・新製品は宣伝次第で売れゆきが決まる。
   ・動物は扱い方次第で人間を好きになったり怖がったりする。
   ・子どもががんばろうという気持ちを持つかどうかは、ほめ方、しかり方次第だ。

   〜次第では ⇒ ある〜の場合は…
   ・台風が近づいている。当日の天候次第では、スポーツ大会は中止になるだろう。
   ・今月の営業成績次第では、ぼくはほかの課に行くかもしれない。
   ・考え方次第では、テレビがない生活も悪くない。

問題3-1 どちらか適当な方を選びなさい。

1．このバスは時間によって ｛ a いつも込んでいる。
　　　　　　　　　　　　　　b 込み方が違う。

2．このバスは時間によっては ｛ a 込んでいて乗れないこともある。
　　　　　　　　　　　　　　　b 込んでいることもあるし、すいていることもある。

3．｛ a 自分のレベルに　　応じた会話クラスに入るのがいい。
　　　b 最高のレベルに

4．｛ a 男女　　　　　　に応じて練習時間を決めてください。
　　　b 自分の体力

5．こちらの言い方次第で、｛ a 相手は怒ることもあるし、優しくなることもある。
　　　　　　　　　　　　　b 相手はひどく怒った。

問題3-2 どちらか適当な方を選びなさい。

1．今後、この市では、必要 ｛ a に応じて　 b 次第で ｝ 子どものための施設を増やしていきます。

2．ごみを出すときはリサイクルできるかできないか ｛ a によって　 b によっては ｝ 分けてください。

3．パーティーに来る人の数 ｛ a によっては　 b に応じて ｝ ビールの数を決めましょう。

4．あなたの気持ち ｛ a に応じて　 b 次第で ｝ 成功か不成功かが決まると思いますよ。

5．子どもの将来の仕事は、親の考え方 ｛ a 次第で　 b 次第では ｝ 決まるというものではない。

まとめ ◯の中から最も適当な言葉を選んで、その記号を_____の上に書きなさい。

A | a 家庭　　b 子ども　　c 親　　d 年齢　　e 値段　　f おもちゃ

　子どもが生まれたら、①_____として子どもにできるだけのことはしてやりたいと思うだろう。②_____によってはいつも高いおもちゃを買ってあげているかもしれない。しかし、③_____のわりには子どもは喜ばない。④_____にしたら値段なんかわからないのだから、いいおもちゃかどうか値段ではわからない。わたしは、おもちゃは子どもの⑤_____に応じて、安全で単純なものがいいと思う。

B | a 子ども　　b 親　　c 公園　　d 天気　　e よく晴れた日曜日　　f 心と体の健康

　①_____にとって友だちとの遊びは何より大切なのだ。だから外で友だちと遊ばせるようにするのがいいと思う。それは②_____の上でもいいことだ。その日の③_____によって外で遊べる時間は違うが、それでもいい。④_____ともなると公園は子どもやその親たちでにぎやかになる。⑤_____からするとつまらない遊びでも、友だちがいれば子どもは何時間でも楽しむことができる。

6課 名詞化の方法 「こと」と「の」

How to nominalize verbs and adjectives: "こと" and "の"

名词化的方法 "こと"与"の"
명사화 방법 「こと」와 「の」

　名詞は文の中で主語や目的語として働きますが、動詞はそのままの形では名詞のような働きはできません。「こと・の」をつけなければなりません。

STARTING TEST　スタートテスト

問題Ⅰ　文の構造が正しいのはどちらですか。正しい方を選びなさい。

1．わたしの趣味は ｛a 本を読むのが好きです　b 本を読むことです｝。
2．あしたは休みなのに、仕事を ｛a する　b するの｝ は嫌だなあ。
3．いっしょに ｛a 食事に　b 食事するのに｝ 行きましょうよ。
4．｛a 山歩き　b 山歩く｝ は楽しいですよ。
5．わたしは ｛a 旅行　b 旅行する｝ が好きです。

問題Ⅱ　どちらか適当な方を選びなさい。

1．ファックスがあるんだから、わざわざ届けに行く ｛a こと　b の｝ はないですよ。
2．わたしの仕事は外国人に日本語を教える ｛a こと　b の｝ です。
3．わたしは動物が好きだが、特に好きな ｛a こと　b の｝ は犬だ。
4．こんな大きいすいかを今まで見た ｛a こと　b の｝ がない。
5．先生から今度の試験は難しいという ｛a こと　b の｝ を聞いて、心配しています。

POINT ポイント1　名詞化の働きをする「こと」と「の」
("こと" and "の" as nominalization marker / 具有名词化功能的"こと"与"の" / 명사화의 기능을 하는「こと」와「の」)

○　わたしは料理が好きです。　　　　正しい文（料理＝名詞）
×　わたしは料理を作るが好きです。　正しくない文（料理を作る≠名詞）

「こと」や「の」をつければ動詞や形容詞を名詞と同じ働きを持つものに変えることができます。

×　わたしは　　料理を作る　　　が　好きです。
　　　　　　　　≠名詞
○　わたしは　　料理を作る＋こと／の　　が　好きです。
　　　　　　　　＝名詞

例

| スケート
| スケートをすること　｜　は　楽しいです。
| スケートをするの

| 地震のニュース
| 地震があったこと　｜　を　知らなかった。
| 地震があったの

東京でアパートを探したが　｜　部屋代の高さ
　　　　　　　　　　　　　　部屋代が高いこと　｜　に　驚いた。
　　　　　　　　　　　　　　部屋代が高いの

問題1 例のように、「こと」を使った文に書き換えなさい。

例　田中：わたしの趣味ですか。そうですねえ。暇があると人形を作っています。

　　→田中さんの趣味は**人形を作る**ことです。

1．太郎はまじめです。それが彼の長所です。

　　→太郎の長所は＿＿＿＿＿＿＿＿＿＿＿＿＿＿＿＿ことです。

2．みち子：わたしの将来の夢？幼稚園を作りたいんです。

　　→みち子さんの将来の夢は＿＿＿＿＿＿＿＿＿＿＿＿＿＿＿＿ことです。

3．この計画、おもしろそうだけど、困ったな。お金がかかりすぎるよ。

　　→この計画の問題点は＿＿＿＿＿＿＿＿＿＿＿＿＿＿ことだ。

4．あいさつのしかたを覚えなさい。それは新入社員の義務ですよ。

　　→＿＿＿＿＿＿＿＿＿＿＿＿＿＿＿＿＿＿＿＿＿＿ことは新入社員の義務である。

5．田中：すみません、きょうは授業に出られません。先生にそう伝えてください。

　　ぼく：わかりました。

　　→ぼくは＿＿＿＿＿＿＿＿＿＿＿＿＿＿＿＿＿＿＿＿＿＿＿＿＿＿＿＿＿＿＿＿ことを

　　先生に伝えた。

6．田中：きのう大火事があったらしいね。ニュースで言っていたよ。

　　ぼく：へえ〜。知らなかった。

　　→ぼくは＿＿＿＿＿＿＿＿＿＿＿＿＿＿＿＿＿＿＿＿＿ことを知らなかった。

7．まゆみ：わたし、5月に子どもが生まれるの。でも、まだ両親には話してないの。

　　→まゆみさんは＿＿＿＿＿＿＿＿＿＿＿＿＿＿＿＿＿＿＿ことをまだご両親に話

　　していない。

POINT ポイント2 「こと」の用法
(Use of "こと"/"こと"的用法/「こと」의 용법)

「こと」と「の」は名詞化の働きがありますが、いつも同じように使えるわけではありません。

「こと」の用法（≠の）→（「の」で置き換えることができないもの）

1. Nは …ことです／…ことだ
   - わたしの趣味は知らない町を歩くこと（の）です。
   - 彼の欠点は時間を守らないこと（の）だ。
   - 失敗の原因はよく準備をしなかったこと（の）だ。

2. …ことを 〜　「…」は伝達などの内容
   　　　　　　「〜」は伝達などに関係のある動詞（言う、話す、聞く、伝える、知らせる、祈る、約束する、提案するなど）。
   - 会社を辞めること（の）をもうみんなに話しました。
   - あなたがけがをしたこと（の）を聞いてびっくりしましたよ。
   - 早くけがが治ること（の）を祈っております。

3. 「こと」を使う文型
   ＜初級では＞

文型	意味	例文
〜ことができる	可能・不可能	1,000円で映画を見ることができますか。 あの日のことは決して忘れることができません。
〜ことがある	時には〜	あの人は夜電話してもいないことがあるんです。 大雨の日は電車が遅れることがある。
〜たことがある	経験	わたしは子どものとき、けがで入院したことがある。 この音楽、聴いたことがあるよ。

＜中級では＞

1）〜ということだ・〜とのことだ（伝聞）
　　・社長はきょうは会社に来ないということです。
　　・昔、このあたりに大きい桜の木があったということだ。
　　・ガソリン代がまた値上がりするとのことです。

2）〜ことに（感想）
　　・困ったことに、今お金がないんです。
　　・うれしいことに、休日がまた多くなった。
　　・おめでたいことに、山本さんのところに赤ちゃんが生まれたそうですよ。

3）〜ことは〜が／けれど…（消極的な肯定）
　　・この料理、おいしいことはおいしいけれど、高すぎるよ。
　　・あの映画、見たことは見たけど、難しくてよくわからなかった。
　　・合格してうれしいことはうれしいですが、これからのことがちょっと心配です。

4）〜ことはない（不必要）
　　・そんなことで心配することはないよ。
　　・新しいものを買うことはありませんよ。わたしのを使ってください。
　　・まだ出発まで時間があります。急ぐことはありません。

5）その他
　　＊〜ことになる、なっている（決定したこと、決まりを表す）→コラム「する」と「なる」
　　＊〜ことにする、している（意志決定、習慣的行為を表す）
　　　　　　　　　　　　　　→コラム「する」と「なる」、「する」のいろいろ
　　＊〜ことだ（忠告、命令を表す）→14課

問題2　　　から最も適当なもの選んで_____の上に書きなさい。
　　　（一つの語を２回ずつ使います。）

| とのこと　　ことに　　ことは　　ことはない |

1．驚いた_____、こんな季節に桜の花が咲いたんですよ。
2．課長の話によると、今年社員旅行はやらない_____です。
3．残念な_____、うちのチームは決勝戦に出られませんでした。
4．わざわざ図書館に行く_____よね。インターネットで調べればいいよね。
5．A：ご両親と相談しましたか。
　　B：ええ、相談した_____したんですが、あまりいい返事はもらえませんでした。
6．3月にはご上京_____、お会いできるのを楽しみにしております。
7．このぎょうざ、おいしい_____おいしいけど、高すぎるよね。
8．何もそんなに怒る_____でしょう。ただのゲームなんだから。

— 48 —

POINT ポイント3 「の」の用法
(Use of "の" / "の" 的用法 / 「の」의 용법)

「の」の用法（≠こと）→（「こと」で置き換えることができないもの）

1．…の　「の」を修飾された名詞の代わりに使う。
- あそこで歌を歌っているの（＝人）はだれですか。
- もっと安いの（＝品物）はありませんか。
- 日本へ来たの（＝日）は3月4日です。
- 遅刻したの（＝理由）はバスが遅れたからです。
- 彼女に会ったの（＝場所）は駅前のコーヒーショップです。

2．…のが／を　～　「…」は感覚でとらえた音や光景や感触など。
　　　　　　　　　　　「～」は感覚に関係のある動詞（見える、聞こえる、見る、聞く、感じるなど）。
- 船が港を出ていくの（≠こと）が見える。
- どこかで鳥が鳴いているの（≠こと）が聞こえる。
- 彼の顔が赤いの（≠こと）を見て、お酒を飲んだのだとすぐわかった。
- わたしの名前が呼ばれるの（≠こと）を聞いた。
- 地面が揺れるの（≠こと）を感じた。

3．…のを　～　「～」はある動作に応じる意味の動詞（手伝う、待つ、じゃまする、止めるなど）。
- 母がケーキを作るの（≠こと）を手伝った。
- ここでヤンさんが来るの（≠こと）を待ちましょう。
- テレビを見ているの（≠こと）をじゃましないで。

4．…のが　～　「～」は「早い、速い、遅い」など。
- この植物は大きくなるの（≠こと）が速い。
- 病気に気がつくの（≠こと）が遅かった。

5.「の」を使う文型

1）…のです／…んです（事情、経過、理由などの説明）→コラム「のです、んです、
のだ、んだ」のいろいろ

・遅刻してすみません。急に友だちが来たんです。
・いろいろ薬を飲んだのだが、あまりよくならなかった。
・この1週間、忙しくて大変だったんですよ。

2）…のに〜（目的）　「〜」は「いい、便利だ、必要だ、使う」など。
・この辞書は外来語の意味を調べるのにいい。
・このテープは聞き取りの練習をするのに便利だ。
・わたしはこの袋をごみを入れるのに使っています。
・パソコンはグラフを作るのにどうしても必要だ。

＊「こと・の」の両方が使える場合
1）判断、感情などを言うとき
　　　…こと／のは〜（形容詞文・名詞文）　うそだ、本当だ、確かだ、まちがいだ、
　　　　　　　　　　　　　　　　　　　　　正しい、変だ、ふしぎだ、うれしい、悲しい、
　　　　　　　　　　　　　　　　　　　　　心配だ、好きだ　など

・彼が来月アメリカへいくこと／のは本当ですか。
・あなたが「ごめんなさい」ということ／のは珍しいですね。
・うちの子がテレビばかり見ていること／のは心配だわ。
・兄が父と同じ道を選んだこと／のは正しかったと思う。

2）心理的な行為を言うとき
　　　…こと／のを〜（動詞文）　信じる、喜ぶ、心配する、思い出す、忘れる、知る
　　など

・両親はわたしがまじめに仕事をしていること／のを喜んでいるだろう。
・弟におみやげを買うこと／のを忘れてしまった。
・去年富士山に登ったこと／のを思い出しますね。

問題3-1 例のように、「の」を使った文に書き換えなさい。

例　今度の旅行はちょっと長いです。2か月後に日本に帰ってきます。

→**日本に帰ってくる**のは2か月後です。

1. 田中　：どうして風邪薬を飲まないんですか。
   わたし：風邪薬を飲むと眠くなるんです。
   →わたしが＿＿＿＿＿＿＿＿＿＿＿＿＿＿＿＿＿のは、飲むと眠くなるからです。

2. A：あ、人が向こうの山に登っていきますよ。ここからよく見えます。
   →ここから人が＿＿＿＿＿＿＿＿＿＿＿＿＿＿＿のがよく見える。

3. あれ、泣き声が聞こえるね。子どもが泣いているようだね。
   →＿＿＿＿＿＿＿＿＿＿＿＿＿＿＿のが聞こえる。

4. 先生：だれかちょっと手伝ってください。教室の机を外に出すんです。
   学生：いいですよ。みんなでやります。
   →学生たちは先生が＿＿＿＿＿＿＿＿＿＿＿＿＿＿＿＿＿＿＿のを手伝った。

5. 早く気がついてよかったね。遅かったら大変なことになったと思うよ。
   →＿＿＿＿＿＿＿＿＿＿＿のが早かったから、大変なことにならなかった。

6. A：あの山の上まで行きたいんですが、どのくらいかかるでしょうか。
   B：3時間ぐらいだね。
   →＿＿＿＿＿＿＿＿＿＿＿＿＿＿＿のに3時間ぐらいかかるそうだ。

問題3-2 「の」か「こと」を入れなさい。

1. わたしの部屋から夕日が沈む＿＿＿＿＿がよく見えます。
2. そんな人に会った＿＿＿＿＿はない。
3. この料理を作る＿＿＿＿＿にどんな材料が必要ですか。
4. きのう田中さんが買った＿＿＿＿＿はどの本ですか。
5. 時々新聞を読まないで会社に行く＿＿＿＿＿がある。
6. 暇なら部屋を片づける＿＿＿＿＿を手伝ってくれませんか。
7. 駅で彼女が来る＿＿＿＿＿をずっと待っていた。
8. うれしい＿＿＿＿＿に、1週間も休みがとれた。
9. わたしたちの願いは安心して生活できるようになる＿＿＿＿＿だ。
10. このゲーム、難しい＿＿＿＿＿は難しいけど、おもしろくてやめられない。

POINT ポイント4　その他の名詞化の方法
(More ways to nominalize verbs and adjectives / 其他名词化的方法 / 그 외의 명사화 방법)

「こと・の」をつける以外にも名詞化の方法があります。

品詞	方法	例
動詞	同じ意味の名詞を使う	物を買う → 買い物 山に登る → 登山 本を読む → 読書 ご飯を食べる → 食事 飲む・食べる → 飲食
	「ます」を取る	驚き~~ます~~ → 驚き 喜び~~ます~~ → 喜び 流れ~~ます~~ → 流れ 山~~を~~歩き~~ます~~ → 山歩き ケーキ~~を~~作り~~ます~~ → ケーキ作り 階段を上り~~ます~~・下り~~ます~~ 　　　　　→ 階段の上り下り
	する動詞の名詞部分を使う	洗濯~~する~~ → 洗濯 日本語を勉強~~する~~ → 日本語の勉強 帰国~~する~~ → 帰国
形容詞	語幹に「さ」をつける	速~~い~~ ＋ さ → 速さ 寒~~い~~ ＋ さ → 寒さ 空が青~~い~~ ＋ さ → 空の青さ 立派~~な~~ ＋ さ → 立派さ

問題4　（　　　）の中の言葉を名詞の言葉に変えて_____の上に書きなさい。

1. 犬は尻尾を振って_____を表す。（喜ぶ）
2. わたしは_____が得意です。（泳ぐ）
3. 君の_____は普通じゃないよ。（部屋が汚い）

4．ぼくは＿＿＿＿＿＿＿があまり好きじゃないんだ。（部屋を掃除する）
5．この服は＿＿＿＿＿＿＿が目立つね。（汚れる）
6．彼女の＿＿＿＿＿＿＿にはびっくりしたよ。（足が速い）
7．うちの子どもたちはいろいろな＿＿＿＿＿＿＿を知っている。（遊ぶ）
8．この街の＿＿＿＿＿＿＿と＿＿＿＿＿＿＿がわたしは好きなんです。
　　　　　　　　　　　　　　　　　　　　　（にぎやか・便利）
9．あのレストランで＿＿＿＿＿＿＿をしましょう。（ご飯を食べる）
10．わたしの仕事は＿＿＿＿＿＿＿＿＿＿です。（美術品を売る・買う）

まとめ 正しくないものが一つあります。その記号に×をつけなさい。

1．ストレス解消には ｛a 買い物／b 物を買う／c 買い物をするの｝ がいちばんいい。

2．山田：川村君は ｛a 料理作る／b 料理を作るの／c 料理を作ること｝ が好きだね。

3．川村：ええ、わたしの趣味は ｛a 料理／b 料理を作ること／c 料理を作るの｝ です。

4．｛a 散歩／b 散歩する／c 散歩するの｝ は楽しいなあ。

5．きのうディズニーランドへ行ったんだけど、｛a 人が多い／b 人が多いこと／c 人の多さ｝ にびっくりした。

6．｛a 階段を上り下り／b 階段の上り下り／c 階段を上ったり下りたりするの｝ は大変だ。

6課　名詞化の方法「こと」と「の」

■コラム

「のです・んです・のだ・んだ」のいろいろ

「の」はくだけた話し方では「ん」になります。

確認	<旅行の時間表を見て>ああ、パリには3日泊まるんだ。 <天気予報を聞いて>やっぱり、きょうは雨なんだ。 <大きいかばんを持っているのを見て> あれ、どこかへご旅行なんですか。
事情や理由を説明	お先に失礼します。きょうは夫の誕生日なんです。 バスが来なくて、遅れたんです。
説明を要求	もう夜中の2時なのに、何をしているんですか。 どうしてきのうは来なかったんですか。
主張	だれがなんと言っても、わたしは留学するんだ。 子ども：嫌だ。ぼくは学校へ行きたくないんだ。
納得・まとめ	A：今朝はマイナス2度だったそうだよ。 B：あ、だから、寒かったんだ。 日本は本当に山が多い。日本はやはり山国なのだ。
命令・説得	父：太郎、もう9時だよ。テレビを消して、早く寝るんだ。 祖母：ちいちゃん、字はていねいに書くんだよ。
後悔	ああ、夏休みの宿題を早くからやっておくんだった。 祖母にもっと優しくするんだった。

7課 複文構造 −複文の中の「は」と「が」・時制−

Structure of complex sentences: "は" and "が" and the tense in complex sentences

复句结构 −复句中的"は"和"が"以及时态−
복문구조 −복문 안의「は」와「が」・시제−

大きい文の中に小さい文が入っている文（主語が二つ以上ある文）を複文と言います。複文では「は」と「が」の使い分けと時制の使い分けが大切です。

STARTING TEST スタートテスト

問題Ⅰ どちらか適当な方を選びなさい。

1. 祖母 ｛ａは　　ｂが｝ 出かけるとき、いつも傘を持っていきます。
2. 母はわたし ｛ａは　　ｂが｝ 合格するようにと毎日祈ってくれた。
3. 子ども ｛ａは　　ｂが｝ かいた絵を部屋に飾りましょう。
4. 君 ｛ａは　　ｂが｝ パーティーに来なかったから、寂しかったよ。
5. 母 ｛ａは　　ｂが｝ 旅行している間、わたしに毎日電話をくれた。

問題Ⅱ どちらか適当な方を選びなさい。

1. わたしはうちに ｛ａ帰る　　ｂ帰った｝ とき、いつもスーパーに寄ります。
2. きのううちに ｛ａ帰る　　ｂ帰った｝ とき、駅でヤンさんに会いました。
3. 来月国へ ｛ａ帰る　　ｂ帰った｝ とき、母に日本のおみやげをあげよう。
4. 来月国へ ｛ａ帰る　　ｂ帰った｝ とき、日本のおみやげを買うつもりだ。
5. この飛行機は明日の朝、日本に着く。わたしが家に帰ったときには、子どもはもう学校へ ｛ａ行った　　ｂ行っている｝ だろう。

POINT ポイント1　複文の中の「は」と「が」
("は" and "が" in complex sentences / 复句中的"は"和"が" / 복문 안의 「は」와 「が」)

次のような構造の文を複文と言います。

わたしは ｜子どもが 寝てから｜ テレビを見る。

大きい文　　わたしはテレビを見る。（主語　→　わたし）
小さい文　　子どもが寝てから　　（主語　→　子ども）

複文の中の「は」と「が」

1. 大きい文の主語と小さい文の主語が違う場合　　小さい文の主語　→　が

   カンさんは ｜わたしが忙しいから｜ よく手伝ってくれる。

   ・わたしは店長がいない間一人で店を守っていた。
   ・ヤンさんが来たとき、わたしはちょうどお風呂に入っていた。
   ・わたしたちがビデオを見始めたところに、大山さんが電話をかけてきた。

2. 大きい文の主語と小さい文の主語が同じ場合　　小さい文の主語　→　なくなる

   カンさんは ｜~~カンさんが~~忙しいから｜ あまり手伝ってくれない。

   ・わたしは もし~~わたしが~~引っ越すとしたら、いらないものは全部捨てる。
   ・~~わたしが~~つきあっているうちに わたしは彼女が好きになった。
   ・もし~~わたしが~~失敗したら、わたしが責任をとります。

3. 「…と言う／思う」の「…」の中では　　「は」「が」　→　そのまま

   父は ｜母は買い物に行った｜ と言った。

   ・わたしは 弟はきっと優勝する と思う。
   ・わたしは もし首相が新しい案を出せば 外国との関係はよくなる と考えている。

問題1 どちらか適当な方を選びなさい。

1. うちの犬はわたし｛が　は｝帰ってくるととても喜ぶ。
2. 赤ちゃん｛が　は｝よく眠れるように、テレビの音を小さくした。
3. 最近、わたし｛が　は｝、父｛が　は｝昔話をしてくれたことをよく思い出す。
4. 田中さん｛が　は｝来たら、これを見せようよ。
5. ヤンさん｛が　は｝来た後、すぐにカンさんも来た。
6. おじ｛が　は｝日本に帰ってくるたびにおみやげをくれる。
7. たとえわたし｛が　は｝病気になっても、この子たち｛が　は｝大丈夫だろう。
8. 先生｛が　は｝よくお世話をしてくださるから、子どもたちは楽しく過ごせるのです。
9. あなた｛が　は｝そんなことを言うなら、もう別れましょう。
10. みちこ｛が　は｝わたし｛が　は｝あげた本をすぐなくしてしまった。
11. ぼく｛が　は｝あんなに注意したのに、君｛が　は｝また遅刻したね。
12. わたし｛が　は｝カンさん｛が　は｝パーティーに来ないと思う。

POINT ポイント2　複文の時制
(Tense in complex sentences / 复句中的时态 / 복문의 시제)

1. 大きい文は、今（話しているとき）から見て過去のことは過去形（た形）で表します。

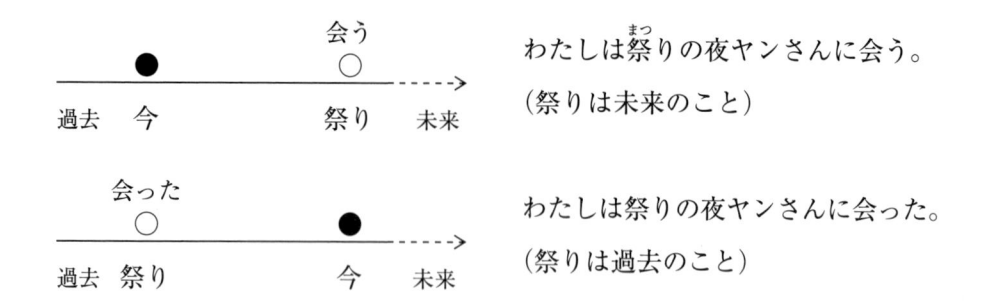

```
              会う
    ●          ○
____|_____|_____ ⇢
  過去 今       祭り    未来
```
わたしは祭りの夜ヤンさんに会う。
（祭りは未来のこと）

```
    会った
     ○              ●
____|_____|_____ ⇢
  過去 祭り          今   未来
```
わたしは祭りの夜ヤンさんに会った。
（祭りは過去のこと）

2. 小さい文は、今（話しているとき）とは関係なく、大きい文との時間的な前後関係で、過去形（た形）で表すか、現在形で表すかが決まります。（▲…大きい文　△…小さい文）

A　小さい文の方が前

＜日本語について＞

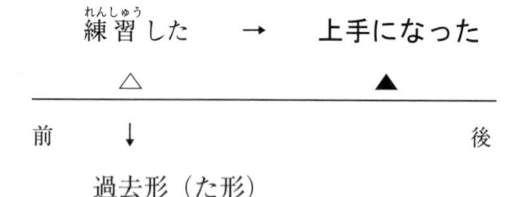

```
   練習した    →    上手になった
      △                ▲
_____
 前      ↓                後
      過去形（た形）
```

| 毎日よく練習した | から上手になった。（「練習した」のが前）

＜本について＞

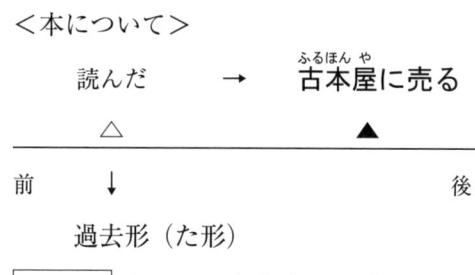

```
   読んだ    →    古本屋に売る
     △              ▲
_____
 前     ↓                 後
     過去形（た形）
```

| 読んだ | 本はみんな古本屋に売る。（「読んだ」のが前）

B　小さい文の方が後

＜ペンについて＞

いいものを買った　→　**使う**

―――――▲――――――△―――――
前　　　　　　　　↓　　　　後
　　　　　　　　現在形

 毎日よく使う から いいものを買った。（「使う」のが後）

＜本について＞

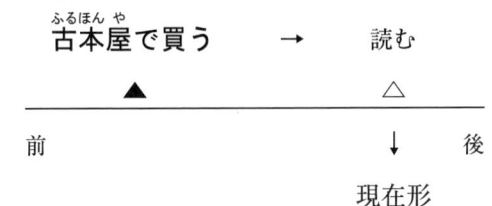

古本屋で買う　→　**読む**

―――――▲――――――△―――――
前　　　　　　　　↓　　　　後
　　　　　　　　現在形

 読む 本はみんな古本屋で買う。（「読む」のが後）

3. 大きい文に「ている形(注)」を使えば、小さい文より前を表します。

＜会場に到着する時間について＞

みんな来ていた　→　**着いた**

―――――▲――――――△―――――
前　　　　　　　　↓　　　　後
　　　　　　　　過去形（た形）

 わたしが会場に着いた ときには、もうみんな来ていた。（みんな来た後　→　着いた）

＜卒業するときについて＞

30歳になっている　→　**卒業する**

―――――▲――――――△―――――
前　　　　　　　　↓　　　　後
　　　　　　　　現在形

 この学校を卒業する ころは、わたしはもう30歳になっている。

（30歳になった後　→　卒業する）

注：ている形 → ここでは行為の結果がそのまま残っていることを表す言い方

＊小さい文が状態を表すときは時間の差がありませんから、このルールは使いません。
・先生は言葉がよくわからない人のためにていねいに説明した。
・運転ができる人は車でキャンプに参加した。

問題2-1 どちらか適当な方を選びなさい。
1．あしたいちばん早く学校へ｛a 来る　b 来た｝人は机を並べておいてください。
2．田中さんはイタリア語が｛a わかる　b わかった｝人を探していました。
3．人のお世話に｛a なる　b なった｝ときは、「ありがとうございました」と言うべきだ。
4．旅行中撮った写真は、今度｛a 会う　b 会った｝ときに持っていきます。
5．旅行中撮った写真は、今度｛a 会う　b 会った｝ときにお見せします。
6．わたしはいつも、電車の中で｛a 読む　b 読んだ｝新聞を買ってから、駅のホームに入る。
7．わたしはいつも、電車の中で｛a 読む　b 読んだ｝新聞を会社に置いてくる。
8．あした、わたしがこの夏休みに｛a 撮る　b 撮った｝写真を持ってきます。
9．火事などの災害が｛a 起こる　b 起こった｝場合は、非常口から外に出てください。
10．交番の人がていねいに｛a 説明してくれる　b 説明してくれた｝おかげで、彼のうちはすぐわかった。

問題2-2 どちらか適当な方を選びなさい。
1．窓を開けたら、虫が｛a 入ってきた　b 入ってきていた｝。
2．わたしが学校に着いたとき、授業はもう｛a 始まった　b 始まっていた｝。
3．今度お会いするころにはわたしは家庭を｛a 持つ　b 持っている｝でしょう。
4．お客様が来たとき、わたしは｛a 出かけた　b 出かけていた｝。
5．わたしが表玄関から家に入ったとき、だれかが裏口から
　　｛a 逃げた　b 逃げていた｝。

まとめ どちらか適当な方を選びなさい。

わたし①｛が　は｝、そばに犬②｛が　は｝いると、つい犬に話しかけてしまう。もちろん犬③｛が　は｝人間④｛が　は｝何を言っても完全にわかるわけではないが、こちらの気持ちは伝わるのだろう。わたし⑤｛が　は｝「だめ！」と⑥｛言う　言った｝ときは、犬は悲しそうに下を向く。わたし⑦｛が　は｝仕事に⑧｛出かける　出かけた｝ときは寂しそうに見送ってくれるし、帰って⑨｛くる　きた｝ときは「待っていたんですよ」という顔で「ワンワン」と言う。郵便屋さん⑩｛が　は｝⑪｛来る　来た｝ときも「ワンワン」と言って教えるし、何か悪いことを⑫｛する　した｝ときには「ごめんなさい」という顔をする。犬は言葉を持っていないが、この犬⑬｛が　は｝考えていることがわたしにはわかる。この犬⑭｛が　は｝10歳になるころには、わたし⑮｛が　は｝犬語の通訳ができるように⑯｛なった　なっている｝かもしれない。心は言葉⑰｛が　は｝なくても表せるものだと、わたし⑱｛が　は｝思う。

7課　複文構造 ―複文の中の「は」と「が」・時制―

8課 名詞修飾

Noun modification
名词修饰
명사수식

「世界でいちばん高い山」「きのう買った本」など名詞を説明する言い方を初級で学習しました。中級では少し複雑になりますが、基本的な方法は同じです。

STARTING TEST スタートテスト

問題Ⅰ 例のように、☐の名詞を説明しているところに＿＿＿を引きなさい。

例 きのう、父が作ってくれた 料理 はおいしかったです。

1. 顔を洗う せっけん をください。
2. わたしはあした祭りがある 広場 に行ってみた。
3. 隣の家からピアノを弾く 音 が聞こえてきます。
4. ここにはごみの問題について書かれた 本 が並んでいる。
5. 新潟で地震があったという ニュース は本当ですか。

問題Ⅱ ☐から適当な言葉を選んでその記号を＿＿＿の上に書きなさい。

| a 心配 b 計画 c スピード d 原因 e 経験 |

1. 日本人の話すことが聞き取れなかったという＿＿＿＿がわたしにはよくある。
2. 日本語の試験でいい点数が取れなかった＿＿＿＿も、聴く力が弱いからだと思う。
3. 聞き取りの練習のために、毎日テレビのニュースを見ているが、アナウンサーがしゃべる＿＿＿＿についていけない。
4. このまま、聞き取れるようにならないのではないかという＿＿＿＿がある。
5. それで、来週からはテープに録音して、もう一度聞くという＿＿＿＿を立てた。

POINT ポイント1 名詞修飾の用法
(Use of noun modification / 名词修饰的用法 / 명사수식의 용법)

1. 名詞修飾（名詞を説明する部分）は長くても短くても必ず名詞の前です。

   例　わたしが書いた ｜文｜
   　　（名詞修飾）

   　　きのうみち子がデパートで買った ｜くつ｜
   　　（名詞修飾）

2. 名詞を説明する部分と名詞との関係

   ①助詞「が・を・で・へ・に」の関係でつながるもの

   例　（バスが東京駅へ行きます）　→　東京駅へ行く ｜バス｜
   　　（きのう本を読みました）　→　きのう読んだ ｜本｜
   　　（店で弁当を買います）　→　弁当を買う ｜店｜
   　　（毎日公園へ行きます）　→　毎日行く ｜公園｜
   　　（電車に乗ります）　→　乗る ｜電車｜

   ②内容の関係でつながる名詞修飾

   例　（この薬を飲むと元気が出ます）　→　飲むと元気が出る ｜薬｜
   　　（大きい声で赤ちゃんが泣いています）　→　赤ちゃんが泣いている大きい ｜声｜
   　　（この小説を読んで泣いてしまいました）　→　読んで泣いてしまった ｜小説｜

3. 情報の内容を表す場合は「という」を入れます。

   例　大地震があった という ｜ニュース｜ を聞いた。
   　　　ニュースの内容

   　　自分だけよければいい という ｜考え｜ はよくない。
   　　　　　考えの内容

8課　名詞修飾

問題1　_____（名詞）を説明しているところに_____を引きなさい。

例　北海道には<u>わたしが前から行きたいと思っている</u>所がたくさんある。

1．田中さんは<u>自分がいちばん影響を受けた</u>人について話した。
2．みんなで<u>教科書に書いてあった</u>ことについて図書館で調べてみよう。
3．わたしはきのうの夜<u>家族といっしょにアメリカへ行く</u>夢を見た。
4．これは<u>飲むと眠くなる</u>薬だから、車を運転する日は飲まないほうがいいよ。
5．あれ、<u>魚を焼いている</u>においがするね。
6．彼はきのう<u>マリさんがあんなに怒った</u>理由がわからないらしい。
7．ここから<u>ある有名な俳優が店から出てくる</u>姿が見えた。
8．わたしは<u>困ったときいつも助けてくれる</u>人がいればいいなあと思う。

POINT ポイント2　名詞修飾の作り方
(How to modify a noun ／ 名词修饰的构成 ／ 명사수식 만드는 법)

名詞修飾の中のルール

1. 普通形（plain form）　＋　名詞

   来年アメリカへ行く 予定 がある。

   名詞の前に「の」は入れません。→ 母が作った ~~の~~ 料理 が好きです。

2. 動作の主体は「が」（「は」は使いません。）

   わたしが（~~は~~）いつも行く 店

   かえるが（~~は~~）池に飛び込む 音

3. 「が」は「の」で置き換えられます。（すぐ後にほかの名詞があって誤解しやすいときは「が」を使います。）

   雨が（＝の）多い 季節

   わたしが（＝~~の~~）公園でとった 写真

4. 状態を表す「～ている」は「～た」で置き換えられます。（動作を表す「～ている」は置き換えられません。）

   汚れている服 ＝ 汚れた服

   めがねをかけている人 ＝ めがねをかけた人

   ピアノを弾いている人 ≠ ピアノを弾いた人

8課　名詞修飾

問題2-1 ＿＿＿の部分をヒントにして＿＿＿の上に名詞を説明する言葉を書きなさい。（　）の中には□から適当な言葉を選んで書きなさい。

例　|道|　A：教会はどこでしょうね。
　　　　　B：どう行けばいいんでしょう。
　　　　　A：あの交番で　**教会へ行く**　（　道　）を聞いてきます。

A　|日　所　お金　時間　人|

1．A：山へ<u>だれ</u>といっしょに行くんですか。
　　B：まだ＿＿＿＿＿＿＿＿（　　　）は決めていません。

2．A：今度の展示会には<u>100万円</u>ぐらいかかりました。
　　B：＿＿＿＿＿＿＿＿（　　　）はだれが払うんですか。

3．学生：先生は<u>何時から何時まで</u>学校にいらっしゃいますか。
　　先生：わたしが＿＿＿＿＿＿＿＿（　　　）は決まっていないんですよ。

4．A：この花は珍しいですね。<u>どこへ</u>行けば見られますか。
　　B：わたしは＿＿＿＿＿＿＿＿（　　　）を知っています。今度いっしょに行きましょう。

5．A：来週、ＣＤプレーヤーを返しに行ってもいい？<u>日にち</u>はまだわからないけど。
　　B：いいよ。じゃ、うちへ＿＿＿＿＿＿＿＿（　　　）が決まったらケータイに電話して。

B | 話　心配　方法　理由　仕事 |

1．A：料理を作るときはエプロンをしないと服が汚れますよ。
　　B：そうですね。エプロンをすれば＿＿＿＿＿＿＿＿＿（　　　）はありませんね。
2．田中：ヤンさんはどうしてあしたの会に参加できないの？
　　ヤン：わたしが＿＿＿＿＿＿＿＿＿（　　　）はひ・み・つ……。
3．A：アンさんは国へ帰るそうですね。
　　B：ええ、＿＿＿＿＿＿＿＿＿という（　　　）はわたしも先週聞きました。
4．A：わたしの仕事ですか？　今、日本語を教えているんですよ。
　　B：そうですか。＿＿＿＿＿＿＿＿＿（　　　）は楽しいでしょう。
5．A：どうすれば料理が上手になるんでしょうね。
　　B：＿＿＿＿＿＿＿＿＿（　　　）を教えましょうか。それはおいしいものをたくさん食べることですよ。

問題2-2　適当な助詞を選びなさい。（答えは一つの場合も二つの場合もあります。）

1．ヤンさん｛が　　は　　の｝書く文はいつもおもしろい。
2．ヤンさんほど文｛が　　は　　の｝上手な人はいない。
3．ヤンさん｛が　　は　　の｝田中先生に書いた手紙を読んだことがある。
4．田中先生は、ヤンさん｛が　　は　　の｝日本語を習った先生だ。
5．ヤンさん｛が　　は　　の｝作文をよく書くようになった理由は、田中先生が上手に指導したからだ。
6．田中先生｛が　　は　　の｝日本語を教える日は週1回しかない。
7．田中先生が書いた『わたし｛が　　は　　の｝考えた文章作法』という本がよく売れているらしい。

問題2-3 次の_____の中の「ている」は「た」になりますか。なるものには〇、ならないものには×を書きなさい。

例 汚れているシャツは早く洗いなさい。(=汚れたシャツ 〇)

歌を歌っている人はまり子さんです。(=歌った人 ×)

1. あそこに立っている人はだれですか。(=立った人 　　　)
2. ああ、あの方は歴史を教えている中山先生です。(=教えた中山先生 　　　)
3. いえ、あの白いシャツを着ている男性ですよ。(=着た男性 　　　)
4. ああ、ジーンズをはいている男ですか。あれはぼくの兄です。(=はいた男 　　　)
5. お兄さんは穴があいているジーンズが好きなんですか。(=あいたジーンズ 　　　)
6. 流行なんですよ。あれは田中先生からのプレゼントで、兄が大切にしているジーンズなんです。(=したジーンズ 　　　)
7. 田中先生はいつもかわいいぼうしをかぶっているでしょう。
   (=かぶった 　　　)
8. ええ、リボンがついているすてきなぼうし。あのぼうしはぼくの兄がプレゼントしたんです。
   (=ついたすてきなぼうし 　　　)

まとめ 次の2文を名詞を説明する言い方を使って、1文にしなさい。

1. ニュースを見ましたか。林の中で1千万円が見つかったそうですよ。
   →_____というニュースを見ましたか。
2. 国の母から手紙が来ました。姉に男の子が生まれたんです。
   →国の母から_____という手紙が来ました。
3. 野菜を作るときには農薬を使わないほうがいいですよね。わたしはこの意見に賛成です。
   →わたしは_____という意見に賛成です。
4. 今月はお金が足りるかなあ。わたしはいつもこんな心配をしているんですよ。
   →わたしはいつも_____という心配をしています。
5. お知らせ、見た?「来週このあたりで水道工事が始まります」って書いてあったよ。
   →_____というお知らせ、見た?

■コラム

「する」のいろいろ

(意志的)	A ～をする		(無意志的)
1. 動作を表す　　テニスをする		5. 形や様子を表す　赤い顔をしている	
2. 職業や地位を表す　先生をしている		6. 病気　けが　　病気をする	
3. 服装　　　　　ネクタイをする			けがをする
（ネックレス・指輪・時計など）			
4. 元の状態を変える　世界を平和にする			
B ～がする			
		7. 感覚を表す　　いいにおいがする	
		（音・味・声など）	
		8. 体の状態　　　めまいがする	
		（吐き気・寒気・頭痛など）	
C ～（こと／よう）にする			
9. 意志の決定を表す			
昼はAランチにする			
来週行くことにする			
10. 努力目標を表す			
なるべく早く起きるようにする			
D する			
		11. 時間　30分したらまた来てください。	
		12. 値段　この土地はどのぐらいしますか。	

9課 複文を作る言葉 1 －時間－

Expressions that form complex sentences—1: Time

构成复句的用语 1 －时间－
복문을 만드는 말 1 －시간－

初級では時間を表す言葉として、「～とき・～間（に）・～てから・～前に・～後で」などを学習しました。中級レベルでは、さらにいろいろ学習して、場合に応じて使い分けます。

STARTING TEST スタートテスト

問題　　　から最も適当なものを選んで、その記号を　　　　の上に書きなさい。

| a たびに　　b つけて　　c 折　　d うちに　　e 最中に |

1. マリアさんが歌っている＿＿＿＿、林さんが急に大声を出した。
2. この音楽を聞くに＿＿＿＿、小学校の卒業式のことを思い出す。
3. 会長には、昨日お目にかかった＿＿＿＿、ごあいさついたしました。
4. 電車に乗っている＿＿＿＿、いつの間にか眠ってしまった。
5. マリさんは会う＿＿＿＿新しいバッグを持ってくる。

| a とたん　　b 次第　　c はじめて　　d 以来　　e からでないと |

6. 会の日にちと時間が決まり＿＿＿＿お知らせします。
7. チケットを買って＿＿＿＿入場できません。
8. 日本に来て＿＿＿＿ずっと神戸に住んでいます。
9. 箱のふたを開けた＿＿＿＿人形が飛び出した。
10. 子どもを持って＿＿＿＿父と母の気持ちがわかった。

POINT ポイント1 　時点・時間幅を表す言葉
(Expressions to describe a point in time/duration of time ／ 表示时间、时间范围的用语 ／ 시점・시간폭을 나타내는 말)

＜初級では＞　本を読むとき、めがねをかけます。
　　　　　　　日本にいる間、ずっと横浜に住んでいた。
　　　　　　　日本にいる間に、一度富士山に登りたい。

A 「～とき」

1. ～際（に） ⇒ ～とき… 改まった場面で使う。

　　　　　　　　　動詞辞書形/た形、名詞の　＋際（に）

・この割引券は次回ご来店くださった際にお使いいただけます。
・金額を訂正する際は、訂正印を押してください。
・お帰りの際はお忘れもののないようにお願いいたします。

2. ～折（に） ⇒ ～のようないい機会に… やや改まった場面で使う。

　　　　　　　　　動詞辞書形/た形、名詞の　＋折（に）

・次回お目にかかる折に、きょう撮った写真を持って行きます。
・今度ご上京の折には、どうぞわたしの店にお寄りください。
・昨年オーストリアに行った折、モーツァルトが生まれた家を見た。

3. ～たびに ⇒ ～のときは毎回同じことになる・同じことをする。

　　　　　　　　　動詞辞書形、名詞の　＋たびに

・北海道の天気予報を見るたびに、ふるさとのことを思い出す。
・彼はふるさとに帰るたびに、小学校のときの先生を訪ねた。
・散歩のたびに、わたしは公園の写真を撮っています。

4. ～につけて ⇒ ～のときいつも同じ気持ちになる。

　　　　　　　　　動詞辞書形　＋につけて

・柿を食べるにつけて、よく柿をむいてくれた祖母のことを思い出す。
・新聞でいじめの事件を読むにつけて心が痛む。
・子どもたちの遊び方を見るにつけて、彼らの将来のことが心配になる。

B 「間（に）」

1. **～うちに** ⇒ ～の間に初めの状態が変化した。

　　　　　　　　動詞辞書形／ている形／ない形、名詞の　＋うちに

・料理は下手だったが、毎日やっている**うちに**いろいろ作れるようになった。
・テレビを見ていたが、気がつかない**うちに**眠ってしまった。
・ここ2、3年の**うちに**、ガソリン代が大きく値上がりした。

2. **～最中（に）** ⇒ ～しているときに…

　　　　　　　　動詞ている形、名詞の　＋最中に

・大切な話し合いの**最中に**子どもから電話がかかってきた。
・課長が仕事の説明をしている**最中に**、田中さんは突然立ち上がった。
・今、大切な手紙を書いている**最中**だから、そのことは後で話そう。

問題1－1 どちらか適当な方を選びなさい。

1. この大皿は { a 朝ごはんを食べる際に / b 大勢の人が集まって食事をする際に } 使う。
2. 先月 { a 旅行した折に、/ b 入院した折に、} 新しいかばんを買った。
3. 母には { a 60歳のお祝いをするたびに、/ b 誕生日のお祝いをするたびに、} 赤いばらの花をプレゼントする。
4. テレビでこの歌を聞くにつけて、{ a わたしもいっしょに歌う。/ b 子ども時代のことを思い出す。}
5. 彼のこと、つきあっているうちに { a 嫌いになってしまった。/ b 嫌いだった。}
6. { a 話し合いをする / b 話し合いをしている } 最中はケータイを切れよ。

問題1-2 どちらか適当な方を選びなさい。

1．この写真を見る｛a うちに　b につけて｝15歳のころのことを思い出します。
2．この体育館は4年前に全国スポーツ大会が行われた｛a 際に　b 最中に｝建てられた。
3．事故が起きた｛a 折には　b 際には｝、この通報ボタンを押してください。
4．面接試験を受けている｛a うちに　b 最中に｝ケータイが鳴ってしまった。
5．わたしのパソコンはメールが来る｛a たびに　b につけて｝ピーという音がする。
6．父は外国に行く｛a 折に　b たびに｝、毎回その国の人形を買ってくる。

POINT ポイント2 二つの出来事が同時か直後かを表す言葉
(Expressions to describe that two events happen at the same time, or the second event happens just after the first event / 表示两件事情同时或相继发生的用语 / 두개의 일이 동시인지 직후에 일어났는지를 나타내는 말)

＜初級では＞　会長が来たらすぐに出発しましょう。
　　　　　　　わたしはいつも起きるとすぐに窓を開ける。

1. **～たとたん** ⇒ ～と同時に、そのことがきっかけで別のことが起きる。

　　　　　　　　　　動詞た形　＋とたん

・窓を開けたとたん、冷たい風が入ってきた。
・今朝、起き上がったとたん、頭がふらふらした。
・A選手がホームランを打ったとたん、野球場の空に花火があがった。

2. **～かと思うと・～かと思ったら** ⇒ （第3者が）～と、すぐに次のことが続く。

　　　　　　　　　　　　　　　　動詞た形　＋かと思うと・かと思ったら

・子どもはベッドに入ったかと思うと、すぐに眠ってしまった。
・紙にパッと火がついたかと思うと、たちまち大きい炎になった。
・弟はやっと仕事を見つけたかと思ったら、もう辞めてしまった。

3. **～か～ないかのうちに** ⇒ ～と、ほとんど同時に次のことが続く。

　　　　　　　　　　　　動詞辞書形／た形＋か＋動詞ない形　＋かのうちに

・彼女は「さよなら」と言ったか言わないかのうちに、もう走っていってしまった。
・ベルが鳴るか鳴らないかのうちに、学生が教室から出てきた。
・今朝うちの犬はご飯を食べたか食べないかのうちに、全部吐いてしまった。

4. **～次第** ⇒ ～たら、すぐに次の意志的行動をする。

　　　　　　　　動詞（~~ます~~）　＋次第

・はっきりしたことがわかり**次第**、お知らせいたします。
・準備ができ**次第**、会場にご案内いたします。
・この仕事が終わり**次第**、次の仕事を始めてくれ。

問題2-1 どちらか適当な方を選びなさい。

1. 椅子から立ち上がったとたん、{ a 椅子が倒れた。 / b おじぎをしなさい。 }

2. { a わたしは / b 夫は } 家に帰ったかと思うと、すぐまた出かけた。

3. 一つの仕事が終わったか終わらないかのうちに、{ a すぐまた次の仕事が来る。 / b すぐまた次の仕事を始めよう。 }

4. お金が入り次第 { a そちらに送ろうと思います。 / b そちらに送りました。 }

問題2-2 どちらか適当な方を選びなさい。

1. わたしが彼にお金を渡したか { a 渡さないかのうちに　b と思うと }、彼はすぐ部屋を出ていった。
2. 彼女は一つ目のケーキを食べた { a か食べないかのうちに　b とたん }、すぐまた次を食べ始めた。
3. 彼は部屋を出ていった { a とたん　b かと思うと } またすぐ戻ってきた。
4. 会議の結論が { a 出次第　b 出たかと思うと } みなさんに発表いたします。
5. 一口お酒を { a 飲み次第　b 飲んだとたん } 気分が悪くなってしまった。

POINT ポイント3 　時間的前後を表す言葉
(Expressions to describe the time sequence of two events / 表示时间前后的用语 / 시간적전후를 나타내는 말)

＜初級では＞　説明書をよく読んでから使ってください。
　　　　　　　会社へ行く前に、歯医者に寄る。
　　　　　　　この薬は晩ご飯を食べた後で飲んでください。

A 「〜前に」

1. **〜うちに** ⇒ 後では実現が難しいから、〜前に・〜間に…

　　　　　　　動詞辞書形/ている形/ない形、イ形容詞い、ナ形容詞な、名詞の　＋うちに

・体が丈夫なうちに日本のあちこちの山に登ってみたい。
・親が生きているうちに親孝行しなければ、と思うんですよ。
・新しいゲームソフトが売り切れないうちに、早く買いに行こうよ。
・学生のうちに、世界一周旅行をしたい。

2. **〜に先立って** ⇒ 準備のために〜の前に、前もって…

　　　　　　　動詞辞書形、名詞　＋に先立って

・引っ越しに先立って、古い本や道具を整理した。
・来月の修学旅行に先立って、先生たちが現地調査に行った。
・スポーツ大会を行うに先立って、いろいろな準備をしなければならない。

B 「〜てから・〜後で」

1. **〜てはじめて** ⇒ 〜後でやっと実現する・それまでは〜しない。

　　　　　　　動詞て形　＋はじめて

・スキーは何回も転んではじめて上手になるのだ。
・自分でやってみてはじめてお世話する人たちの大変さがわかった。
・この計画は、集まったお金がある程度の金額に達してはじめて成功するのだろう。

2．～てからは・～て以来　⇒　～てからずっと同じ状態が続いている。

　　　　　　　　　　　　　動詞て形　＋からは・以来

・結婚してからは一度もたばこを吸っていません。
・一度おなかを悪くしてからは、生水は飲まないようにしています。
・昨年の夏、久しぶりに山に登って以来、毎月山登りをしている。
・3年前に日本に来て以来、ずっとこのアパートに住んでいる。

3．～た上で　⇒　前もってしなければならない～をしてから、次のことをする。

　　　　　　　　　　　動詞た形　＋上で

・説明書をよく読んだ上で、お使いください。
・すぐには決められないので、家族と相談した上でお返事いたします。
・郵便局か銀行で入会金を振り込んだ上で入会の手続きをしてください。

4．～てからでないと・～てからでなければ
　　　　　　　　　⇒　～した後でなければ～できない。

　　　　　　　　　　　　動詞て形　＋からでないと・からでなければ

・事実をよく調べてからでないと詳しいことは申し上げられません。
・風が止んでからでないと船は出ないだろう。
・柿はもっと赤くなってからでなければおいしくないよ。

問題3-1 どちらか適当な方を選びなさい。

1．おじさんが東京にいるうちに ｛a あちこち案内してあげたい。
　　　　　　　　　　　　　　　　b とてもうれしい。

2．新しく店をオープンするに先立って ｛a お金がない。
　　　　　　　　　　　　　　　　　　　b 銀行からお金を借りた。

3．国を離れてはじめて国を ｛a 客観的に見てみよう。
　　　　　　　　　　　　　　b 客観的に見ることができた。

4．こちらに引っ越してからは ｛a 家の近くに畑を買いました。
　　　　　　　　　　　　　　　 b 毎日のように公園へ散歩に行っています。

5．｛a 準備運動をした上で、　　　｝プールに入ろう。
　　 b ここで飲み物を飲んだ上で、

6．もっと暑くなってからでなければ ｛a 海では泳げないね。
　　　　　　　　　　　　　　　　　　 b 室内プールで泳げばいいよね。

問題3-2 どちらか適当な方を選びなさい。

1．｛a 忘れる　b 忘れない｝うちにノートにメモしておこう。
2．日本に ｛a いる　b 来た｝うちに、ぜひ富士山に登ってみたい。
3．結婚する ｛a に先立って　b うちに｝住む家を探さなければならない。
4．自分の目で見て ｛a はじめて　b 以来｝公害の恐ろしさがわかった。
5．どちらのコースを選ぶかよく ｛a 考えてはじめて　b 考えた上で｝決めてください。
6．卒業 ｛a してから　b してからは｝結婚することにしましょう。
7．林さんの家へは前もって ｛a 連絡した上で　b 連絡して以来｝行ったほうがいいよ。
8．入り口でお金を払って ｛a からは　b からでないと｝中には入れないんですよ。

まとめ （　　）の中の言葉を適当な形にし、☐の中の言葉と合わせて文を完成させなさい。

A ┃ 際には　　につけて　　うちに　　次第　　かと思ったら ┃

1. 父は今留守ですが、＿＿＿＿＿＿＿＿＿＿＿＿そちらに連絡いたします。（帰る）
2. 赤ちゃんはさっき＿＿＿＿＿＿＿＿＿＿＿＿＿、もう笑っている。（泣く）
3. 新聞で戦地の人たちのことを＿＿＿＿＿＿＿＿、平和のありがたさを感じる。（読む）
4. うちの子は何度もその歌を＿＿＿＿＿＿＿＿＿、全部覚えてしまった。（聴く）
5. ＿＿＿＿＿＿＿＿＿＿＿＿＿＿お足元にお気をつけください。（バスの乗り降り）

B ┃ 最中に　　うちに　　たびに　　以来　　上で ┃

1. ＿＿＿＿＿＿＿＿＿＿＿＿＿＿いろいろな経験をしておくといい。（若い）
2. 叔父は＿＿＿＿＿＿＿＿＿＿＿＿＿おもしろい話を聞かせてくれた。（会う）
3. ヤンさんのことを＿＿＿＿＿＿＿＿＿＿、本人が部屋に入ってきた。（話す）
4. よく＿＿＿＿＿＿＿＿＿＿＿＿＿、書類にはんこを押してください。（確かめる）
5. 10年前にこの作家の小説を＿＿＿＿＿＿＿＿、この作家に夢中です。（読む）

C ┃ 折に　　たとたん　　てからは　　はじめて　　からでなければ ┃

1. 田舎に＿＿＿＿＿＿＿＿＿＿＿＿、田舎のよさと不便さがわかった。（住む）
2. 実際にアパートを＿＿＿＿＿＿＿＿＿、借りるかどうか決められない。（見る）
3. 家に帰ってドアを＿＿＿＿＿＿＿＿＿＿＿、犬が飛びついてきた。（開ける）
4. こちらへ＿＿＿＿＿＿＿＿＿＿＿＿は、ぜひうちにお泊りください。（ご旅行）
5. この会社に＿＿＿＿＿＿＿＿＿＿＿、ずっと会社の寮に住んでいます。（入る）

10課 複文を作る言葉 2 －仮定の言い方・逆接の言い方－

Expressions that form complex sentences—2: Describing subjunctive conditions/adversative conditions or conjunctions

构成复句的用语 2 －假定的说法与逆接的说法－
복문을 만드는 말 2 －가정의 표현・역접의 표현－

初級では仮定を表す言い方として「～と・～たら・～ば・～なら」、逆接を表す言い方として「～ても・～のに」などを学習しました。中級レベルでは、さらにいろいろ学習して、場合に応じて使い分けます。

STARTING TEST スタートテスト

問題Ⅰ □から最も適当なものを選んで、その記号を_____の上に書きなさい。

| a としたら　b ことには　c ものなら　d たら　e ない限り |

1. 大切なノートをなくしてしまったの。もし、赤いノートを見つけ_____教えて。
2. もし、どこにでも旅行できる_____、どこへ行きたいですか。
3. きょうは一郎のお祝いなんだから、一郎が来ない_____パーティーは始められない。
4. ピアノはだれでも練習し_____弾けるようにならない。
5. できる_____子ども時代に戻りたい。

問題Ⅱ どちらか適当な方を選びなさい。

1. いくら一生懸命{a 覚えたところ　b 覚えたところで}、一晩寝たら忘れてしまう。
2. {a 暑いから　b 暑いからといって}クーラーをつけた部屋の中にばかりいたら、体の調子が悪くなりますよ。
3. この町の公園は、{a 公園といえば　b 公園といっても}小さな庭みたいなものです。
4. 新しいデジカメを{a 買ったものの　b 買ったもので}まだよく使えない。
5. どんなに{a 急いでいたにせよ　b 急いでいたが}、先輩にあいさつもしないで帰ってしまうというのは失礼だ。

POINT **ポイント1** 仮定条件を表す言葉
(Expressions to describe subjunctive conditions／表示假定条件的用语／가정조건을 나타내는 말)

＜初級では＞　もしいい仕事があった<u>ら</u>、わたしに紹介してください。

　　　　　　　説明をよく聞け<u>ば</u>わかるはずです。

　　　　　　　お金を入れてボタンを押す<u>と</u>、切符が出てきます。

1．～としたら・～とすれば・～とすると　⇒　もし～の場合、どうなるか、どうするか。

　　　　　　　　　　　　　　　　　　　　　普通形　＋としたら・とすれば・とすると

　・仕事を変えるとしたら、時期は今がいいだろう。
　・彼の言っていることが本当だとしたら、今度の計画は成功しないだろう。
　・犬を飼うとすれば、どんな種類がいいですか。
　・この数字が正しいとすると、わたしの方のデータが古いんですね。

2．～ないことには　⇒　前のことが実現しなければ、後のことも実現しない。

　　　　　　　　　動詞（~~ない~~）、イ形容詞く、ナ形容詞で、名詞で　＋ないことには

　・アパートが見つからないことには、この寮を出られない。
　・いっしょに働いてみないことには、仕事がよくできる人かどうかわからない。
　・もう少し広くないことには、教室として使えない。

3．～ものなら　⇒　可能性は少ないが、もし～できるならそうしたい、そうしよう。

　　　　　　　　　可能の意味のある動詞辞書形　＋ものなら

　・こんな仕事、断れるものなら断りたいのだが…。
　・自分の性格を変えられるものなら変えたいですよ。
　・年をとった親の世話が自分の家でできるものなら、そうしたかったんですけど…。

4．～（よ）うものなら　⇒　もし、～のようなことをしたら、ひどい結果になるだろう。

　　　　　　　　　　　　動詞う・よう形　＋ものなら

　・車は運転のしかたを間違えようものなら大変なことになる。
　・わたしはちょっとでもお酒を飲もうものなら、顔が真っ赤になってしまう。
　・旅行中は時間を守ろう。5分でも遅刻しようものならみんなに迷惑がかかる。

10課　複文を作る言葉　2　―仮定の言い方・逆接の言い方―

5. ～限り ⇒ その条件が成立している間は、後の文の状態が続く。
　　　　　　　　普通形の現在形（ナ形容詞な　名詞である）＋限り

・この犬がそばにいる限り、わたしは寂しいとは思わない。
・親に頼っている限り、君はいつまでも一人前にはなれないぞ。
・彼が謝らない限り、わたしも謝らないつもりだ。
・先生：みなさんが話を止めない限り、わたしがいくら説明しても無駄です。

問題1-1 どちらか適当な方を選びなさい。

1. ａ この会社を辞めるとしたら、ほかにどんな仕事がしたいですか。
　 ｂ 定年になるとしたら、その後、どんなことがしたいですか。
2. 会長の木村さんが来ないことには、ａ 代わりにわたしが進行係をやります。
　　　　　　　　　　　　　　　　　　ｂ 会議が始められない。
3. わたしの部屋はちょっと窓を開けようものなら ａ いい風が部屋に入ってくる。
　　　　　　　　　　　　　　　　　　　　　　 ｂ 部屋中ほこりがいっぱいになる。
4. 運動部は規則ばかり厳しくて楽しくない。ａ 辞められるものなら早く辞めたい。
　　　　　　　　　　　　　　　　　　　　ｂ 辞めるものなら部室が使えなくなる。
5. このような子どもの事故がなくならない限り、ａ わたしたち親は安心できない。
　　　　　　　　　　　　　　　　　　　　　　ｂ 事故をなくすいい方法を考えよう。

問題1-2 　　　から最も適当なものを選んで　　　　の上に書きなさい。

| としたら　　ことには　　ものなら　　ものなら　　限り |

1. ああ、あなたのところへ飛んで行ける＿＿＿＿＿、今すぐ行きたい！
2. わたしは卵アレルギーなので、ちょっとでも卵を食べよう＿＿＿＿＿、体中がかゆくなるんです。
3. 両方の意見を聞いてみない＿＿＿＿＿、どちらが悪いかは言えません。
4. 彼があの山小屋を守っている＿＿＿＿＿、あそこは安全ですよ。
5. 引っ越しする＿＿＿＿＿、今度はどこに住みたいですか。

POINT ポイント2 　**逆接条件を表す言葉**
(Expressions to describe adversative conditions ／ 表示逆接条件的用语 ／ 역접조건을 나타내는 말)

<初級では>　あしたのサッカーの試合は、雨が降っても行います。
　　　　　　値段が高くても、いい自転車が買いたい。
　　　　　　この説明書、何度読んでもわかりません。

1．～としても　⇒　仮に～が現実であっても…

　　　　　　　　　　普通形　＋としても

・家族みんなが反対するとしても、わたしは彼と結婚します。
・たとえ仕事がなくなるとしても、わたしは不正はできない。
・あなたの言っていることの方が正しいとしても、わたしは自分の道を行く。

2．～たところで　⇒　～ても、いい結果は期待できない。

　　　　　　　　　　　動詞た形　＋ところで

・どんなに急いだところで、もう9時の飛行機には間に合わない。
・ぼくの気持ちをていねいに説明したところで、彼女はわかってくれないだろう。
・どんなに薬を飲んだところで、よく休まなければ病気は治りませんよ。

3．～にしても・～にしろ・～にせよ　⇒　事実は～かもしれないが、その場合でも…

　　　　　　　　　　　名詞、普通形（ナ形容詞である　名詞である）　＋にしても・にしろ・にせよ

・ストレスがあるにしても、そんなにお酒を飲んではだめだよ。
・時間がなかったにしろ、ちゃんと準備しなかったのはよくない。
・わたしの事情を知らなかったにせよ、彼のあんな言い方は失礼だ。

4．～（よ）うと・～（よ）うが　⇒　～の場合でも関係ない。

　　　　　　　　　　　　　　動詞う・よう形　＋が

・みんながどんなにわたしのことを悪く言おうと、わたしは平気です。
・彼女はどんな天気だろうと、自転車で学校へ行く。
・雨が降ろうが雪が降ろうが、わたしは毎朝犬と散歩する。
・あなたがどこへ行こうが何をしようが、わたしには関係ない。

問題2-1 どちらか適当な方を選びなさい。

1. たとえ { a いつかは二十歳になるとしても / b 100歳まで生きられるとしても } 今以上幸せな日は来ないと思う。

2. どんなにていねいに説明したところで、{ a 彼はわかってくれるはずだ。/ b 彼はわかってくれないだろう。}

3. 疲れているにしても、{ a あいさつだけはちゃんとしましょうね。/ b あいさつなんかちゃんとできないよ。}

4. 手術をしようと、彼の病気は { a 治らなかった。/ b 治りそうもない。}

問題2-2 正しくないものが一つあります。その記号に×をつけなさい。

1. たとえいいアルバイト { a でも　b なら　c だとしても }、今はやりたくない。
2. たとえ道に { a 迷っても　b 迷ったとしても　c 迷ったら }、この地図があれば安心だ。
3. どんなに { a がんばれば　b がんばろうと　c がんばったところで } 年末までには間に合わない。
4. まだ子どもで { a あるにせよ　b あるにしても　c あったところで }、あの子には本当のことを言ったほうがいい。
5. 父がどんなに { a 怒ったとしたら　b 怒ろうと　c 怒ったところで }、ぼくは進路を変えないつもりだ。
6. 仮にお金が { a あれば　b あるとしても　b あっても } わたしはこんな物は買わない。
7. この楽しい時間がいつかは { a なくなったら　b なくなるにせよ　c なくなるとしても } 今は楽しく過ごしたい。

POINT ポイント3　逆接を表す言葉
(Use of adversative conjugations / 表示逆接的用語 / 역접을 나타내는 말)

＜初級では＞　毎日忙しいですが、わたしは元気です。

　　　　　　　わたしのうちは古いけれど住みやすいですよ。

　　　　　　　あの子はまだ子どもなのに、家の手伝いをよくするね。

　　　　　　　疲れていても、まだ休めないんです。

1. ～ながら　⇒　～が…、～けれども…、（少し古風な言い方）

　　　　　　　　　動詞（ます）／（ています）／ない形、イ形容詞い、ナ形容詞な、名詞　＋ながら

・う～ん、敵ながらすばらしい実力を持っているチームだ。
・残念ながら、今度の旅行には行けません。
・近くに住んでいながら、あの有名人には会ったことがない。

2. ～ものの・～とはいうものの

　　　　　⇒　～というのは事実なのだが、その事実から想像することとは合わないことが伴う。

　　　　　　　普通形（ナ形容詞な　名詞である）　＋ものの

　　　　　　　普通形　＋とはいうものの

・85歳の母は耳がよく聞こえないものの、一人で明るく生活している。
・科学は進歩したとはいうものの、まだまだわからないことが多い。
・みなさんは研修中だとはいうものの、もう立派な社会人ですよ。

3. ～にもかかわらず　⇒　～の事実から想像される結果は、～の影響を受けない。

　　　　　　　　　　　普通形（ナ形容詞である　名詞だ／である）　＋にもかかわらず

・父は体力があまりないにもかかわらず、毎日遅くまで働いている。
・彼は立派な車を持っているにもかかわらず、また新しい車を買いたがっている。
・値段を下げたにもかかわらず、この商品はあまり売れない。

4. ～といっても ⇒ ～から当然だと考えられるよりも、程度はもっと下（もっと上）

　　　　　　　　　　名詞、普通形　＋といっても

・転勤といっても、同じ県内の支店ですから引っ越ししなくても大丈夫です。
・入院したといっても、ちょっと検査をしただけです。
・自分で小屋を建てるといっても、大変な部分はプロに手伝ってもらうんです。
・暑いといってもきのうは普通の暑さじゃなかった。気温が40度もあった。

5. ～からといって ⇒ ただ～という理由だけでは後のことは成立しない。

　　　　　　　　　　普通形　＋からといって

・正月だからといってわたしは休んではいられないんです。
・忙しいからといって食事もしないのはだめですよ。
・お金があるからといって何でもできるとは言えないでしょう。

問題3-1 どちらか適当な方を選びなさい。

1. 早く返事をしなければいけないと思いながら、
   - a まだ返事をしていない。
   - b やっときょう返事を書いた。

2. 春はもうすぐだとはいうものの、
   - a もう桜が咲いた。
   - b 風はまだ冷たい。

3. 大勢の人の世話になったにもかかわらず、
   - a 彼はあいさつもしないで帰国してしまった。
   - b 立派な成績で大学を卒業して帰国した。

4. わたしは医学の知識があるといっても、
   - a 狭い範囲の知識だけです。
   - b 病気ばかりしています。

5. 時間がないからといって、インスタント食品ばかり
   - a 食べません。
   - b 食べるのはだめよ。

問題3-2　□から最も適当なものを選んで＿＿＿の上に書きなさい。
（一つの言葉を2回ずつ使います。）

| ながら　　ものの　　にもかかわらず　　といっても　　からといって |

1. わたしはわずか＿＿＿＿＿貯金がありますから、心配しないでください。
2. 熱がある＿＿＿＿＿、ヤンさんは仕事に行った。
3. 答えは一応書いた＿＿＿＿＿、合っているかどうか自信がない。
4. 暑い＿＿＿＿＿、冷たいものばかり食べるのはよくないよ。
5. 社長になった＿＿＿＿＿、わたしの会社は社員がたった4人なんですよ。
6. わたしが嫌だと言っている＿＿＿＿＿、夫は犬を飼い始めた。
7. 体によくないと知り＿＿＿＿＿、お酒もたばこもやめられない。
8. 体の具合が悪い＿＿＿＿＿、仕事ができないほどではありません。
9. 課長になった＿＿＿＿＿、そんなに威張るなよ。
10. デジカメをもらった＿＿＿＿＿、使い方がよくわからなくて困っている。

まとめ ☐の中の言い方を使って、下線の言葉を書き換えなさい。

A | としたら　限り　ないことには　としても　たところで |

A：もし今、外国語が簡単に覚えられる便利な道具が<u>できたら</u>、買いますか。
　　　　　　　　　　　　　　　　　　　　　　　　　①

B：いえ、たとえ今、そんな道具が<u>できても</u>、わたしは使いたくないです。
　　　　　　　　　　　　　　　②

それに、実際に<u>使ってみなければ</u>、便利な道具かどうかわかりません。
　　　　　　　　　③

どんなにいい道具を<u>使っても</u>、日本語はすぐにはうまくならないと思います。
　　　　　　　　　④

A：そうですね。うまくなりたいと心から<u>思わないうちは</u>、日本語はうまくはならない
　　　　　　　　　　　　　　　　　　　⑤
　　と思います。

B | （よ）うものなら　（よ）うと　ながら　からといって　にもかかわらず |

A：Bさん、今年もまた山に行くんですか。
B：ええ、わたしは冬の登山が好きなんです。どんなに危ないと<u>言われても</u>、登山はやめ
　　　　　　　　　　　　　　　　　　　　　　　　　　　　　①
　　られません。
A：でも、<u>好きだからという理由だけで</u>、親の心配を無視するのはよくないですよ。
　　　　　②
B：そうですね。わたしも親に心配はかけたくないと<u>思うけれど</u>、やっぱり冬の山に行
　　　　　　　　　　　　　　　　　　　　　　　　③
　　きたくなるんですよ。
A：去年の冬は、天気予報で雪になると<u>言っていたのに</u>、山に出かけましたよね。
　　　　　　　　　　　　　　　　　　④
B：あのときは緊張しました。1歩足を<u>踏みはずしたら</u>、大変なことになるところだっ
　　　　　　　　　　　　　　　　　⑤
　　たんです。
A：全くもう…。気をつけてくださいよ。

11課 複文を作る言葉3 −原因・理由を表す言葉・相関関係を表す言葉−

Expressions that form complex sentences—3: Showing cause/reason or correlation

构成复句的用语 3 −表示原因、理由的用语与表示相关关系的用语−
복문을 만드는 말 3 −원인・이유를 나타내는 말・상관관계를 나타내는 말−

初級では原因・理由を表す言葉として、「〜から・〜ので・〜ために」などを学習しました。中級では場面に応じてさらにいろいろな言葉を使い分けます。

また、相関関係（一方が変わると他方もいっしょに変わる）を表す言葉もいろいろあります。

STARTING TEST スタートテスト

問題I ☐から最も適当なものを選んで、その記号を_____の上に書きなさい。

| a 以上　b おかげで　c ところを見ると　d だけに　e ばかりに |

1. ゆり子が親切に教えてくれた_____、会場までの道はすぐわかった。
2. 一度「やる」と言った_____、最後までわたしがやります。
3. ベッドの中が温かい_____、わたしが留守の間犬はここで寝ていたのだろう。
4. 時計のベルが鳴らなかった_____、朝起きられなくて、飛行機に乗り遅れてしまった。
5. 父が朝から海に出て釣ってきてくれた_____、この魚は特別においしいと思う。

問題II どちらか適当な方を選びなさい。

1. ｛a 寒くなってくると　　b 12月に入ってくると｝温かい料理が食べたくなってくる。
2. これからはだんだん｛a 子どもが少ない　　b 子どもの数が減る｝だろう。
3. ｛a 年をとるにつれて　　b 母になるにつれて｝世の中のことがわかってくる。
4. ｛a 山の上に着けば着くほど　　b 登れば登るほど｝気温が低くなってくる。
5. ｛a 台風が近づくに従って　　b 台風が上陸するに従って｝風雨が強くなる。

POINT ポイント1　　**理由を表す言葉　1　－ことがらの理由－**
(Expressions to indicate reasons—1: Reason for doing something－ / 表示理由的用语 1 －事情的理由－ / 이유를 나타내는 말1 －내용의 이유－)

＜初級では＞　　この山道は危ないから、通行止めになっている。
　　　　　　　疲れているので、きょうは早く帰ります。
　　　　　　　事故があったために、電車が遅れました。

1．〜もので・〜ものだから　⇒　個人的理由、言い訳を言う。許可求めや依頼の理由を言うときなどにも使われる。

　　　　　　　　　　　　　普通形（ナ形容詞な　名詞な）　＋もので・ものだから

・申し訳ありません。今週は忙しかったもので、まだできあがっていないんです。
・道が込んでいたものですから、こんなに遅くなってしまいました。
・この子はまだ子どもなもんですから、あいさつがうまくできないんです。

2．〜おかげで・〜せいで　⇒　〜が原因でいい結果（〜おかげで）・悪い結果（〜せいで）になった。

　　　　　　　　　　　　名詞の、普通形（ナ形容詞な　名詞である）　＋おかげで・せいで

・先生が厳しく指導してくださったおかげで、優勝することができました。
・この島は冬も暖かいおかげで、果物も野菜もよく採れる。
・家の中に犬がいるせいで、あちこちに犬の毛が落ちている。
・地球温暖化のせいで、氷河が少しずつ溶けているそうだ。

3．〜あまり　⇒　非常に〜ために、普通ではない結果になった。

　　　　　　　　　普通形の肯定形（ナ形容詞な　名詞の）　＋あまり

・猫がいなくなって、心配のあまり仕事が手につかない。
・会議中おなかがグーと鳴ってしまい、恥ずかしさのあまり顔が上げられなかった。
・今度の作品は完成を急いだあまり、満足できるものにはならなかった。

4．～だけに　⇒　～ので当然ではあるが、普通よりもっと程度が上だ。

普通形（ナ形容詞な/である　名詞だ/である）＋だけに

・これは人気のある商品だけに、すぐに売り切れるかもしれませんよ。
・あきらめていただけに、合格とわかったときは本当にうれしかった。
・出発前、頭が痛いと言っていただけに、旅行中の母のことが心配だ。

問題１－１　どちらか適当な方を選びなさい。

1．急に雨が降り出したものだから、
 a タクシーで行きましょう。
 b タクシーで来ました。

2． a わたしがよくがんばった
　　 b あなたが手伝ってくれた
　　 おかげで、いい作品ができあがった。

3． a 風邪を引いたあまり、
　　 b 疲れていたあまり、
　　 ご飯を作る気にならなかった。

4．母は若いときれいだっただけに、
 a 年をとることをとても残念がる。
 b 今は年をとってしまった。

問題1-2 最も適当なものを選びなさい。

1. わたしはさしみが食べられない｛a もので　b おかげで　c あまりに｝残してしまいました。ごめんなさい。
2. わたしの家の南側にマンションが建った｛a せいで　b あまり　c だけに｝、日当たりが悪くなってしまった。
3. 姉はこの猫をかわいがる｛a おかげで　b あまり　c ものですから｝、食べ物をやりすぎるようだ。
4. このマンションは家賃が高い｛a あまり　b だけに　c せいで｝、設備がとてもいい。
5. 田中先生に教えていただいた｛a あまり　b せいで　c おかげで｝、日本語が上手になった。
6. おなかがすいた｛a おかげで　b だけに　c あまり｝、がまんできずに授業中にパンを食べてしまった。
7. 申込書の書き方がわからなかった｛a だけに　b あまり　c もので｝、まだ書いていません。すみません。
8. 最近とても疲れていた｛a あまり　b おかげで　c だけに｝、あしたからの連休がとてもうれしい。
9. いい天気が続いた｛a おかげで　b あまり　c せいで｝、畑仕事が進んだ。
10. 隣の家で工事をしている｛a あまり　b せいで　c だけに｝、毎日うるさい。

POINT ポイント2　理由を表す言葉　2　－判断の理由・根拠－
(Expressions to indicate reasons—2: Reason/bases for judgment / 表示理由的用語 2 －判断的理由、根据－ / 이유를 나타내는 말 2 －판단의 이유・근거－)

＜初級では＞　雨が降っているから、家の中に入りなさい。
　　　　　　　おなかがすいたので、何か食べたいです。

1. ～ことだし　⇒　希望・判断・決心などの理由・根拠を言う。
　　　　　　　　　普通形（ナ形容詞な　名詞の）　＋ことだし

・外は雪で寒いことだし、きょうは出かけないでうちでビデオを見て過ごそう。
・子どもが生まれることだし、もっと広い家に引っ越ししたい。
・このベッド、いいね。値段も高くないことだし、これに決めよう。

2. ～ばかりに　⇒　～だけが原因で予想外の悪い結果になってしまった。
　　　　　　　　　普通形（ナ形容詞な　名詞である）　＋ばかりに

　～たいばかりに　⇒　～だけが理由で普通ではないことをする。
　　　　　　　　　　　動詞（ます）＋たい　＋ばかりに

・住所をちょっと間違えたばかりに、大切な手紙が届かなかった。
・7分遅刻したばかりに試験場に入れなかった。
・わたしは字が下手なばかりにいろいろな場面で損をしている。
・彼女に会いたいばかりに、3時間も外で待っていた。
・彼は車が買いたいばかりに、たばこもお酒もやめて貯金をしている。

3. ～からには・～以上・～上は　⇒　話者の決意、判断、勧めなどの理由を言う。
　　　　　　　　　　　　　　　　　普通形（ナ形容詞である　名詞である）　＋からには
　　　　　　　　　　　　　　　　　普通形（ナ形容詞な/である　名詞である）　＋以上は
　　　　　　　　　　　　　　　　　動詞辞書形/た形　＋上は

・全国大会に出場するからには、絶対勝ちたい。
・やると決めたからには、がんばるぞ。
・約束した以上、約束を守ってね。
・オリンピック選手に選ばれた上は、ぜひメダルを持って帰りたい。

4．～ところを見ると　⇒　推量・判断の根拠を言う。（後の文で推量したことを言う。）

普通形（ナ形容詞な　名詞の）＋ところを見ると

・甘いものを食べないところを見ると、彼女はダイエットを始めたのかもしれない。
・あんなに驚いたところを見ると、彼は林さんが辞めることを知らなかったらしい。
・西の空が真っ赤なところを見ると、あしたもたぶんいい天気なのだろう。

問題2－1　どちらか適当な方を選びなさい。

1．おなかがすいたことだし、｛a 木の下で一休みした。
　　　　　　　　　　　　　　b あそこで一休みしようよ。

2．ケータイを忘れたばかりに、きょうは｛a 一日中自由な気分だった。
　　　　　　　　　　　　　　　　　　　b みんなに迷惑をかけてしまった。

3．日本に来た以上、｛a 日本のことをもっとよく知りたい。
　　　　　　　　　　b 日本語の勉強をずっと続けられた。

4．彼がうれしそうな顔をしているところを見ると、｛a 何かいいことがあったのだろう。
　　　　　　　　　　　　　　　　　　　　　　　　b きのういいことがあった。

問題2－2　□□□から最も適当なものを選んで_____の上に書きなさい。

| ことだし　　ばかりに　　からには　　ところを見ると |

1．みんなが集まった_____、きょうはみんなで楽しく食べたり飲んだりしたいね。
2．試合に出る_____、絶対勝ちたい。
3．ちょっと不注意な言葉を使ってしまった_____、彼女との関係が悪くなった。
4．このごろ毎日遅刻する_____、彼には何か問題があるのかもしれない。

| ことだし　　ばかりに　　上は　　ところを見ると |

5．いい会社に入りたい_____面接でうそを言う人もいる。
6．仕事に失敗してしまった。こうなった_____、あちこちに謝って回るしかない。
7．感想を書いたメールがこんなに来た_____、番組を見て感動した人が多かったのだろう。
8．もう時間も遅い_____、今夜はこの山小屋に泊まることにしよう。

POINT ポイント3　相関関係・連動を表すもの
(Expressions to describe correlation or to link things / 表示相关关系、连锁关系的用语 / 상관관계・연결된 동작을 나타내는 말)

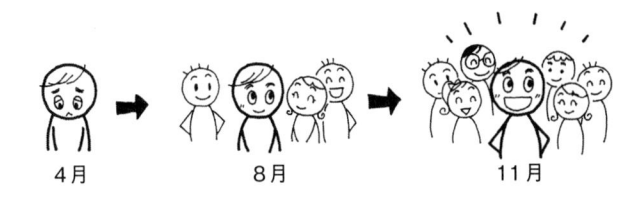

1. **〜ば〜ほど** ⇒ 〜の程度が上がれば、後のことの程度も上がる。

   動詞ば　＋動詞辞書形　＋ほど
   イ形容詞ければ　＋イ形容詞い　＋ほど
   ナ形容詞なら　＋ナ形容詞な　＋ほど
   修飾語句がついた名詞　＋ほど

   ・早く参加申し込みをしてください。早ければ早いほどいいです。
   ・う～ん、難しい問題ですね。考えれば考えるほどわからなくなります。
   ・作文のテーマが簡単なら簡単なほど、内容のよさが求められる。
   ・経験が多い人ほど、注意深く考える。

2. **〜につれて・〜に従って** ⇒ 前のことが変化すれば、後のことも同じように変化する。

   動詞辞書形、する動詞の名詞　＋につれて・に従って

   ・秋が深まるにつれて、木の葉が赤くなる。
   ・時間がたつにつれて、あの日のショックから立ち直ってきた。
   ・事故の調査が進むに従って、新しい事実が次々に出てきた。
   ・日本での生活に慣れるに従って、日本人の友だちが増えた。

3. **〜に伴って** ⇒ 前のことが変化すれば、それといっしょに後のことも変化する。
   （改まった言い方、書き言葉的）

   動詞辞書形、名詞　＋に伴って

   ・メール世代が増えるに伴って、文の書き方も変わっていくだろう。
   ・少子化に伴って、使わない教室が目立ってきた。
   ・仕事の自動化に伴って、職を失う人が増えるだろう。

4．～とともに　⇒　前のことが変化すれば、それといっしょに後のことも変化する。
（書き言葉的）

　　　　　　　　　　動詞辞書形、名詞　＋とともに

・年金生活者が増えるとともに、いろいろな制度が変わっていくだろう。
・子どもたちに厳しかった父も年をとるとともに、気が弱くなっていった。
・気温の上昇とともに、ビールの売り上げが伸びてきた。

問題３－１　どちらか適当な方を選びなさい。

1．職場に近いところに引っ越ししたい。{ a 近ければ　　b 近いと } 近いほどいい。
2．日本語が { a 話せる　　b 話せるようになる } につれて毎日が楽しくなってきた。
3．結婚後も働き続ける女性が { a いる　　b 増える } に従って、会社の考え方も変わっていくだろう。
4．この町も { a 産業　　b 産業が伸びる } に伴って、にぎやかになってきた。
5．台風が { a 近づく　　b 来る } とともに、雨も風も強くなってきた。

問題３－２　どちらか適当な方を選びなさい。

1．{ a 責任が増せば増すほど、/ b 部長になればなるほど、} ストレスも多くなる。
2．工事が進むに従って、{ a 建物の全体が見えてきた。/ b 建物の全体が見えた。}
3．ここは前は畑だったが、周りに住民が増えるにつれて { a 公園になった。/ b 花や木が多くなった。}
4．これはいいテキストだ。
　　課が進むにつれて少しずつ言葉を { a 勉強する時間を増やしたい。/ b 覚えられるようになっている。}
5．この町も都市化に伴って { a 交通量が増えた。/ b 公民館ができた。}
6．子どもの成長とともに、{ a わたしは事務所で働き始めた / b わたしは仕事を増やしてきた。}

まとめ □の中の言い方を使って、下線の言葉を書き換えなさい。

例　| せいで |　授業中に花子が何回も話しかけるので、わたしまで先生にしかられてしまった。
　　　　　　　　　　　　　　　　　　　話しかけるせいで

A　＜会社で＞

| ものですから　　おかげで　　だけに　　以上は　　につれて |

1. A　：すみません。妻が風邪を引いているので、きょうは早く帰らせてくださいませんか。
2. 課長：きょうはいいけど、この仕事は自分でやると言ったのだから、期日までに完成してくださいよ。
3. A　：はい、わかりました。課長、資料が集まってきたら、だんだんに全体のことがわかってきました。
4. 課長：そうですか。君ががんばってくれたので、いい資料が集まりましたね。

5. 　　　しかし、なんといっても、個人情報の資料ですから、注意して扱わなければいけませんね。
　　A　：はい。十分に気をつけます。

B　＜Aさんの家で＞

| せいで　　ことだし　　ところを見ると　　あまり　　～ば～ほど |

1. きょうは課長にうそを言って早退した。うそを言ったので、どうも気持ちが落ち着かない。
2. 課長もあまり心配そうな顔をしていなかったことから想像すると、ぼくのうそに気がついていたのかもしれない。
3. このごろちょっと疲れていたし、きょうは早く寝ることにしよう。
4. 早く結果を出そうと急いだので、個人情報の資料に注意していなかった。
5. 考えれば考えるだけもっと心配になってきた。

■ コラム

「する」と「なる」

　同じことを言うのにも、行為をする人と行為を受けるもののどちら側に視点を置くかによって「する」と「なる」の2通りの表し方があります。いろいろな文型がありますが、基本は同じです。

「する」と「なる」の使い方の基本

	注目すること
する	人の行為に注目 母はケーキを半分にした。
なる	動作を受けるものの変化、結果に注目 ケーキは半分になった。

中級で学ぶ「する」と「なる」
自分で決めた習慣・決まりごと

～ことにしている （自分で決めた習慣）	わたしは毎年富士山に登ることにしている。 わたしは夜は車を運転しないことにしている。
～ことになっている （決まりごと）	この会社では毎年社員旅行をすることになっている。 病院内ではたばこを吸ってはいけないことになっている。

努力目標・努力している習慣・ものの仕組み

～ようにする（努力目標） ～ようにしている （努力している習慣）	健康のためになるべく野菜を食べるようにしてください。 わたしはできるだけ早く寝るようにしている。 わたしはエスカレーターには乗らないようにしている。
～ようになっている （ものの仕組み）	このエスカレーターは人が近づくと動くようになっている。 このおもちゃは落としても壊れないようになっています。

12課 否定の言い方

Expressions to deny something
否定的说法
부정의 표현

強く否定する場合、部分的に否定する場合、消極的に否定する場合など、否定のしかたにもいろいろあります。

STARTING TEST スタートテスト

問題 ＿＿＿に適当な言葉を書いて、文を完成させなさい。

1. シンさんは夜、いつも家に＿＿＿＿とは限らない。いないこともある。
2. きょう中に計画書を書くように言われたけど、そんなに短い時間で＿＿＿＿わけがない。
3. A：君はスキーをしたことがある？
   B：したことが＿＿＿＿どころか、冬は毎週スキーに行っていましたよ。
4. 田中さんだけが＿＿＿＿のではない。ほかの人たちも悪いんだ。
5. A：ユミさんはもう北京へ留学したのかな？
   B：いえ、北京へ＿＿＿＿はずはありませんよ。昨夜も新宿で飲んでいましたよ。
6. A：Bさん、小説は全然読まないんですか。
   B：全然＿＿＿＿わけじゃないよ。ミステリーなら読むよ。
7. 練習すれば、だれでも速く＿＿＿＿なるとは言えない。わたしはいくら練習しても速く走れるようにならなかった。
8. 高い料理が必ずしも＿＿＿＿というわけではない。高いのにおいしくない料理を出すレストランもある。
9. 薬を飲めば必ず病気が＿＿＿＿というものでもない。薬では治らない病気もある。
10. A：静岡から東京まで新幹線で1時間ですね。通えるでしょうか。
    B：＿＿＿＿ことはないけど、時間がもったいないですよ。

POINT ポイント1　強く否定(ひてい)する言い方
(Expressions to deny strongly / 强烈否定的说法 / 강하게 부정하는 표현)

1. ～わけがない・～はずがない　⇒　その可能性(かのうせい)がない。その理由(りゆう)がない。

　　　　　　　　　普通形（ナ形容詞な／である　名詞の／である）＋わけがない・はずがない

・あした雨が降(ふ)るわけがない。星(ほし)があんなにたくさん出ている。
・母：毎日そんなに遅(おそ)くまで仕事をして大丈夫(だいじょうぶ)？
　子：大丈夫なわけがないよ。でもしかたがないんだ。
・こんな難(むずか)しい問題、わたしにできるわけがありませんよ。
・去年の夏、ヤンさんが富士山(ふじさん)に登(のぼ)れたはずがないよ。足にけがをしていたよ。
・弁護士(べんごし)になる試験が易(やさ)しいはずがありませんよ。合格率(ごうかくりつ)40％前後(ぜんご)なんですよ。
・隣(となり)の愛(あい)ちゃんが今年二十歳(はたち)のはずがない。7年前まだ小学生(しょうがくせい)だったのだから。

2. ～ものか　⇒　話者(わしゃ)が絶対(ぜったい)～ないと主張(しゅちょう)する。

　　　　　　　　　普通形（ナ形容詞な　名詞な）＋ものか

・このテストが易しいものか。知らない言葉(ことば)がたくさん出てくる。
・あの人がいい人なもんか。うそばかり言う人だ。
・この仕事を全部(ぜんぶ)きょう中に仕上(しあ)げるんですか。無理(むり)ですよ。一人でやれるものですか。
・もうあんなやつといっしょに旅行するものか。時間を守(まも)らないし、忘(わす)れ物(もの)ばかりするし…。

3. ～もしない　⇒　普通(ふつう)は当然(とうぜん)することも否定して、否定の意味を強調(きょうちょう)する。
　　　　　　　　　不満感(ふまんかん)・意外感(いがいかん)がある。

　　　　　　　　　動詞（ます）＋もしない

・彼女(かのじょ)はよほど怒(おこ)っていたのだろう。声をかけたが振(ふ)り向(む)きもしなかった。
・よく考えもしないで、「できません」なんて言わないでください。
・父はぼくの話を聞きもしないで、「早く就職(しゅうしょく)しろ」と言うんだ。

4. ～どころか　⇒　事実(じじつ)はそんな程度(ていど)ではない、と予想(よそう)や期待(きたい)を強く否定する。

　　　　　　　　　名詞、普通形（ナ形容詞（な）／である　名詞である）＋どころか

・梅雨(つゆ)に入ったのに、きょうは雨が降るどころか、すばらしい天気だ。

・A：来週はお暇でしょうか。

　B：暇などころか、体がいくつあっても足りないくらい忙しくなるんです。

・この本、おもしろいと聞いたので買ってみたけど、おもしろいどころか、全く内容がわからなかった。

問題1-1 どちらか適当な方を選びなさい。

1．A：今年もまた富士山に行きますか。

　　B：{ a 行くものですか　　b 行きもしませんよ }。もう二度と行きたくないです。

2．今、教育の問題を真剣に考えなかったら、子どもたちの学力は
{ a 上がらないものか　　b 上がるはずがない }。

3．A：ヤンさんが帰国したんだって。

　　B：ヤンさんが { a 帰国しもしない　　b 帰国したわけがない }。さっき本屋にいたよ。

4．正しいデータを { a 調べるどころか　　b 調べもしないで } あいまいなことを言わないでよ。

5．昨晩は疲れていて、本を { a 読みもしないで　　b 読むどころか } 食事も作れなかった。

6．きょうの天気予報ははずれたね。{ a 涼しいどころか　　b 涼しいはずがなく } 32度の暑さだ。

7．こんな難しい本、あの子に { a わかるはずがないよ　　b わかりもしないよ }。

問題1-2 ＿＿＿＿に適当な言葉を書いて、文を完成させなさい。

1．A：佐藤さんは今度の旅行に参加しますか。

　　B：＿＿＿＿＿＿＿＿はずがありません。とても忙しそうです。

2．A：あれ、先輩、もう帰るんですか。

　　B：＿＿＿＿＿もんか。弁当を買いに行くんだ。きょうは10時まで残業だよ。

3．A：ぼくの都合を＿＿＿＿＿も＿＿＿＿＿で、会合の時間を決めたのか。

　　B：あれ！ちゃんと聞きましたよ。先輩はいつでもいいよ、と言いましたよ。

4．A：Bさんはお酒がお好きだそうですが…。

　　B：＿＿＿＿＿どころか、全然飲めないんだよ。

POINT ポイント2　部分否定・消極的否定
(Partial negation/Passive negation / 不完全否定、消极的否定 / 부분부정・소극적부정)

A　部分否定（全部ではない、必ずではない、と部分的に否定する言い方）

いっしょに使う言葉（副詞）　例

いつも　　みんな　　必ず　　全部　　いつでも　　どこでも　　何でも　　何も

1. ～のではない　　普通形（ナ形容詞な　名詞な）＋のではない
   ・いつも暇なのではありません。きょうはちょうど暇だったんです。
   ・この大学院のクラスの人がみんな日本人なのではありません。あの人は韓国人だし、あの人は中国人ですよ。
   ・毎日ビールを飲むのではない。ワインを飲むこともある。

2. ～わけではない　　普通形（ナ形容詞な／である　名詞である）＋わけではない
   ・日本人ならだれでも日本語が教えられるわけではありません。
   ・わたしは毎日忙しいわけではありません。忙しいのは月末だけです。
   ・幼稚園の先生がみんな子どもが好きなわけではない。

3. ～とは限らない　　普通形　＋とは限らない
   ・勉強すれば必ず合格できるとは限らない。
   ・わたしはいつも店にいるとは限りません。いらっしゃる前にお電話ください。
   ・色がきれいな料理がどれもおいしいとは限らない。

4. ～とは言えない　　普通形　＋とは言えない
   ・専門家なら何でもわかるとは言えない。
   ・あの人が言ったことが全部本当だとは言えないでしょう。
   ・高い品物が必ず質がいいとは言えない。

B 消極的否定・消極的肯定

1. ～ないことはない・～なくはない・～なくもない

　　　　　　　　　⇒　「～ない」とは言えない、と否定の形を否定し、そういうこともある、と消極的に肯定する。

　　　　　　　　　　　普通形（現在形の否定形）　＋ことはない

・A：先生はお酒を飲まれないのですか。
　B：いや、飲まないことはないんですが、すぐ酔っ払ってしまうんですよ。
・このカレー、おいしくないことはないんだけど、わたしには辛すぎる。
・今からがんばれば、期限までに間に合わないことはないだろう。
・あなたがお酒を飲みたい気持ち、わからなくはないけど、今は周りの人のことを考えてください。
・車がほしくなくもないが、近くに駐車場がないので、迷っている。

2. ～というものではない　⇒　全面的に肯定することはできない、必ずしもそうとは言えない、と消極的に否定する。

　　　　　　　　　　　普通形　＋というものではない

・科学が進歩すれば人間の生活がよくなるというものではない。
・電気製品や車などは作って売ればいいというものではない。使った後のことまで考えないと環境を汚すことになる。
・勉強時間が長ければそれでいいというものではない。勉強の内容が大切だ。

問題2 ＿＿＿＿に適当な言葉を書いて、文を完成させなさい。

1. A：あなたはいつも暇ですか。
　B：いいえ、いつも＿＿＿＿＿＿わけではありません。
2. A：バイオリンは練習すればだれでも上手に弾けるようになりますか。
　B：いいえ、だれでも上手に＿＿＿＿＿＿とは限りません。
3. A：毎晩お酒を飲むんですか。
　B：いいえ、毎晩＿＿＿＿＿＿わけではありません。
4. A：この答えはみんな正しいでしょうか。
　B：いいえ、＿＿＿＿＿＿とは言えません。正しくないのもあります。

5．A：あなたはあの人のことを全然知らないの？

B：いえ、＿＿＿＿＿＿＿＿＿＿＿のではなく、少しは知っているんですよ。

6．A：あなたはマージャンをしますか。

B：＿＿＿＿＿ことはないんですが、あまり好きじゃないんです。

7．A：全国野球大会は参加することに意義があるんですよね。

B：でも、ただ＿＿＿＿＿＿ば＿＿＿＿＿＿というものではありませんよ。やっぱり勝ち進みたいなあ。

[まとめ－1] 最も適当なものを選びなさい。

1．いくらキムチが好きな人でも毎日
 - a 食べるはずです。
 - b 食べたいと思うでしょう。
 - c 食べるとは限らないでしょう。

2．どんなに健康な人でも病気に
 - a ならないわけだ。
 - b なるわけではない。
 - c ならないわけではない。

3．うちの会社は水曜日が休みなんです。だから、わたしは水曜日はいつも
 - a 朝寝坊しません。
 - b 朝寝坊ができます。
 - c 朝寝坊するのではありません。

4．A：ジャズもいいのがありますよ。たまには聴くといいですよ。

B：たまにどころかわたしはジャズが好きで、
 - a よく聴いているんですよ。
 - b あまり聴かなくもないんですよ。
 - c いつも聴くとは言えないんですよ。

5．A：道路の工事は来週終わるんですか。

B：え？来週
 - a 終わらないわけがありませんよ。
 - b 終わるわけがありませんよ。
 - c 終わらないこともありませんよ。

雨で1週間も工事ができなかったんですから。

まとめ－2 どちらか適当な方を選びなさい。

わたしは釣りが大好きで、1か月に1度は必ず釣りに①｛a 行く　b 行くわけではない｝。しかし、毎回魚が釣れる②｛a わけだから　b わけではなく｝、悔しい思いで帰ってくることもある。そうすると、また③｛a 行きたくなる　b 行かなくもない｝。そして、また釣れないと今度こそは④｛a 負けるものか　b 負けるとは言えない｝と強く思う。

しかも、ただ釣れればいい⑤｛a というものだ　b というものではない｝。ちょうどいい大きさの魚を釣ることが大切なのだ。

妻は魚料理が嫌いで全く食べない。⑥｛a 食べないが　b 食べないどころか｝、魚に触るのも嫌だと言う。だから、わたしが釣ってきた魚を⑦｛a 見もしないで　b 見ないのではなく｝「自分で料理してね」と言う。それで、わたしはいつも自分で魚料理を⑧｛a 作っている　b 作っているとは限らない｝。

自分で釣った魚は新鮮だから、⑨｛a おいしい　b おいしくない｝わけはないが、すぐに食べてしまうのはもったいない気が⑩｛a しない　b しなくもない｝。

13課 わたしからの発信 1 －感覚・強い気持ち・不可能判断－

Conveying subjective information—1: How to express the speaker's senses, strong feelings, or judgment that something is impossible

来自我的电波 1 －感觉、强烈的感触、不可能的判断－
나로부터의 발신 1 －감각・강한 느낌・불가능한 판단－

話者の感覚や強い気持ち、話者の判断など、心の中のことを言う文型を整理しましょう。初級の学習で、感覚や心の中のことを言うときは、ふつう、話者（第1人称）を主語にして言う、ということを学びました。基本は同じです。

STARTING TEST　スタートテスト

問題Ⅰ　どちらか適当な方を選びなさい。

1. ｛a わたし　b 彼｝は頭が痛い。
2. ｛a わたし　b 弟｝は今いる寮が嫌でたまらない。
3. 親友が留学しているので｛a わたし　b 妹｝は寂しくてならない。
4. ｛a わたし　b 道子｝はハンサムなあの人のことが気になってしかたがないようだ。
5. ｛a わたし　b 祖母｝は写真を見ると、昔のことを思い出さずにはいられないそうだ。

問題Ⅱ　□の中から最も適当な言葉を選んで＿＿＿の上に続けて書きなさい。必要な場合は、言葉を足してから続けなさい。

| しかない　にすぎない　ようがない　にほかならない　てはいられない |

1. だれもやる人がいないのなら、わたしがやる＿＿＿＿＿＿。
2. 疲れているが、きょうは休＿＿＿＿＿＿。夕方までにこのレポートを書かなければならない。
3. わたしは語学教師＿＿＿＿＿＿ので、政治の難しい問題などわかりません。
4. 森さんが人に細かく注意するのは、あの人の優しさ＿＿＿＿＿＿。
5. 事故で電車が止まってしまった。帰りたくても帰＿＿＿＿＿＿。

POINT ポイント1 **話者の感覚 －話者の感覚や抑えられない気持ちを表す言い方－**
(Speaker's senses: Expressions to show the speaker's senses or feelings that are hard to suppress / 说话人的感觉 －表达说话人的感觉以及无法抑制的感受时的说法－ / 말하는 사람의 감각 －말하는 사람의 감각이나 억제할 수 없는 기분을 나타내는 표현－)

1. ～てしかたがない・～てしょうがない・～てたまらない

    ⇒ ～の気持ちが強くて抑えられない。

    　　　動詞て形、イ形容詞くて、ナ形容詞で ＋しかたがない・しょうがない・たまらない

    ・虫歯が痛くてしかたがない。
    ・うちの子は幼稚園が楽しくてしょうがないみたいです。
    ・このごろアルバイトが嫌でたまらないんです。

2. ～てならない ⇒ ～というマイナス感情が強くてがまんできない。

    　　　動詞て形、イ形容詞くて、ナ形容詞で ＋ならない

    ・このごろ腰の痛みが気になってならない。
    ・試合に負けて悔しくてなりません。
    ・大山さんは将来のことが心配でならないらしい。

3. ～ないではいられない・～ずにはいられない

    ⇒ 自然にそうしてしまい、抑えられない。

    　　　動詞ない形 ＋ではいられない

    　　　動詞（~~ない~~＋ず　例外　しない→せず） ＋にはいられない

    ・彼のわがままな態度には腹を立てないではいられない。
    ・テレビで見た小さい子どもがかわいそうで泣かないではいられなかった。
    ・このドラマはすばらしい。だれでも感動せずにはいられないと思う。

4. ～ないわけにはいかない・～ざるを得ない

    ⇒ どうしてもする必要がある。しないということは不可能だ。

    　　　動詞ない形 ＋わけにはいかない

    　　　動詞（~~ない~~＋ざる　例外　しない→せざる） ＋を得ない

    ・本人に本当のことを話さないわけにはいかない。
    ・今回の事件では部長自身も辞めないわけにはいかないと考えているようだ。
    ・母が病気で入院したので帰国せざるを得ない。

13課 わたしからの発信 1 －感覚・強い気持ち・不可能判断－

問題1-1 どちらか適当な方を選びなさい。

1．ふるさとが {a 遠くて　　b 懐かしくて} しかたがない。
2．ふるさとに {a 帰りたくて　　b 帰れなくて} たまらないんです。
3．{a この子は体が弱くて　　b わたしはこの子のことが心配で} ならない。
4．最近 {a 眠くて　　b 眠って} ならない。
5．疲れて {a 横にならずには　　b 仕事をせずには} いられなかった。
6．信号が赤になったら {a 止まらなければならない　　b 止まらないではいられない}。
7．毎晩、眠れないので、{a この薬を　　b 好きなお酒を} 飲まざるを得ない。

問題1-2 （　　　）の中の言い方を使って_____の下の言葉を書き換えなさい。

1．朝から何も食べていない。おなかが<u>とてもすいた</u>。（～てたまらない）

2．試合に負けて<u>とても残念だ</u>。（～でならない）

3．猿の動作は本当におもしろくて<u>笑うのを抑えられなかった</u>。（～ずにはいられない）

4．あしたの会議は重要なので、<u>どうしても出席しなければならない</u>。（～ないわけにはいかない）

5．この病気を治すためには<u>どうしても手術する必要がある</u>。（～ざるを得ない）

6．一人で泣いている女の子を見て<u>自然に声をかけてしまった</u>。（～ないではいられない）

POINT ポイント2 　話者の強い気持ち －確信・主張・覚悟を表す言い方－

(Strong feelings of the speaker: Expressions showing confidence, assertion, or resignation / 说话人的强烈感受 －表示确信、主张、决心（精神准备）的说法－ / 말하는 사람의 강한 느낌 －확신・주장・각오를 나타내는 표현－)

1. ～に決まっている ⇒ 絶対～だ、と話者が確信を持って言う。

　　　　　　　　　普通形（ナ形容詞だ　名詞だ）＋に決まっている

・こんなに朝早く電話をかけてくるのは、田中君に決まっている。
・彼は合格するに決まっていますよ。この間のテストもよくできたし。
・寝不足は体によくないに決まっています。もっと早く寝ましょう。

2. ～にほかならない ⇒ 絶対～だ、それ以外ではない、と話者が評価して断定的に言う。

　　　　　　　　　名詞　＋にほかならない
　　　　　　　　　…から・ため　＋にほかならない

・礼儀とは人への思いやりにほかならない。
・わたしが健康を取り戻せたのは、妻の支えがあったからにほかならない。
・監督が厳しく選手をしかるのは、選手を精神的に強くするためにほかならない。

3. ～にすぎない ⇒ ただそれだけだ、と程度の低さを主張する。

　　　　　　　　　名詞、普通形（ナ形容詞である　名詞である）＋にすぎない

・わたしはただのサラリーマンにすぎません。しかし、今度の選挙に立候補するつもりです。
・無名の一市民にすぎないわたしに何ができるというの？
・彼はただ経営についての知識があるにすぎない。実際の力はまだわからない。

4. ～しかない・～（より）ほかない ⇒ それ以外に方法がない、と覚悟する。

　　　　　　　　　動詞辞書形　＋しかない・（より）ほかない
　　　　　　　　　名詞　＋しかない・よりほかない

・だれも手伝ってくれないなら、一人でがんばるしかない。
・借金を返すためには、この家を売るしかないでしょう。
・この仕事、期限までに完成しなければならない。きょうは残業するほかない。

5．～までだ・～までのことだ　⇒　ほかに方法がないからがんばってそうするという覚悟を宣言する。

　　　　　　　　　　　　　　　　　動詞辞書形　＋までだ・までのことだ

・給料が出ないならしかたがない。新しい仕事を探すまでだ。
・ぜひあの大学に入りたい。今年不合格だったらもう１年がんばるまでだ。
・わたしの気持ちを理解してもらえなかったら、離婚するまでのことです。

問題２－１　どちらか適当な方を選びなさい。

１．１日12時間も働いていたら、体を｛a 壊すに／b 壊すことに｝決まっているよ。
２．｛a 富士山は日本一高い山／b 彼の怒りは教育に対する情熱の表れ｝にほかならない。
３．彼はこの会の｛a 会長にすぎない。だいたいのことは彼が決定できる。／b 一会員にすぎない。彼が決定できることはあまりない。｝
４．母の老後の世話は｛a いろいろな方法より／b わたしがするより｝ほかないだろう。
５．協力を頼んでもだめだったら、一人で｛a やるまでだ。／b できるまでだ。｝

問題２－２　□□□から最も適当なものを選んで＿＿＿＿の上に書きなさい。
（一つの語を１回ずつ使います。）

｜に決まっている　　にすぎない　　ほかない　　までだ｜

１．このケータイ、あの子が壊した＿＿＿＿＿＿。さっきおもちゃにして遊んでいた。
２．この事故の調査を警察がやってくれないというのなら、自分でやる＿＿＿＿＿＿。
３．ぼくが言ったことはただの冗談＿＿＿＿＿＿。そんなに怒らないでくれよ。
４．富士山の頂上近くまで来たが、天気が悪い。頂上まで行くのはあきらめるより
　　＿＿＿＿＿＿。

POINT ポイント3　話者の不可能判断　－不可能であると話者が判断する言い方－
(Speaker's judgment that something is impossible: Expressions to show the speaker's judgment that something is impossible / 说话人的不可能判断 －说话人判断"～是不可能的"时的说法－ / 말하는 사람의 불가능판단 －불가능이라고 말하는 사람이 판단하는 표현－)

1. ～わけにはいかない　⇒　心理的、社会的事情があってそうできない。

　　　　　　　　　　動詞辞書形　＋わけにはいかない

・きょうは車で来たのでお酒を飲むわけにはいかないんです。
・みんながまだ仕事をしているので、わたしだけ先に帰るわけにはいきません。
・これ、あなたにあげたいけれど、あげるわけにはいかないんです。母のものなので。

2. ～てはいられない　⇒　～している余裕はない。

　　　　　　　　　　動詞て形　＋はいられない

・テレビなど見てはいられない。あしたは大切な試験なんだ。
・年末だからのんびり温泉になど行ってはいられないんです。
・うさぎ：ここで昼寝をしてはいられない。足の遅い亀さんに追いつかれてしまう。

3. ～かねる　⇒　心理的に抵抗があってそうできない、そうするのは難しい。

　　　　　　　　　　動詞（ます）　＋かねる

・本当のことを親に言いかねています。
・う～ん、この案には賛成しかねるなあ。
・私にはちょっとわかりかねますので、上司と相談してお返事します。

4. ～ようがない　⇒　方法がなくて（わからなくて）そうできない。

　　　　　　　　　　動詞（ます）　＋ようがない

・彼には連絡しようがありません。電話番号もメールアドレスも知らないんです。
・本の名前も作者もわからないんですか。それでは調べようがありませんね。
・いい人かどうかなんて聞かれても答えようがないよ。自分の妹なんだから。

5．～どころではない　⇒　（話者が主観的に判断して）そうできる状況ではない。

動詞辞書形、名詞　＋どころではない

・きのうは隣のうちがうるさくて勉強どころではなかった。
・今年は家族旅行どころではないね。出張続きなんだ。
・現地は天気が悪かったので、海水浴をするどころではなかった。

問題3 どちらか適当な方を選びなさい。

1．あしたは大切な書留の郵便が届く日なので、
 { a 留守にするわけにはいかない。
   b 留守にしないわけにはいかない。

2．ここでおしゃべりなんか { a してはいられないよ。
                          b しないではいられないよ。 } 学校に遅刻するよ。

3．{ a 問題が難しくて正しく答えかねた。
    b 病気のことを聞かれたが、本当のことは答えかねた。

4．{ a 交通手段がないのだから、
     b 疲れているのだから } きょう中に現地へ行きようがない。

5．{ a ゴルフ場が工事中なので
     b 毎日忙しくて } ゴルフどころじゃないんだ。

まとめ 次の文を読んで下線の言葉を□□□の中の言い方を使って書き換えなさい。
（一つの語を1回ずつ使います。）

例　| かねる |　この計画には賛成することはできない。

賛成しかねる

| てたまらない　　てならない　　に決まっている　　てはいられない |
| ないわけにはいかない　　ようがない　　しかない |

わたしは犬が好きだ。毎日犬と遊ぶのが<u>とても楽しい</u>。
　　　　　　　　　　　　　　　　　　　①

ところが飼っている犬がいなくなってしまった。どこへ行ってしまったのだろう。
ちゃんと世話をしなかったからではないかと思うと<u>とても残念だ</u>。
　　　　　　　　　　　　　　　　　　　　　　　②

今ごろ、あの犬はどこかで<u>絶対クンクン泣いている</u>。でも帰り道がわからないから
　　　　　　　　　　　　③

<u>帰れない</u>のだ。わたしが<u>迎えに行く</u>のを<u>待っている</u>だけなのだろう。だからわたしは
④　　　　　　　　　⑤　　　　　　　　　　⑥

どうしても犬を<u>捜さなければならない</u>。迎えに行かないで、家でじっと犬の帰りを
　　　　　　　　⑥

<u>待つことはできない</u>のだ。
⑦

14課 わたしからの発信 2 －話者の推量・願望・感嘆・提案－

来自我的电波 2 －说话人的推测、愿望、感叹、建议－
나로부터의 발신 2 －말하는 사람의 추측・소원・감탄・제안－

Conveying subjective information—2: How to express the speaker's conjecture, desire, admiration, or suggestion

初級で、推量を表す「でしょう・らしい」や、忠告を表す「たほうがいい」などを学習しました。中級レベルの推量、願望、感嘆、提案などを表す文型には、話者の気持ちを込めた言い方がいろいろあり、表現を豊かにすることができます。

STARTING TEST　スタートテスト

問題Ⅰ どちらか適当な方を選びなさい。

1. どうも ｛a わたし　b 林さん｝ は足が痛いらしい。
2. あしたの会に ｛a わたし　b マリ子｝ は欠席するに違いない。
3. この2種類の薬をいっしょに飲むと、気分が ｛a 悪くなる　b よくなる｝ おそれがある。
4. この家は古いので、弱い地震でも ｛a 倒れ　b 倒れない｝ かねない。
5. 台風が近づいているから、よい天気は ｛a 続く　b 続かない｝ まい。

問題Ⅱ どちらか適当な方を選びなさい。

1. 小さい子をいじめる ｛a ものではない　b ことではない｝。
2. 10代の若い人というのは元気な ｛a ものだなあ　b ことだなあ｝！
3. 子どもが生まれたら、どんなにうれしい ｛a ものだろう　b ことだろう｝！
4. 「エネルギー資源を大切に」ということを言うなら、石油エネルギーだけでなく、もっと太陽の熱が使われるようにならない ｛a ものか　b ことか｝。
5. 地球上から意味のない争いが早くなくなってほしい ｛a ものだ　b ことだ｝。

POINT ポイント1　話者の判断・推量
(Speaker's judgment or conjecture / 说话人的判断、推测 / 말하는 사람의 판단・추측)

＜初級では＞　あしたは雨が降るでしょう。
　　　　　　　ヤンさんは部屋にはいないらしいです。
　　　　　　　目にごみが入ったようです。
　　　　　　　あしたは国から荷物が届くはずです。

1．～とみえる・～とみえて　⇒　ある事実の観測から～と推量できる。

　　　　　　　　　　　　　　普通形　＋とみえる・とみえて

・彼女は猫が好きだとみえる。猫のデザインのものをたくさん持っている。
・彼はきのう眠れなかったとみえて、朝からあくびばかりしている。
・夜中に雨が降ったとみえて、道路がぬれている。

2．～に違いない・～に相違ない　⇒　～という可能性がかなり高い。

　　　　　　　　　普通形（ナ形容詞だ/である　名詞だ/である）　＋に違いない・に相違ない

・マリから返事がない。彼女はぼくのメールを読んでいないに違いない。
・犯人はあいつに違いない。
・今後2党間の対立は激しくなるに相違ない。

3．～かねない　⇒　今の状態からみると、～という悪いことになるかもしれない。

　　　　　　　　　　動詞（ます）　＋かねない

・よくよく注意しないと、あの子はまたバイクの事故を起こしかねない。
・そんな甘い考えでは人にだまされかねないよ。
・社会の変化が一方の方向にだけ進むと、貧富の差がさらに大きくなりかねない。

4．～おそれがある　⇒　客観的に見て、～という危険性がある。

　　　　　　　　　　　動詞の普通形、名詞の　＋おそれがある

・台風13号は関東地方に上陸するおそれがあります。
・このままだと病気はもっと悪くなるおそれがある。
・連休の道路は渋滞のおそれがありますので、早めにお出かけください。

5. ～まい ⇒ 否定の推量「～ないだろう」

　　　　　　動詞辞書形　＋まい

・今度の土曜、日曜には雨は降るまいと思って、旅行の予約をした。
・天気予報では、台風は上陸するまいと言っているが、本当だろうか。
・彼が酒を飲んで事故を起こしたなんて、そんなバカなことはあるまい。

問題1-1 （　　　）の中の動詞を適当な形にして＿＿＿の上に書きなさい。

1. きのう何か嫌なことが＿＿＿とみえて、彼は今朝から元気がない。（ある）
2. 彼はきのうかなり＿＿＿に違いない。（飲む）今朝も気分が悪そうだ。
3. 彼は途中で仕事を＿＿＿かねない。（投げ出す）飽きっぽいから。
4. 新鮮でないものを食べるとおなかを＿＿＿おそれがあります。（こわす）
5. 不景気はそんなに長くは＿＿＿まい。（続く）

問題1-2 どちらか適当な方を選びなさい。

1. ┌a 隣の人は引っ越しをするとみえて、朝から片づけをしている。
   └b 朝から片づけをしているとみえて、隣の人は引っ越しをするらしい。

2. ┌a わたしは彼の ┐退職の理由を知っているに違いない。
   └b 彼はわたしの ┘

3. 風邪薬を飲んだから、┌a 運転すると事故を起こしかねない。
　　　　　　　　　　　└b 風邪はすぐよくなりかねない。

4. 今後、台風は勢力が ┌a 弱くなる┐ おそれがあります。
　　　　　　　　　　　└b 強くなる┘

5. この仕事はきょう中には ┌a 終わるまい。
　　　　　　　　　　　　　└b 終わるまいだろう。

POINT ポイント2 　話者の願望・感嘆
(Speaker's desire or admiration / 说话人的愿望、感叹 / 말하는 사람의 소원・감탄)

＜初級では＞　ああ、旅行したいなあ。

　　　　　　　楽しかったなあ。

「もの・こと」を使う文型は詠嘆的な感情を表すことができます。

1. ～たいものだ・～てほしいものだ　⇒　ああ、～たいなあ・～てほしいなあ。(願望)

　　　　　　　　　　　　　　　　　動詞（ます）＋たいものだ

　　　　　　　　　　　　　　　　　動詞て形　＋ほしいものだ

・ああ、いつか世界一周旅行したいものだ。
・この子の成長した姿をぜひあの世の夫に見せたいものです。
・地球上から戦争がなくなってほしいものだ。

2. ～ないものか　⇒　～できるといいなあ。(実現の可能性が低いことを強く願望する)

　　　　　　　　　　　可能の意味のある動詞ない形　＋ものか

・空を飛んで今すぐあなたのところに行けないものか。
・何とかして全国野球大会に出られないものか。
・わたしたち人間は何とかして長生きできないものかと考えている。

3. ～ものだ　⇒　本当に～だなあ。(感嘆、感心)

　　　　　　　　　普通形（ナ形容詞な　名詞だ）　＋ものだ

・ああ、人間は弱いものだなあ。
・世の中は便利になったものだ。何でも機械がやってくれる。
・5歳の子どもがよくこんなに上手にピアノを弾くものだ。

4．〜たものだ ⇒ 昔よく〜したなあ。（回想）

　　　　　　　　　動詞た形　＋ものだ

・若いころはよく高い山に登ったものです。
・昔は映画が好きで、毎週映画館に行ったものです。
・子どものころ、彼とはよくけんかをしたものだ。今はそれが懐かしい。

5．〜ことか・〜ことだろう ⇒ 非常に〜。（感慨・共感）

　　　　　　　　　　疑問詞＋普通形（ナ形容詞な／である　名詞である）＋ことか・ことだろう

・いじめられていた子どもはどんなにつらかったことか。
・ここから見える富士山のなんと美しいことか。
・息子が戦地から帰ってくるのを母親はどんなに待っていたことだろう。

問題２－１　（　　　）の中の言葉を適当な形にして_____の上に書きなさい。

1．来年はぼくも何とかして親から_____ものだ。（独立する）
2．世の中がもっと平和に_____ほしいものだ。（なる）
3．何とかしてこの子の手術を小林先生に_____ものかと考えている。（頼む）
4．子犬って本当に_____ものですね。（かわいい）
5．懐かしいなあ。子どものころよくここで_____ものだ。（遊ぶ）
6．あのころ、祖母のうちで遊ぶのがどんなに_____ことか。（楽しい）

問題２－２　どちらか適当な方を選びなさい。

1．地球から貧困がなくなってほしい｛ａことか　　ｂものだ｝。
2．人は大昔から何とかして空を飛べない｛ａことか　　ｂものか｝と考えていた。
3．友情とはすばらしい｛ａこと　　ｂもの｝ですね。
4．母にしかられたことはないのですが、父にはよくしかられた｛ａこと　　ｂもの｝です。
5．亡くなった母にもう一度会えたらどんなにうれしい｛ａこと　　ｂもの｝だろう。

POINT ポイント3　話者から相手への提案
(To show the speaker's suggestion or advice / 说话人向对方提出的建议 / 말하는 사람으로부터 듣는 사람에게의 제안)

＜初級では＞　野菜もたくさん食べたほうがいいですよ。
　　　　　　　少し休んだらどうですか。
　　　　　　　健康のために、毎日散歩をするといいよ。

1．〜べきだ・〜べきではない　⇒　〜するのが（〜しないのが）当然だ。（忠告・助言）

　　　　　　　　　　　　　　動詞辞書形　＋べきだ・べきではない

・君、ここで飲んでいないで早く家に帰るべきだよ。お子さんが待っているよ。
・自分で言ったことなんだから、自分で責任をとるべきですよ。
・こんな台風の日に出かけるべきではない。危険ですよ。

2．〜ことだ　⇒　〜たほうがいい・〜ないほうがいい。（忠告・命令）

　　　　　　　動詞辞書形/ない形　＋ことだ

・疲れたときはとにかく早く寝ることだ。
・子どもはのびのび遊ばせることです。勉強ばかりさせてはかわいそうです。
・やせたいなら間食しないことですよ。

3．〜ものだ・〜ものではない　⇒　〜するのが（しないのが）常識だ。

　　　　　　　　　　　　　　動詞辞書形/ない形　＋ものだ
　　　　　　　　　　　　　　動詞辞書形　＋ものではない

・お年寄りにはもっと優しくするものだよ。
・ぼくは小さいとき、父によく「子どもは外で遊ぶもんだ」と言われました。
・そんなに人の悪口を言うものではありませんよ。

4．〜（よ）うではないか　⇒　みなさん、いっしょに〜しよう。（呼びかけ）

　　　　　　　　　　　　　動詞う・よう形　＋ではないか

・優勝を目指してがんばろうではないか。
・3年ぶりの同窓会だ。今夜は大いに飲んで歌おうではないか。
・みんなで団結して、政府に抗議しようではありませんか。

問題3-1 (　　　)の中の言葉を適当な形にして_____の上に書きなさい。
1. 君、奥さんには本当のことを_____べきだよ。(言う)
2. 長生きしたいなら、_____ことですよ。(働きすぎる)
3. 太郎、テレビを見ながらご飯を_____ものではありませんよ。(食べる)
4. みち子さん、そんな汚い言葉は_____ものですよ。(使う)
5. みなさん、環境を守るために、できることから_____ではありませんか。(やってみる)

問題3-2 どちらか適当な方を選びなさい。
1. 外国旅行のときは必ずパスポートを
   a 持っていくべきだ。
   b 持っていかなければならない。

2. 人の欠点ばかり
   a 言うべきではない。
   b 言わないべきだ。

3. ＜学生が先生に＞
   学生：先生、電車が遅れて遅刻した人を
   a しからないことですよ。
   b しからないでほしいです。

4. 候補者：みなさん、明日の投票日にはぜひわたしに1票
   a 入れるものです。
   b 入れてください。

まとめ ▢から最も適当なものを選んで、その記号を_____の上に書きなさい。

A | a とみえて　b に違いない　c まい　d ことだ |

母は田舎で一人で暮らしている。毎日楽しい①_____、電話の声はいつも元気だ。しかし、おとといから何度電話しても留守だった。夜遅くは出かける②_____と思ったが、夜11時になっても母は家にいなかった。何かあった③_____。そう思って、わたしはきょう母のところに行ってみた。

B | a ないものか　b ことか　c ものだ　d ものではない |

母はいなかったが、家の中はきれいになっていた。
何とか母と連絡がとれ④_____と思っていたら、「ただいま」と母の元気な声。
「お母さん、ぼくがどんなに心配した⑤_____。
人にあまり心配をかける⑥_____と、お母さんは自分でよく言っていたのに…。」

C | a かねない　b おそれがある　c たいものだ　d ものだ　e ことか |

「山に行ったのよ。山に登るって楽しい⑦_____ねえ。」
「その年で山登りは危ないよ。年寄りは転んでけがをする⑧_____んだから。」
そう母に言ったが、母は気持ちだけは元気だから、来年は富士山に登りたいと言い出し⑨_____。富士山は無理だが、できることなら母が丈夫なうちにあちこちの山に連れて行き⑩_____。

14課 わたしからの発信　2 ―話者の推量・願望・感嘆・提案―

■コラム

会話でよく使われる終助詞(しゅうじょし)

	どんなとき？	例(れい)
よ	聞(き)き手(て)が知らないことを伝(つた)える	これ、おいしいですよ。 あ、ヤンさんが来ましたよ。 このビデオ、おもしろかったよ。
ね	同意(どうい)を求める 確認(かくにん)する	あの日は楽しかったですね。 これ、おいしいね。 きょうは11日ですね。
よね	確認する　念(ねん)を押(お)す	これ、田中さんのですよね。 田中さんも参加(さんか)しますよね。 このあたりの郵便番号(ゆうびんばんごう)は177-0044よね。
っけ	忘(わす)れたことを思い出す質問 （自分で自分に聞くこともある）	会議(かいぎ)は何時からでしたっけ。 あの人、だれだっけ。 ハワイへ行ったのは4年前だったっけ。
かな かなあ	疑問(ぎもん)を独(ひと)り言(ごと)で言う やわらかい質問	林さんはきょう来るかな。 これ、だれの傘(かさ)かな。 答えは正しいかなあ。
な なあ	感想(かんそう)を独り言で言う	ああ、うれしいな。あしたから連休(れんきゅう)だ。 彼女(かのじょ)、本当(ほんとう)にいい人だなあ。 いやだなあ、毎日雨ばかりで…。

15課 決まった使い方の副詞

Adverbs that are used like idioms

有固定使用方法的副詞
정해진 사용법의 부사

後の文が決まった形になる副詞があります。初級では、「全然～ない」「たぶん～でしょう」「もし～たら」などを学習しました。中級レベルでは、さらにいろいろな意味を持つ副詞が出てきます。後の文の形とセットで覚えるようにしましょう。

STARTING TEST スタートテスト

問題 ────から最も適当なものを選んで、その記号を────の上に書きなさい。

| a かつて | b さぞ | c まもなく | d いくら | e くれぐれも |

1. _____ 3番線に電車が参ります。白線の内側でお待ちください。
2. _____ 安くても、要らないものは買いたくない。
3. 昨夜、南アメリカからお帰りになったんですか。遠いから_____お疲れでしょう。
4. ＜手紙＞ 寒くなりますから、_____お体を大切に。
5. この森には_____いろいろな動物がいたが、今は少なくなってしまった。

| a 何とかして | b すっかり | c 次第に | d 仮に | e まさか |

6. 生まれてくる子どもの数はこれからも_____少なくなっていくだろう。
7. _____もう一度子どもに戻れるとしたら、どんなことがしたいですか。
8. 最近、調子がよくなかったから、_____オリンピックでメダルがとれるとは思わなかった。
9. 彼は子どものときから、_____野球選手になりたいと思っていたそうだ。
10. この町もわたしの子どものころとは_____変わってしまった。

POINT ポイント1　時間関係（じかんかんけい）の副詞（ふくし）
（Adverbs related to time ／ 表示时间关系的副词 ／ 시간관계의 부사）

<初級（しょきゅう）では>　過去（かこ）を表（あらわ）す文（ぶん）とともに　　リンさんはさっき来ました。
　　　　　　　未来（みらい）を表す文とともに　　リンさんはもうすぐ来ます。

完了後（かんりょうご）	もう	リンさんはもう国へ帰った。
		妹も弟ももう高校を卒業（そつぎょう）した。
	すでに （硬（かた）い表現（ひょうげん））	問題点（もんだいてん）はすでに解決（かいけつ）した。
		会議（かいぎ）で使う資料（しりょう）はすでに準備（じゅんび）ができている。
	とっくに （誇張（こちょう）表現、 話（はな）し言葉的（ことばてき））	会場に着いたときには、会はとっくに始まっていた。
		父：一郎（いちろう）、テレビを見ていないで早く宿題（しゅくだい）をしなさい。
		一郎：宿題なんかとっくにやったよ。
過去	かつて （書（か）き言葉的（ことばてき））	この町はかつて小さい漁村（ぎょそん）だった。
		わたしはかつてイギリスにいたころ、よく博物館（はくぶつかん）に行った。
未来 近い未来 ↓ ↓ ↓ ↓ ↓ 遠い未来	まもなく （改（あらた）まった表現）	まもなく1番線（ばんせん）に電車が参（まい）ります。
		まもなく会議が始まります。みなさんお集まりください。
	そのうち	そのうちあなたも大人になるのよ。
		雨はそのうち止むでしょう。ここで止むのを待ちましょう。
	今に （話（はな）し言葉的（ことばてき））	今にこの町もビルばかりになってしまうだろう。
		遊（あそ）んでばかりいると、今に後悔（こうかい）しますよ。
	いずれ （いつか必（かなら）ず）	人はいずれ年をとるのだ。
		いずれお目にかかったときに、もっと詳（くわ）しくお話（はな）しします。

問題1　最（もっと）も適当（てきとう）なものを選（えら）びなさい。

1. A：あれ、Bさん、{ a もう　　b すでに　　c とっくに } 昼ご飯を食べたんですか。
　　B：ええ、さっき食べました。

2. このままでは { a とっくに　　b かつて　　c いずれ } この国の教育（きょういく）はだめになるだろう。

3. 部長：工事の計画は進んでいるかね。
   社員：はい、現場の調査も｛a すでに　b かつて　c そのうちに｝終わっています。
4. A：君は営業の仕事の経験があるかね。
   B：はい、わたしは｛a かつて　b そのうち　c いずれ｝S社の営業部で働いていました。
5. A：｛a すでに　b もうすぐ　c いずれ｝桜が咲くわね。
   B：そうね。2、3日で咲き始めるでしょうね。
6. 夫：この家も｛a すでに　b とっくに　c 今に｝古くなって、住めなくなるだろうね。そのときはどうする？
   妻：先のことなんかわからないわ。
7. ご来館の皆様、今、6時5分前です。｛a まもなく　b そのうち　c いずれ｝閉館になります。
8. あんな人とは｛a とっくに　b かつて　c いずれ｝別れたわ。今は別の人とつきあっているのよ。
9. 消防車が着いたときには、家は｛a すでに　b かつて　c 今に｝半分燃えてしまっていた。
10. そんなに働いたら｛a とっくに　b すでに　c 今に｝病気になってしまうよ。
11. 先輩：木村先生のレポート、早く出したほうがいいよ。
    後輩：あ、先輩、ご心配なく。｛a まもなく　b とっくに　c かつて｝出しましたから。
12. 日本は｛a かつて　b まもなく　c いずれ｝絹の産業が盛んだった。
13. バスは｛a すでに　b まもなく　c いずれ｝東京駅に到着いたします。お忘れ物のないようにお願いいたします。
14. 母：あの子、勉強する気があるのかしら。
    父：高校生になれば｛a すでに　b かつて　c そのうち｝やる気が出るよ。気長に待とうよ。
15. ｛a すでに　b とっくに　c いずれ｝あなたも親になれば、今のわたしの気持ちがわかるでしょう。

POINT ポイント2　否定の文とともに使う副詞
(Adverbs used with negative sentences / 与否定句一起使用的副词 / 부정문과 함께 쓰는 부사)

＜初級では＞　この問題は**全然**難しく**ない**です。

　　　　　　　バスが**なかなか**来**ません**ね。

　　　　　　　きょうは**あまり**暑く**ない**ですね。

　　　　　　　わたしは**一度も**スキーをしたことが**ありません**。

全く	全否定	この映画、**全く**おもしろく**ない**ね。 このごろ**全く**暇が**ない**んだ。
それほど そんなに そう	程度が高くない	このパン、**それほど**おいしく**ない**。 今は**そんなに**生活に困ってい**ません**。 最近は**そう**忙しく**ない**です。
たいして	程度が高くない (話し言葉的)	きょうは**たいして**仕事が進ま**なかった**。 北海道では夏でも**たいして**暑く**ない**。
めったに	回数が少ない	わたしは**めったに**映画を見**ない**。 この地方には**めったに**雪は降ら**ない**。
必ずしも	部分的に否定	日本人が**必ずしも**日本語ができるとは限ら**ない**。 **必ずしも**わたしに責任があるとは言え**ない**。
何も	必要ない	**何も**新しい物を買わなくてもいい。借りればいい。 **何も**そんなに怒ら**なく**たっていいじゃないか。
一向に	変化がない	体の調子は**一向に**よくなら**ない**。 ダイエットしているのに**一向に**体重が減ら**ない**。

問題2 どちらか適当な方を選びなさい。

1. 日本の映画？　わたしは｛a めったに　　b 一向に｝見ないんですよ。
2. この本の内容が｛a めったに　　b 全く｝理解できません。
3. 高い化粧品が｛a 何も　　b 必ずしも｝いいとは言えませんよね。
4. あの人とは今｛a 全く　　b 一向に｝関係ありません。
5. ｛a たいして　　b 何も｝そんなに怒らなくてもいいでしょう。ちょっとたばこを吸っただけで。
6. わたしはもともと酒は｛a 一向に　　b たいして｝好きじゃないんです。
7. コンサートが始まってしまったのに、彼女は｛a そんなに　　b 一向に｝姿を現さなかった。
8. このごろぼくは｛a 全く　　b 必ずしも｝酒は飲んでいないんだよ。一杯も飲んでいないよ。
9. よくしゃべる人が｛a めったに　　b 必ずしも｝明るい人だとは言えませんよね。無口な人でも明るい人がいます。
10. このカレー、｛a こんなに　　b そんなに｝辛くないね。

15課　決まった使い方の副詞

POINT ポイント3　条件の文とともに使う副詞
(Adverbs used with conditionals / 与条件句一起使用的副词 / 조건문과 함께 쓰는 부사)

＜初級では＞　もし今地震が起きたらどうしますか。
　　　　　　　どんなにがんばってもだめだ。

仮定条件	もしも	もしも宝くじにあたったら、何に使いますか。 もしも子ども時代に戻れたら、いろいろやり直せるのに。
	仮に	仮に家を買うとしたら、どんな家がいいですか。 仮にあなたが親だったら、どう考えるでしょうか。
	万一	万一飛行機に乗り遅れたら、どうすればいいですか。 万一事故が起きた場合、すぐ連絡してください。
逆接条件	たとえ	たとえ何と言われても、自分の意見をはっきり言おう。 たとえわずかでも、寄付を続けようと思う。
	いくら	いくらがんばったって、もう間に合わないよ。 わたしはいくら疲れていても、必ず自分で食事を作る。
	仮に	仮に親が反対するとしても、わたしは計画を変えない。 仮に家を買うとしても、あと10年先の話だ。
	万一	万一重い病気になっても、わたしはがんばれると思う。 万一電車が止まっても、タクシーで行けばいい。

問題3 どちらか適当な方を選びなさい。

1. もし { a 暇ができたら　　b 春が来たら }、ハイキングに行こう。
2. もしも { a 病気になったら　　b 高齢になったら }、だれに相談すればいいかな。
3. 仮に、世の中に人間しか { a いないのは　　b いないとしたら }、どんな感じだろうか。
4. 万一子どもが { a ご飯を食べた場合は　　b この薬を口に入れた場合は }、すぐ水をたくさん飲ませてください。
5. たとえいい材料が { a ないと　　b なくても }、おいしい料理を作れますよ。
6. たとえ { a 留学するとすれば　　b 留学するとしても }、3年後になるだろう。
7. いくら { a 頼まれても　　b 頼めば }、嫌なことはやりたくない。
8. いくら頭が { a いい人でも　　b 悪い人でも }、この計算はできないだろう。
9. 仮に大きい地震が { a 起きたとしたら　　b 起きたとしても } この家は大丈夫だろう。
10. 万一電気が { a 止まったら　　b 止まっても }、どうしようか。

POINT ポイント4　変化を表す文とともに使う副詞
(Adverbs used with sentences that show change / 与表示变化的句子一起使用的副词 / 변화를 나타내는 문장과 함께 쓰는 부사)

<初級では>　だんだん暗くなります。
　　　　　　子どもはどんどん背が伸びます。

変化の程度	一段と	前の程度とははっきり差がある	今朝は一段と寒くなりましたね。 少しお酒を入れたら、一段といい味になった。
	ますます	変化が続いて前よりもっと	このごろますますきれいになりましたね。 最近仕事の量がますます増えた。
	すっかり	完全に、非常に変化した	あたりはすっかり暗くなった。 まあ、太郎君、すっかり大人になったね。
変化の速度	次第に	変化が少しずつ	退院後、次第に体力がついてきた。 入社して5年目、次第に給料が上がってきた。
	徐々に	変化がゆっくり	これからは徐々に景気が回復するだろう。 少子化は今後も徐々に進むと思う。
	見る見るうちに	変化が目で見えるほど速い	皿の上の氷が見る見るうちに溶けた。 大雨で、川の水が見る見るうちに増えていく。

問題4　どちらか適当な方を選びなさい。

1．夜中から雪が降り出した。朝には｛a 徐々に　　b すっかり｝白い世界になっていた。
2．まあ、花子ちゃん、3年前に比べて｛a 徐々に　　b 一段と｝背が高くなりましたね。
3．この家も買った当時はいい家だったが、｛a 次第に　　b 見る見るうちに｝古くなってきた。
4．若いときから歴史に興味があったが、このごろ｛a 次第に　　b ますます｝歴史の勉強が好きになった。
5．彼女が乗った飛行機が空港から飛びたって、｛a 一段と　　b 見る見るうちに｝遠くへ行ってしまった。

6．古い家を修理したら｛a すっかり　b 徐々に｝きれいになって、新しい家みたいになりました。

7．元気だった祖母は、年とともに食欲も体力も｛a ますます　b 徐々に｝なくなってきた。

8．おかげさまで、このごろ｛a すっかり　b 見る見るうちに｝元気になりました。

9．夜が明けて、あたりが｛a ますます　b 次第に｝明るくなってきた。

10．たくさんぎょうざを作ったが、みんなで食べたので｛a 一段と　b 見る見るうちに｝なくなった。

POINT ポイント5　話者の気持ちを表す文とともに使う副詞
(Adverbs used with sentences that shows the speaker's feelings /
与表示说话人感受的句子一起使用的副词 / 말하는 사람의 느낌을 표현하는 문장과 함께 쓰는 부사)

<初級では>　依頼・願望の文とともに　　ぜひうちへおいでください。
　　　　　　推量の文とともに　　　　　あしたはたぶんいい天気でしょう。
　　　　　　　　　　　　　　　　　　　あなたはきっと合格するでしょう。

依頼・願望の文とともに使う副詞

どうか	頼む気持ちを強調する	どうか合格しますように。 サンタさん、どうかわたしにプレゼントを持ってきてください。
くれぐれも	十分にという気持ちを込める （手紙などで）	ご家族のみなさんにくれぐれもよろしくお伝えください。 くれぐれもお体を大切にしてください。
何とかして	困難なことだが という気持ちを含む	何とかしてきょう中にやってほしいんです。 来年は何とかして仕事を見つけたい。

推量を表す文とともに使う副詞

おそらく	心配しながら 推量する	工事はおそらく今年中には終わらないだろう。 おそらく父は本当の病名を知っていたのだろう。
どうも どうやら	不確かな推量	どうも風邪を引いたようだ。 今晩はどうやら雪になるらしい。 この店にはどうやらわたしがほしい本はなさそうだ。
もしかしたら もしかすると	自信のない推量	きょうはもしかしたらいいことがあるかもしれない。 もしかしたら彼はあなたが好きなんじゃないかな。
さぞ	感情を込めた 推量（思いやり）	さあ、お入りください。外はさぞ寒かったでしょう。 何年ぶりかで国に帰る。家族がさぞ喜ぶことだろう。
まさか	可能性がないと 推量する	コンピューターの計算にまさかミスはないだろう。 これはまさかうそじゃないでしょうね。

問題5　適当でないものが一つあります。×をつけなさい。

例　先生、ぜひ、わたしの国へ
　　　a 来てください。
　　×b いらっしゃいました。
　　　c おいでください。

1. あしたは運動会です。どうか
　　　a 晴れるでしょう。
　　　b 晴れますように。
　　　c いい天気にしてください。

2. 国へお帰りになるんですか。では、くれぐれも
　　　a お体に気をつけて。
　　　b わたしは心配です。
　　　c ご両親によろしく。

3. 何とかしてきょう中にこの仕事を終りに
　　　a できます。
　　　b したいです。
　　　c してください。

4. 田中さんは「来たい」と言っていたが、おそらく
　　　a 来ないだろう。
　　　b 来ないに違いない。
　　　c 来なかった。

5. あしたはこの辺りでも、どうも雪が
　　　a 降るらしい。
　　　b 降ってほしい。
　　　c 降るようだ。

6. もしかしたら10月に家族みんなでアメリカへ
　　　a 行くかもしれない。
　　　b 行こう。
　　　c 行くんじゃないか。

7. 仕事が途中なんだから、まさか彼が突然
　　　a 帰国することはないだろう。
　　　b 帰国するだろう。
　　　c 帰国するとは思えない。

8. お子さんが生まれたんですか。おめでとう。
　　みなさんさぞ
　　　a お喜びでしょう。
　　　b 大切にしてください。
　　　c 安心なさったでしょう。

まとめ どちらか適当な方を選びなさい。

＜店の前で＞

田中：あ、先輩、アルバイトの面接に来たんですが…。

先輩：ああ、田中君、

アルバイトの面接はとっくに①｛a 終わったよ　b 終わると思うよ｝。もう少し早く来なければだめだよ。

田中：すみません。でも、残念だなあ。

こんないいバイト、めったに②｛a ある　b ない｝のに…。

先輩：そんなにいいバイト③｛a だよ　b じゃないよ｝。給料がいいアルバイトが必ずしもいいバイト④｛a と限るよ　b とは限らないよ｝。

＜田中君の日記-1＞

　きょうバイトの面接に行ったが、時間を間違えてしまった。面接はすでに⑤｛a 終わった　b 終わっていた｝。残念だったが、先輩の話ではそのバイトはたいして⑥｛a いい　b よくない｝そうだ。どうやら彼はそのバイトを辞めたい⑦｛a ようだ　b そうだ｝。もしかしたら、もう別のバイトを⑧｛a 決めたわけだ　b 決めてあるのかもしれない｝。先輩には「どうかまた⑨｛a 探したいです　b よろしくお願いします｝」と言って帰ってきた。

　そのうちいいバイトが⑩｛a 見つかっていた　b 見つかるだろう｝。

＜1週間後＞

田中：先輩、今度はどんなバイトなんですか。

先輩：君は体は大丈夫？

田中：はい、全く⑪｛a 問題はありません　b 問題が少しあります｝。

先輩：これはきつい仕事だよ。
　　　おそらく1週間で⑫｛a 辞めたくなると思うよ　b 辞めたほうがいいよ｝。

田中：たとえ辞めたく⑬｛a なったら　b なっても｝1か月は続けてみます。

先輩：かつてぼくもそんな気持ち⑭｛a だったけどね　b だけどね｝。

田中：どんな仕事なんですか。
　　　まさか 悪い仕事⑮｛a ですか　b じゃないでしょうね｝。

先輩：山の上に重い荷物を運ぶ仕事だよ。

田中：……。

＜田中君の日記-2＞

ぼくはこのアルバイトをやることにした。
何とかして1か月は⑯｛a 続けたい　b 続くだろう｝。

16課 接続の言葉

Conjunctions
接续用语
접속의 말

文章を読むときも書くときも、文と文をつなぐ言葉（接続詞）は大切な役割を果たします。その言葉によって次に続く文が予想されるからです。初級では「それから」「しかし」などを学習しました。中級レベルではさらにいろいろな意味の接続詞が出てきます。

STARTING TEST スタートテスト

問題 どちらか適当な方を選びなさい。

1. ＜店で＞　娘：お母さん、この服かわいい！　けど、ちょっと高いね。
   ｛a でも　　b それなのに｝約束したんだから、買ってね。

2. 母：ほんとに、ちょっと高いわね。｛a なお　　b それに｝色もよくないし…。

3. 娘：でも、試験が終わったら、買ってくれるって言ったでしょ。
   ｛a だから　　b したがって｝わたし、すごく勉強したんだから。

4. 母：ほんとに、よく勉強してたわね。でもねえ…。
   娘：お母さん「試験が終わったら」って言ったでしょ。
   ｛a だが　　b それなのに｝買ってくれないなんて、だめだよ！

5. ＜娘の日記＞　きょうで試験が終わった。試験はだいたいできた。
   ｛a なお　　b もっとも｝一度やったことがある問題ばかりだったが…。

6. ＜家＞　家を建てることになった。家は生活をする上で最も大切な場所である。
   ｛a しかも　　b もっとも｝一生に一度か二度しかできない高い買い物である。
   どんな家がいいか、家族5人でずいぶん話し合った。

7. ｛a それで　　b しかし｝みんながいいと思う家というのは難しい。家族一人一人の好き嫌いは複雑である。

8. ｛a その上　　b なお｝子どもは自分のことばかり言う。弟と同じ部屋では嫌だとか、自分は犬といっしょに寝る、とか…。

9. ｛a すると　　b そこで｝わたしは大切なところは子どもの意見は聞かないで、夫婦だけで決めることにした。もちろん子どもたちは反対した。

10. ｛a ところが　　b なお｝最後には、子どもたちの好きな家ができあがったのだ。

POINT ポイント1　逆接的なことを言う文が続く
(Conjunctions that precede a sentence of adversative conjunction / 后接与前面句子意思相反的句子 / 역접적인 내용의 문장이 온다)

＜初級では＞　このみかんは小さい。しかし、とても甘い。

　　　　　　　バイクがほしいです。でも、今はお金がありません。

　　　　　　　天気予報は雨でした。けれども、いい天気になりました。

1．だが　⇒　前の文とは合わないことを言う文が続く。「しかし」より硬い。
　・もう一度検査をしてみた。だが、結果は同じだった。
　・熱がある。だが、きょうは仕事を休めない。
　・きょうも暑い日だった。だが、空気が乾いていて気持ちのいい暑さだった。

2．ところが　⇒　前の文から予期したことと逆のことを言う事実文が続く。意外感。
　・新しい靴を買った。ところが、すぐだめになってしまった。
　・朝はきれいな青空だった。ところが、午後から急に天気が悪くなった。
　・彼に会えると思って同窓会に参加した。ところが、彼は来なかった。

3．それなのに　⇒　前の文から考えて当然ではないことを言う事実文が続く。驚き、不満。
　・大雨が降っている。それなのに、選手たちは練習を続けている。
　・高い化粧品を使っている。それなのに、肌がきれいにならない。
　・あの子はまだ8歳だ。それなのに、敬語を上手に使う。

4．それでも　⇒　前の文の事実があっても、それに影響されないと言う文が続く。
　・親が心配することはわかっている。それでも、わたしは一人で外国へ行く。
　・治療費はとても高い。それでも、病気を治すためには入院しなければならない。
　・この家はもう古いし、不便だし、きれいでもない。それでも、わたしはこの家に住み続けたい。

問題1−1 どちらか適当な方を選びなさい。

1. 風邪を引いてしまった。だが、｛a あしたは休めない。
　　　　　　　　　　　　　　　　b 熱があるのだ。

2. 家をリフォームした。ところが、｛a お金が必要だった。
　　　　　　　　　　　　　　　　b 逆に不便になってしまった。

3. わたしはていねいに説明したのだ。それなのに、｛a 言葉が難しかったらしい。
　　　　　　　　　　　　　　　　　　　　　　　b 彼は理解しようとしない。

4. 父の年ではもうスキーは無理だ。それでも、父は｛a スキーに行きたいと言っている。
　　　　　　　　　　　　　　　　　　　　　　　b スキーでけがをした。

問題1−2 どちらか適当な方を選びなさい。

1. この子はまだ3歳になったばかりよ。{ a だが　　b でも } わたしの気持ちがよくわかるのよ。
2. いつもの彼はちゃんと時間を守る。{ a ところが　　b それでも }、その日はいくら待っても彼は来なかった。
3. 台風が近づいている。{ a ところが　　b それでも } 仕事に出かけよう。
4. この実験はお金がかかる。{ a だが　　b それなのに } 必ず実行するつもりだ。
5. 最近寒い日が続いている。{ a しかし　　b それなのに } もうすぐ春が来るだろう。

| POINT | ポイント2 | 帰結を述べる文が続く
(Conjunctions that precede a sentence expressing a conclusion / 后接述说结果、结论的句子 / 귀결을 말하는 문장이 온다) |

＜初級では＞　お金が足りない。**だから**、アルバイトをしなければならない。

1. **そのため** ⇒ はっきり結果を述べる文（事実の文、主によくない結果）が続く。
   - 昨晩は風が強かった。**そのため**、飛行機が1時間も遅れた。
   - 今年の夏は涼しかった。**そのため**、果物が昨年ほど甘くない。
   - 会社の仕事はストレスが多い。**そのため**、体の具合が悪くなる人もいる。

2. **それで** ⇒ 結果やなりゆきを弱く述べる文（事実の文）が続く。
   - 隣にマンションが建つことになった。**それで**、今困っている。
   - もうすぐ夏休みです。**それで**、子どもたちはとてもうれしそうです。
   - きょうは体の具合が悪かった。**それで**、アルバイトに行けなかった。

3. **したがって** ⇒ 論理的な結果を述べる文が続く。（書き言葉的）
   - 工事は遅れている。**したがって**、完成は来年3月ごろになる。
   - 日本は地震が多い。**したがって**、どんな建物でも地震が起きたときのことを考えておかなければならない。
   - AとBは等しい。BとCは等しい。**したがって**、AとCは等しい。

4. **すると** ⇒ 前の文が契機となって起こったこと、発見したことを表す文が続く。
   - 窓を開けた。**すると**、かわいい小鳥が入ってきた。
   - テレビをつけた。**すると**、おもしろい番組をやっていた。
   - 昔の友だちに手紙を出した。**すると**、すぐに返事が来た。

5. **そこで** ⇒ 前の文を理由として、意志的に行った行為を表す文が続く。
   - 食堂はいつも込んでいる。**そこで**、わたしは弁当を持っていくことにした。
   - 好きな小説が映画になった。**そこで**、わたしはすぐ見に行った。
   - どの漢字テキストがいいのかよくわからない。**そこで**、店員に聞いてみた。

問題2-1 どちらか適当な方を選びなさい。

1. この町は交通が不便である。そのため、｛a 車で通勤したらどうか。
   　　　　　　　　　　　　　　　　　　b 車で通勤する人が多い。

2. 実験がうまくいかなかった。それで、｛a もう一度やり直そう。
   　　　　　　　　　　　　　　　　　b もう一度やり直さなければならない。

3. 1日5時間、1週間に4日働いている。
   したがって、｛a 週20時間働いていることになる。
   　　　　　　　b もっと仕事を増やしたい。

4. わたしは病院でもらった薬を飲んだ。すると、｛a ベッドに入った。
   　　　　　　　　　　　　　　　　　　　　　　b すぐに眠くなった。

5. 体重を減らさなければならない。そこで、｛a 毎日駅まで歩くことにした。
   　　　　　　　　　　　　　　　　　　　　b ちょっと困っている。

問題2-2 最も適当なものを選びなさい。

1. 今年の冬は暖かかった。｛a そのため　b すると　c そこで｝桜が咲くのも早かった。

2. ラジオのスイッチを入れた。｛a それで　b したがって　c すると｝懐かしい音楽をやっていた。

3. この三角形の3辺の長さは等しい。｛a そのため　b したがって　c そこで｝これは正三角形である。

4. 今年の夏は記録的な暑さだった。｛a そのため　b すると　c そこで｝、電気の使用量も今までで最高だった。

5. どの候補者がいいかわからない。｛a したがって　b すると　c そこで｝選挙の演説会に行ってみることにした。

6. 法律を変えるという計画が発表された。
   ｛a したがって　b すると　c そこで｝反対運動が各地で起こった。

POINT ポイント3 補足的に述べる文が続く
(Conjunctions that precede a sentence providing extra information / 后接补充说明的句子 / 보충적으로 말하는 문장이 온다)

1. ただし ⇒ 前の文に断り書きとして条件や例外を付け加える文が続く。
   事務的な場面で使う。
   ・月曜日は休館です。ただし、月曜日が祭日の場合は、火曜日が休館です。
   ・このドッグランでは犬を自由に遊ばせることができます。ただし、必ず飼い主が見ていてください。
   ・人形作りの講習会には無料で参加できます。ただし、材料費は実費をいただきます。

2. なお ⇒ 補足的な説明や別の説明を加える文が続く。改まった場面で使う。
   ・このばら園では一年中いろいろな種類のばらが見られます。なお、園芸の講習会も行っています。
   ・詳しいことは案内書でお知らせします。なお、ホームページでもご覧いただけます。
   ・本日のプログラムは全部終了しました。なお、来週は祭日のため、次回は再来週になります。

3. もっとも ⇒ 前の文に部分的な訂正をする文が続く。
   ・今度のテストはよくできた。もっとも、問題も前のより易しかったが。
   ・明日から5日間旅行に出かけます。もっとも、現地にいるのは3日だけです。
   ・わたしの趣味は写真。花や山の写真をよく撮っています。もっとも、始めてまだ1年ですけど。

4. ちなみに ⇒ 関係がある情報を加える文が続く。
   ・結婚記念日は5月18日です。ちなみに、この日はわたしの誕生日です。
   ・横浜は港町としても有名だ。ちなみに、横浜が港を開いたのは1859年である。
   ・わたしは花が好きです。花を見ていると幸せな気分になります。ちなみに、うちの猫の名前も「ハナ」です。

16課 接続の言葉

問題3-1 どちらか適当な方を選びなさい。

1．車でご来館の方のために、東側に駐車場があります。
　　ただし、｛a 駐車料は無料です。
　　　　　　b 駐車料は有料です。

2．全国盆踊り大会には日本中から30団体が参加することが決まっています。
　　なお、｛a 海外からの参加もあります。
　　　　　b 参加を希望する団体はありませんか。

3．彼はケーキ職人として自立しようとしている。
　　もっとも、｛a 本当の自立までは先が長い。
　　　　　　　b これこそが彼の夢だったのだ。

4．松田市長は次回の選挙にも立候補するようだ。
　　ちなみに、｛a 投票率はどうだろうか。
　　　　　　　b 松田市長は72歳。すでに12年間市長をしている。

問題3-2 どちらか適当な方を選びなさい。

1．遅刻した人は試験の会場に入れません。｛a ただし　b もっとも｝電車の事故などで遅れた場合は申し出てください。

2．わたしは色の中では紫、花の中ではあじさいの花がいちばん好きなのよ。｛a なお　b ちなみに｝この花は漢字で「紫陽花」と書くの。

3．面接会場は2階の202号室です。
　　｛a もっとも　b なお｝トイレは1階と3階です。

4．きのう初めてシチューを作ってみた。｛a もっとも　b なお｝市販のソースを使ってただ煮込むだけのものだが。

5．見学会の参加費は無料です。｛a ただし　b ちなみに｝交通費は自分で払ってください。

POINT　ポイント4　追加したいことを述べる文が続く
(Conjunctions that precede a sentence providing additional information / 后接写有想予以追加内容的句子 / 추가하고 싶은 내용을 말하는 문장이 온다)

＜初級では＞　雨が降っている。それに、風も強い。

1．また　⇒　関連のある別のことを並べる文が続く。
・昨年の夏はパリに行った。また、年末にはハワイにも行った。
・きのう秋田県は大雪だった。また、風も強かった。
・パーティーではわたしがお客様を案内した。また、お客様を紹介するスピーチもわたしがやった。

2．その上　⇒　前文に加わることを表す文が続く。
・夏休みに練習問題の宿題がたくさん出た。その上、作文の宿題もある。
・この町には文化施設が多い。その上、子どものための遊び場も多い。
・食堂のメニューはどれも安い。その上、おいしいし、栄養のバランスもいい。

3．しかも　⇒　前文以上のこと、または逆接的なことを加える文が続く。
・この店の品物はとてもいい。しかも、値段が安い。
・20ページぐらいのレポートを書かなければならない。しかも、明日までに、だ。
・彼女は仕事がとても速い。しかも、ミスがほとんどない。
・この掃除機はごみを吸い取る力が非常に強い。しかも、消費電力は少ない。

4．そればかりか　⇒　前文のことだけではなくほかのこともある、という意味の文が続く。
・大学生の学力が低下している。そればかりか、がまんする力がない人が多い。
・入社試験はとても難しかった。そればかりか、あいさつのしかたや電話のかけ方までやらされた。
・留学時代、保証人はわたしにいろいろなことを教えてくれた。そればかりか、時々お金をくれた。

問題4 どちらか適当な方を選びなさい。

1. 明日、昼は部長会議がある。また、夜は ｛ a 営業部員との話し合いがある。
　　　　　　　　　　　　　　　　　　　　b 久しぶりで早く帰れる。

2. いとこのうちではやぎ、犬、うさぎ、にわとりなどを飼っている。
　　その上、｛ a 猫がいない。
　　　　　　b 花もいろいろ育てている。

3. 田中先生はいつも易しい言葉で説明する。しかも、｛ a 教える内容は高度だ。
　　　　　　　　　　　　　　　　　　　　　　　　　b わかりやすい。

4. わたしの兄は、だれにも言わずにぶらりと旅行に出かけることがある。
　　しかも、｛ a 目的地さえ決めていないようだ。
　　　　　　b 目的地ははっきり決めているようだ。

5. この店の品物はデザインもよくて、丈夫だ。その上 ｛ a 値段も高くない。
　　　　　　　　　　　　　　　　　　　　　　　　　　b 値段は高い。
　　そればかりか ｛ a 店員が商品の説明がよくできない。
　　　　　　　　　b 店員が親切に商品の説明をしてくれる。

まとめ1 ☐から最も適当なものを選んで、その記号を_____の上に書きなさい。

A ｜ a ところが　b そのため　c すると　d そこで　e ただし

1. インフルエンザが流行している。_____、休校になる学校が増えている。
2. リトマス試験紙を入れてみた。_____、すぐに色が変わった。
3. ニュースで入梅が発表された。_____、いい天気の日が続いている。
4. ここは駐車禁止です。_____、大きい荷物を下ろすために、長時間車を止める場合などは申し出てください。
5. これまでの実験方法には問題点が多い。_____、わたしは別の方法を試してみた。

B　| aそれでも　bしたがって　cなお　dもっとも　eしかも |

1. この仕事は給料も安いし、気持ちも疲れる仕事だ。_____、わたしはこの仕事を続けたい。
2. この絵本の原画展は2階ホールで6月1日から7日までです。_____、初日はサイン会もあります。
3. ここ数日暑い日が続いている。_____、湿度もかなり高い。
4. この会の参加者は56人、会費は一人3,000円である。_____、当日の収入は168,000円になる。
5. わたしは3食ちゃんとうちで食事をします。_____、おかずはできたものを買いますが…。

C　| aだが　bすると　cそこで　dしかも　eもっとも |

<ごみ問題>（1〜5までの文は一つのまとまった文です。）

1. ごみ問題についてはいろいろな問題点が出ている。_____、なかなかいい解決案が出てこない。
2. この問題は複雑である。_____、わたしたちの生活の上で大切な問題だから、知っておいたほうがいいと思った。
3. _____、わたしは、「ごみ問題」をインターネットで調べてみた。
4. _____、たくさんの情報が出てきた。
5. _____、すぐに毎日の生活に役立つ情報は多いわけではなかったが…。

まとめ2　次の接続詞をどこに入れればいいですか。（　　　）の中に書きなさい。接続詞を入れないところには×を書きなさい。

例　| しかし　だから |

きょうはとても暑い。（ **×** ）、34度もある。（ **だから** ）、体の具合がよくない。（ **しかし** ）、この暑さもあともう少しだ。

1. だが　しかも
　わたしたちは新聞を読んで人間社会の姿を知る。（　　　）、新聞を通して知る人間社会は実際の姿そのものではない。（　　　）、新聞記者によって書かれた「第二の真実」なのである。（　　　）、記事は新聞社の方針からはずれないようにして書かれている。

2. すると　そこで
　長い間同じ新聞を読んでいると気がつかないことがあるだろう。（　　　）、わたしはある時、3社の新聞を読んで比べてみた。（　　　）、同じ社会問題でも扱い方がだいぶ違うことがわかった。（　　　）、記事の書き方が違うだけではなく、扱い方を軽くするか重くするかにも差がある。

3. それで　また
　わたしは将来、新聞社で仕事をしたいと思っている。（　　　）、新聞の報道は注意して読むようにしている。（　　　）、週刊誌にもとても関心がある。（　　　）、良くも悪くもマスコミの持つ影響は大きいと思う。

4. それでも　もっとも
　今まで何度か新聞の投書欄に投書したことがある。（　　　）、実際に採用されたのは2回だけだが。（　　　）、一生懸命書いたのに新聞に載らないとがっかりする。（　　　）、あきらめないで時々投書文を書こうと思う。

5. そればかりでなく　ちなみに
　投書文を書くのはものを考えるいい練習になる。（　　　）、自分の意見を整理できるからだ。（　　　）、ほかの人の意見にも関心を持つようになる。（　　　）、おととい書いた文の題は「まず聴こう」というものだった。

■コラム

感情・呼びかけ・応答などに使われる言葉

会話で次のような言葉がよく使われます。

	どんなとき？	例文
ああ	感動・感情・感覚	ああ、きれいねえ、この花。 ああ、疲れた。
あっ	見て驚いたとき 気がついたとき	あっ、危ない！ あっ、バスが来た。
あれ	意外・疑問	あれ、これ、だれのかな。 あれ、わたしの傘がない。
おや		おや、これは何だろう。 おや、変なにおいがしますね。
あのう	言い出すとき	あのう、すみませんが…。 あのう、これ、使ってもいいでしょうか。
ええと	考えているとき	全部で、ええと…、いくらかな。 この漢字の読み方は、ええと…。
えっ	話を聞いて驚いたとき	えっ、本当ですか。 えっ、10万円？　高すぎますよ。
さあ	相手に行動を促すとき	さあ、始めましょう。 さあ、みんなで歌おうよ。
	よくわからないとき	この薬がいいかどうか？　さあ、わかりません。 あの人の住所？　さあ、知りません。
あら	軽い驚き（女性が使う）	あら、こんなところにハンカチが落ちてる。 あら、雨が降ってきた。
まあ	感動（女性が使う）	まあ、田中さん、お久しぶりですね。 まあ、太郎君、大きくなったわね。

17課 語彙を広げる

Expanding your vocabulary
扩充语汇
어휘를 넓히다

言葉にある意味を持つ別の言葉を加えることによって、その言葉の意味が広がります。

STARTING TEST スタートテスト

問題Ⅰ どちらか適当な方を選びなさい。

1. 新聞を読むといろいろな話が出ている。あり { a 得ない　b かける } ような話もある。
2. 仕事の合間に4年かかって1,000キロを歩き { a ぬいた　b かけた } 人がいるそうだ。
3. どんなことも、長くやり { a 通す　b かける } というのは大変なことだ。
4. 料理を作り { a 通した　b かけた } まま電話で長話をしていて、火事になったという記事もあった。
5. きのうのサッカーの試合では、選手たちは力を全部出し { a 通して　b きって } 勝った。こういう話はうれしい。

問題Ⅱ □ から最も適当なものを選んで、＿＿＿の上に書きなさい。

| 気味　っぱなし　め　だらけ　っぽい |

花子さんは20年前に田中さんと結婚しました。

1. 結婚したころの花子さんはスマートでしたが、今は食べる量が多＿＿＿で、太っています。
2. 花子さんは昔はよく掃除をしましたが、最近は風邪＿＿＿だと言って寝てばかりいます。
3. それで、部屋も台所もごみ＿＿＿です。
4. 花子さんはテレビを見ていないときも、テレビをつけ＿＿＿にしています。
5. 田中さんも昔は優しい人でしたが、今はかなり怒り＿＿＿です。

POINT ポイント1 動詞の意味を広げる言葉
(Expressions used to expand the meaning of a verb / 扩充动词意思的用语 / 동사의 의미를 넓히는 말)

<初級では> わたしは4歳からピアノを習い始めました。
父は83歳まで働き続けました。
もう作文を書き終わりましたか。

作り方　動詞（ます）＋ 〜
用法　　動詞にいろいろな意味を添える。

1．〜かける ⇒ 動作を始めたがまだ途中の段階。
・手紙を書きかけたが、大切な用事を思い出して外出した。
・彼女はコーヒーを飲みかけのまま、どこへ行ってしまったんだろう。
・この町に来たら、忘れかけていた昔のことを思い出した。

2．〜きる ⇒ 最後まで〜する、十分〜する。
・油が少しだけ残っているから、使いきってしまいましょう。
・短時間で読みきれる短編小説が好きだ。
・人間は1年に1歳年をとるということは、わかりきったことだ。

3．〜ぬく ⇒ がんばって最後まで〜する。
・これは一晩中考えぬいて出した結論です。
・このマラソン大会は最後まで走りぬくことに意義があるのだ。
・全力を尽くして戦いぬこう。

4．〜通す ⇒ 状態を最後まで変えないで貫く。
・彼は30年間がんばり通して今の会社を作ったのだ。
・3歳の子どもが10キロの道を歩き通して隣の町まで行った。
・母は自分の病気のことをわたしに聞いたが、わたしは最後まで黙り通した。

17課 語彙を広げる

5．～得る（うる／える）　⇒　～することができる、可能性がある。
- 考え得る方法はみんなやってみたが効果はなかった。
- このビルが倒れるなんて、そんな事故が起こり得るだろうか。
- あの人が結婚？　あり得ないよ。そんなこと。

6．～かねる　⇒　13課

問題1 最も適当なものを選びなさい。

1. 彼は90年間厳しい人生を生き｛a かけた　b ぬいた　c 得た｝。
2. 長い間わたしはこの意見を主張し｛a かけて　b 通して　c 得て｝、とうとう認められた。
3. あきらめないで最後までやり｛a かけよう　b ぬこう　c 得よう｝。
4. こういうことになるとはだれも想像し｛a きれなかった　b 通せなかった　c 得なかった｝。
5. B5サイズのコピー用紙はもう使い｛a きって　b ぬいて　c 通して｝しまいました。
6. あり｛a きれない　b 通せない　c 得ない｝ことが起こってしまったんですよ。
7. ここにある商品を全部売り｛a かけてから　b きってから　c 通してから｝新しい商品を並べよう。
8. 洗面所には使い｛a かけの　b ぬきの　c 通しの｝化粧品がいろいろ並んでいる。母が次々に買うからだ。
9. 家を出てちょっと歩き｛a かけたが　b 通したが　c 得たが｝、忘れ物を思い出して家に戻った。
10. わたしの頭の中にあるアイディアは出し｛a かけて　b きって　c 得て｝しまった。もう頭の中は空っぽだ。
11. 水泳クラブのトレーニングで、太郎は1,000メートルを泳ぎ｛a きった　b 通した　c 得た｝。

POINT ポイント2 　様子・傾向の意味を加える言葉
(Expressions to add a description of the state or tendency of something / 添加表示动向、傾向意思的用语 / 상황·경향의 의미를 더하는 말)

＜初級では＞　先生の説明はいつもわかりやすいです。
　　　　　　　字が小さくて読みにくいです。
　　　　　　　このシャツ、わたしには小さすぎます。

作り方　動詞（ます）、イ形容詞い、名詞 ＋　〜
用法　　動詞、形容詞、名詞にいろいろな意味を添える。

1. **〜がち** ⇒ そうなりやすい傾向がある。（マイナスの評価）
 ・最近、曇りがちの天気が続く。
 ・雨のち晴れの日は電車の中に傘を忘れがちです。気をつけましょう。
 ・1時と7時の聞き違いはありがちなことですね。

2. **〜気味** ⇒ 少し〜の傾向がある。
 ・きょうはちょっと風邪気味だから早く寝よう。
 ・このごろ運動不足で太り気味なんです。
 ・最近疲れ気味だ。体のどこかが悪いのかな。

3. **〜っぱなし** ⇒ 〜して元に戻さなければならないのに、そのままの状態。
 　　　　　　　　　（マイナスの評価）
 ・ほら、バターが出しっぱなしよ。ちゃんと冷蔵庫にしまって。
 ・ドアを開けっぱなしにしないでください。
 ・服の脱ぎっぱなしはだめよ。ハンガーにかけておいてね。

4. **〜きり** ⇒ 〜した後、それに続くはずのことが起こらない状態。
 ・叔父は10年前にブラジルに行ったきり、もう長い間連絡がない。
 ・「わたしは家を出ます」と言ったら、夫は目をつぶったきり何も言わなかった。
 ・正夫は朝から部屋に入ったきり、呼んでも出てこない。

5. ～だらけ ⇒ よくないものがたくさんある。（マイナスイメージ）
・このテスト、間違いだらけだね。もっと勉強しなさい。
・子どもたちが砂場で泥だらけになって遊んでいる。
・大切なアルバムがほこりだらけになっている。

6. ～っぽい ⇒ ～の感じがする、よく～してしまう。
・あの黒っぽい服を着た人はどなたですか。
・彼女はいつまでも子どもっぽいね。
・父はこのごろ怒りっぽくなった。

7. ～め ⇒ 程度が少し～だ。
・大きめの軽い傘はありませんか。
・わたしは辛めの味の料理が好きだ。
・どんなことでも早めに準備したほうがいい。

問題2 どちらか適当な方を選びなさい。

1. 血圧が｛a 高めの　b 高っぽい｝人は気をつけましょう。
2. ああ、このごろ｛a 忘れっぱなしに　b 忘れっぽく｝なってしまった。
3. わたしはかわいい服より｛a 男っぽい　b 男だらけの｝服の方が好きだ。
4. こんな｛a 水っぽい　b 水だらけの｝酒はおいしくない。
5. あら、足が｛a 傷気味　b 傷だらけ｝じゃないの。どうしたの？
6. 祖父は頭が｛a 白髪だらけに　b 白髪っぽく｝なったが、気だけはまだまだ若い。
7. この靴下、｛a 穴気味　b 穴だらけ｝よ。
8. このアパートは台所が｛a 広すぎ　b 広め｝で使いやすいです。
9. 体がなんとなく｛a 熱気味　b 熱っぽい｝です。風邪を引いたかもしれません。
10. きょうは雪のため、電車が｛a 遅れ気味　b 遅れっぽい｝です。
11. 父は朝からテレビの前に｛a 座ったきり　b 座り気味で｝、動かない。
12. このごろ野菜の値段が｛a 上がり気味　b 上がりっぽい｝です。

まとめ □から適当なものを選んで、適当な形にして＿＿＿の上に書きなさい。

A | め　　がち　　きり　　得る　　かける　　通す |

　子どものころ、わたしは①病気＿＿＿＿で、学校をよく休んだ。病気が
②治り＿＿＿＿ても、すぐまた悪くなった。
　1年間、学校を休まずに③通い＿＿＿＿ことはできなかった。小学3年生のとき
は、3か月④通った＿＿＿＿、その後ずっと学校へ行けなかった。
　今ではすっかり元気になって、肩も厚く、足もほかの人より少し⑤太＿＿＿＿だ。
子どものころのわたしを知っている人には⑥想像し＿＿＿＿ことだろうが…。

B | 気味　　だらけ　　っぽい　　っぱなし　　きる |

＜会社で＞
田中：久しぶりにこの課に来てみたら、木村君、机が①散らかし＿＿＿＿だね。電
　　　話も見えないくらい②紙くず＿＿＿＿じゃないか。
木村：あ、先輩、お久しぶりです。
　　　ここ数日、仕事が③遅れ＿＿＿＿で、いつも忙しくて掃除ができないんですよ。
　　　今の仕事が終わったら、きれいにします。
田中：ほう、がんばっているね。何をやっても④飽き＿＿＿＿と、自分で言ってい
　　　たけど、そうじゃないんだね。
木村：ええ、この仕事はぼくの力を⑤出し＿＿＿＿て、やってみたいんです。もう
　　　少しです。

18課 硬い文章

Formal sentences

比較硬的文章
딱딱한 문장

　日本語の文スタイルはさまざまで、時と場合によって使い分けます。論説文やレポートなどの文章は、日常の会話で使うものとは違って、硬い書き方をします。このような硬い文章を読んだり書いたりするのも中級レベルの学習ポイントです。

STARTING TEST スタートテスト

問題Ⅰ 論説文・改まった言い方として、どちらか適当な方を選びなさい。

1. 日本では女性の70％が「結婚したら自分のことより家族を中心に考える」と｛a 答えている　b 答えてるんだ｝。
2. A社の｛a 調査じゃ　b 調査では｝詳しいことはわからない。
3. スイスやドイツでは自然と風景を生かした都市造りが進んでいる｛a そうだ　b んだって｝。
4. 酒を飲んで運転した上に事故を起こした人が、どんなに言い訳を｛a したところで　b したって｝みんなの理解は得られないだろう。
5. 当日は雨も｛a 降らず　b 降らなくって｝、天候に恵まれた。

問題Ⅱ 論説文・改まった言い方として、どちらか適当な方を選びなさい。

1. この町の高齢化は｛a 次第に　b だんだん｝進みつつある。
2. 象は何かの方法で互いに情報を交換しあっている｛a みたいだ　b ようだ｝。
3. 林氏の｛a 述べた　b しゃべった｝演説の内容はよく理解できた。
4. 地球の温暖化は｛a どんどん　b 急速に｝進んでいる。
5. 田中氏のきょうの会議での発言は、｛a 全然　b 全く｝意味がわからないものであった。

POINT ポイント1　普通体の文章
(Sentences in the plain style / 普通体文章 / 보통체의 문장)

硬い文章は、普通体（だ・である体）で書かれることが多いです。

例　・これは夏目漱石の作品である。
　　・この町は公園が少ない。
　　・日本は高齢化が進んでいる。

問題1-1 空欄を埋めなさい。＊注意：「である」の形になるのは＊のついたものだけです。

	丁寧体（です・ます体）	普通体（だ・である体）
動詞	問題があります	①
	問題がありません	②
	問題がありました	③
	問題がありませんでした	④
イ形容詞	安いです	⑤
	安くないです	⑥
	安かったです	⑦
	安くなかったです	⑧
ナ形容詞	健康です	⑨　　　／健康である＊
	健康ではありません	⑩
	健康でした	⑪　　　／健康であった＊
	健康ではありませんでした	⑫
名詞	学生です	⑬　　　／学生である＊
	学生ではありません	⑭
	学生でした	⑮　　　／学生であった＊
	学生ではありませんでした	⑯
その他	雨が降るでしょう	⑰　　　／雨が降るであろう＊
	便利なのです	⑱　　　／便利なのである＊
	使いましょう	⑲
	読んでください	⑳ 読んでほしい・読んでもらいたい

18課
硬い文章

問題1-2　＿＿＿の部分を普通体（だ・である体）にしなさい。

1. イルカはどんな動物でしょうか。

2. わたしはイルカについて研究したいです。

3. わたしは今までイルカのことをあまり知りませんでした。

4. わたしはイルカについて調べました。

5. イルカについていろいろなことがわかりました。

6. イルカは海の中に住んでいる動物です。

7. イルカは魚ではありません。

8. イルカは水中にある物を探すことができます。

9. イルカにはいろいろな能力があります。

10. イルカの脳は大きいです。

11. イルカは社会的動物なのです。

12. イルカは頭がいいらしいです。

13. イルカには言語がありますか。

14. イルカは人間の言葉がわかるかもしれません。

15. イルカが会話をするかどうか調べてみましょう。

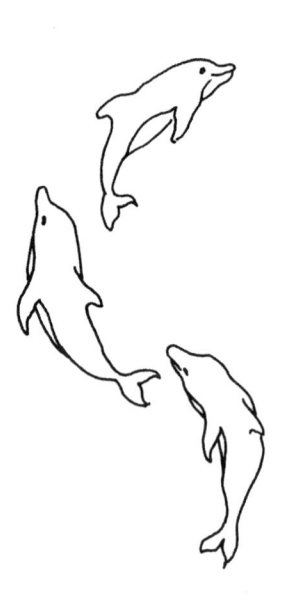

POINT ポイント2 　連用中止形
(Continuative form / 连用中止形 / 연용중지형)

硬い文章では、「〜て・〜くて・〜で」の代わりに連用中止形がよく使われます。

例　・役所では調査を行い、報告をした。
　　・日本では、6月、温度が高く、湿度も高い。
　　・この住宅地は通勤に不便であり、人気がない。

作り方

	〜て・〜くて・〜で	連用中止形
動詞	行って	行います → 行い 例外　（〜て）いて → （〜て）おり
	行わないで	行わない+ず → 行わず 例外　しないで → せず
イ形容詞	高くて	高くて → 高く
	高くなくて	高くなくて → 高くなく
ナ形容詞・名詞	不便で・不便であって	不便でありまず → 不便であり
	子どもで・子どもであって	子どもでありまず → 子どもであり

＊注意：動詞の「〜て形」を使った文がみんな連用中止形になるわけではありません。
　　　　連用中止形が使えるのは主として次のような場合です。

1．並列を表す　　　動物は酸素を吸い、炭酸ガスを吐き出す。
　　　　　　　　　この学校では特別な校則を作らず、生徒の自主性に任せている。
　　　　　　　　　このテキストはイラストが多く、文字が少ない。

2．対立を表す　　　男性の平均寿命は78歳であり、女性の平均寿命は85歳である。
　　　　　　　　　この地方は、冬は非常に寒く、夏は非常に暑い。

3．行為の順序を表す　午前中家で3時間働き、午後出勤した。
　　　　　　　　　アンケート調査をし、表にまとめた。

問題2　＿＿＿＿の部分を連用中止形にしなさい。

1．コンサートは午後2時に始まって、5時に終わった。

2．子どもはよく遊んで、よく寝る。

3．きょうはあまり寒くなくて、風もない。

4．大切なのは続けることであって、いい結果を出すことではない。

5．彼は立ち上がって、大声で叫んだ。

6．うちでは妻が外で働いていて、ぼくは家で小説を書いている。

7．休日はどこへも行かないで、家で本を読む。

8．先生は一言も言わないで、教室を出て行った。

9．わたしが今ほしいものはお金ではなくて、時間である。

10．次の文章を読んで、質問に答えよ。

11．わたしの研究所は山の上にあって、通勤には2時間かかる。

12．交通費は安くなくて、わたしにはかなりの負担である。

POINT ポイント3　硬い文章で使われる言葉
(Expressions used with formal sentences／比較硬的文章中使用用語／딱딱한 문장에서 사용되는 말)

硬い文章には、文章に合った言葉を使います。

	話し言葉や軽い文章では…（例）	硬い文章では…（例）
接続の言葉	だから でも　だけど	そのため　したがって しかし　だが
副詞など	いっぱい すごく　とっても やっぱり ちょっと どんどん だんだん 全然 もっと 〜なんか 〜みたいな	多数　大勢　たくさん 非常に　たいへん やはり 少し　多少 急速に 次第に 全く さらに　より 〜など 〜のような
文末	だめだ。 …みたいだ。	よくない。　いけない。 …ようだ。　…らしい。
その他	こっち　そっち　あっち　どっち 縮約形（例　食べなくちゃ）	こちら　そちら　あちら　どちら 普通の形（例　食べなければ）

問題3−1　＿＿＿＿の言葉を硬い文章に合う言葉に変えなさい。

1．この報告書はすごく難しい。

2．これからこの町の人口はだんだん減っていくだろう。

3．結果が出るまでもうちょっと待ったほうがいい。

4．町の様子はどんどん変わっていった。

5．原因はやっぱり修理ミスだった。

6．全然変化が見られない。

7．どっちの場合でも同じ結果である。

8．個人情報を守らないのはだめだ。

問題３－２　＿＿＿の言葉を硬い文章に合う言葉に変えなさい。

1．この問題はそれほど簡単じゃない。

2．詳しく説明しなきゃならない。

3．市長はすぐやると言ってた。

4．これが大問題なんだ。

5．途中で意見を変えちゃうのはよくない。

6．資源を大切にしなくちゃならない。

7．この方法じゃ、いい結果は出ないんじゃないか。

8．問題点が全くわかんない。

9．いくら時間があったって、できないことはできない。

10．すぐ捨てちゃおうって思った。

まとめ－1 お父さんとお母さんが新聞を読んだ後、子どもに話しています。お父さんとお母さんが読んだ元の記事はどんな文章でしたか。下の＿＿＿に書きなさい。

父：まあちゃん、きょうの新聞にこんなことが書いてあったよ。
　　人が優しく笑った顔は人と人との関係をよくするよね。これは①知ってるでしょ。
　　相手の笑顔を見れば安心するし、②こっちも優しい気持ちになれる。
　　自分でも大笑いした後は心が軽くなることは、経験からもわかるよ。
　　③それだけじゃないよ。笑いには病気を治す力が④あるってことがわかってきたんだって。
母：そうよ。そのことを初めて発表したのはアメリカのノーマン・カズンズ⑤っていう人よ。
　　カズンズさんは重い病気に⑥かかったけど、笑いが体にいいと考えて、毎日おもしろい番組やビデオを見た。そうしたら⑦だんだん痛みが取れて、元のように健康になったんだって。
父：このことから研究が進んで、今では笑いには医学の方面でも⑧いろんな効果があることが⑨わかってるんだよ。
母：そうそう、毎日いっぱい⑩笑いましょう。無理に笑顔を作るだけでも効果があるって書いてあったわ。

新聞の記事

　人間が優しく笑った顔は人間関係をよくするということはだれでも①＿＿＿＿＿＿。相手の笑顔を見れば安心するし、②＿＿＿＿＿も優しい気持ちになれる。
　自分でも大笑いした後は心が軽くなることは、経験からもわかる。
　③＿＿＿＿＿＿＿＿。笑いには病気を治す力が④＿＿＿＿＿＿がわかってきた。
　このことをはじめて発表したのはアメリカのノーマン・カズンズ⑤＿＿＿＿＿＿。
　彼は重い病気に⑥＿＿＿＿＿＿、笑いが体にいいと考えて、毎日おもしろい番組やビデオを見た。すると、⑦＿＿＿＿＿痛みが取れ、健康を取り戻した。
　このことから研究が進み、今では笑いには医学の方面でも⑧＿＿＿＿＿効果があることが⑨＿＿＿＿＿＿＿＿。
　毎日大いに⑩＿＿＿＿＿＿。無理に笑顔を作るだけでも効果がある。

18課　硬い文章

まとめー2 次の文章の＿＿＿の部分は、改まった文章スタイルには合わない言い方です。適当な言い方に書き換えなさい。

都市生活をもっと豊かなものにするために、何年かかったって、大きい公園を造って
　　　　　　　　　　　　　　　　　　　　①
緑を豊かにし、美しい街を作る計画を進めなくちゃなんない。
　　　　　　　　　　　　　　　②
そのためには、経済の発展の中心は企業なんだっていう考え方を、反省する必要が
　　　　　　　　　　　　　　　　　　③
あるでしょう。
④
現在では、オフィスビルは立派なんだけど、その立派なオフィスビルと、周りの普通の
　　　　　　　　　　　　⑤
家との差がすごく大きい。
　　　　⑥
ビルと個人の住宅と緑の空間とがバランスよく整備された街を計画しなくちゃだめだ。
　　　　　　　　　　　　　　　　　　　　　　　　　　　　　　　　⑦
もちろん一般の市民も自分の家のことだけを考えるんじゃなく、広く街の景観に目を
　　　　　　　　　　　　　　　　　　⑧
向けるべきだ。そして、公共の目的のためには少しぐらい制限があるのも

しょうがないという考え方をしていきたいもんだ。
⑨　　　　　　　　　　　　　　　⑩

19課 ていねいな言い方
Polite expressions

郑重的说法
정중한 표현

　中級になると、初級で学習した敬語のほかに、さらにいくつかの敬語を学習します。また、自分が属している側（内）と外との関係についても考える必要があります。敬語だけでなく、失礼にならないような言い方も知っておく必要があるでしょう。

STARTING TEST　スタートテスト

問題Ⅰ どちらか適当な方を選びなさい。

1. もしもし、田中と申しますが、ご主人様 { a おりますか　b いらっしゃいますか }。
2. もしもし、川上さん { a でございますか　b でいらっしゃいますか }。
3. お客様、使い方については10ページを { a ご覧ください　b 拝見してください }。
4. 課長、先ほどからABC社の山田様が { a お待ちです　b 待たれます }。
5. 先生、この本明日まで { a 拝借しても　b お借りになっても } いいでしょうか。

問題Ⅱ どちらか適当な方を選びなさい。

1. 先生、お荷物、重そうですね。私が { a 持ってあげます　b お持ちいたします }。
2. 先生、フランス語 { a をお話しになりますか　b がお話しになれますか }。
3. ＜授業の後＞
　　先生、{ a ご苦労さまでした　b ありがとうございました }。
4. 課長、お忙しそうですね。{ a 手伝ってほしいですか　b お手伝いしましょうか }。
5. 部長、コーヒーをおいれしました。{ a 召し上がりますか　b 召し上がりたいですか }。

POINT ポイント1 　尊敬語（中級レベル）
(Respectful expressions (Intermediate level) / 尊敬語（中级水平）/ 존경어 (중급레벨))

＜初級では＞　例　先生がお話しになります。
　　　　　　　　　先生が話されます。
　　　　　　　　　先生、何を召し上がりますか。

中級レベルの尊敬語

	先生は
～です 　有名です 　忙しいです	～でいらっしゃいます 　有名でいらっしゃいます 　忙しくていらっしゃいます
います	おいでになります
～ています 　何を探していますか	～ていらっしゃいます・～ておいでです・お～です 　何を探していらっしゃいますか 　何を探しておいでですか 　何をお探しですか ＊お探しの方（＝探している人） ＊お持ちでない方（＝持っていない人）
～てくれます 　来てくれます 　来てください 　見てくれます 　見てください	～てくださいます 　来てくださいます・おいでくださいます 　おいでください 　見てくださいます・ご覧くださいます 　ご覧ください
来ます	見えます・お見えになります（依頼の形では使わない） おいでになります
行きます	おいでになります
知っています	ご存じです
寝ます	お休みになります

その他

お〜・ご〜	例　お元気・お暇・お上手・ご立派・ご迷惑
	お忙しい・お寂しい・おつらい
	お食事・お問合わせ・ご質問・ご都合・ご注文
	お変わりなく・ごゆっくり
人	方
家	お宅

問題1　（　　　）の中の言葉を尊敬語にして＿＿＿＿の上に書きなさい。

1．あ、先生が＿＿＿＿＿＿＿＿＿＿＿＿＿よ。（来ました）

2．受付番号10番で＿＿＿＿＿＿＿＿の＿＿＿＿＿、どうぞ。（待っている・人）

3．すみませんが、来週もう一度＿＿＿＿＿＿＿＿ください。（来る）

4．先生、きょうの会に＿＿＿＿＿＿＿＿＿＿＿＿か。（行く）

5．どうぞ＿＿＿＿＿＿　＿＿＿＿＿＿＿ください。（自由に・見る）

6．先生、今晩は＿＿＿＿＿＿に＿＿＿＿＿＿＿＿＿＿＿か。（家・います）

7．田中先生はこの協会の＿＿＿＿＿＿＿＿＿＿＿＿＿。（役員です）

8．きょうはよく＿＿＿＿＿＿＿＿＿＿＿＿。（来てくれました）さあ、どうぞ。

9．先生はこの件についてはどう＿＿＿＿＿＿＿＿＿＿＿か。（考えています）

10．お母様は＿＿＿＿＿＿＿＿　＿＿＿＿＿＿＿＿＿＿＿か。（変わりなく・元気です）

11．ご主人はもう＿＿＿＿＿＿＿＿＿＿＿＿か。（寝ました）

POINT ポイント2 　謙譲語・丁寧語など（中級レベル）
(Humble expressions, polite expressions, etc. (Intermediate level) / 自谦语、郑重语等（中级水平）/ 겸양어・정중어등（중급레벨））

＜初級では＞　例　わたしがお話しします。
　　　　　　　　　わたしがお話しいたします。
　　　　　　　　　わたしがいただきます。

中級レベルでは
尊敬する相手に関わる行為（謙譲語）

	私 は
行きます	（先生のお宅に）伺います
聞きます 質問します	（先生に）伺います
会います	（先生に）お目にかかります
見せます	（先生に）お目にかけます
借ります	（先生から）拝借します
見ます	（先生の○を）拝見します
言います	（先生に）申し上げます 私は先生にお礼を申し上げます。
知っています	（先生の○を）存じ上げております 私は先生の奥様を存じ上げております。
あげます	（先生に）さしあげます
もらいます	（先生から）いただきます

相手に対してていねいに言う言い方

	私は
言います	申します 私は田中と申します。
知っています	存じております 私はこの花の名前を存じております。
～ます 帰ります	～（さ）せていただきます 注：相手の許可を得る必要がある行為 帰らせていただきます
～と思います	～と存じます
あります	ございます
～です	～でございます 注：～が尊敬する人に関する場合は使わない
～ています	～ております

問題2-1 （　）の中の言葉を謙譲語やていねいな言い方にして_____の上に書きなさい。

1. 明日、家の者がお宅に_____てもよろしいでしょうか。（行く）
2. では、私はこれを_____ます。（使う）
3. 先生、ちょっと_____たいことが_____ますが…。（聞く・ある）
4. では、明日3時に_____ます。（会う）
5. 先生、私がかいたこの絵、前にも_____ましたが…。（見せる）
6. これ、ちょっと_____てもいいでしょうか。（借りる）
7. 私どもは、あの方のことをよく_____ます。（知っている）
8. 今度の会には先生にぜひご出席いただきたいと_____ます。（思う）
9. もしもし、木村さんでいらっしゃいますか。私、_____ますが…。（田中だ）
10. 一言ごあいさつを_____ます。（言う）

19課 ていねいな言い方

問題2-2 どちらか適当な方を選びなさい。

1. 先生、明日はどこかへ {a おいでになりますか　b お見えになりますか}。
2. 先生は有名人で {a ございますから　b いらっしゃいますから} お忙しいと思います。
3. 先生はあさって会議があることを {a ご存じですか　b 存じておりますか}。
4. 先生はいつもどんな番組を {a ご覧になりますか　b 拝見しますか}。
5. 山中先生が {a お見えになりました　b 参りました}。
6. 私は以前先生に {a お会いになった　b お目にかかった} ことがあります。
7. 切符を {a お持ちでない　b お持ちしてない} 方は、こちらへどうぞ。
8. かばんを {a お忘れの　b お忘れした} 方、{a お預かりしております　b お預かりになっていらっしゃいます} ので、どうぞ受付までおいでください。
9. 当店の技術者がエアコンの修理に {a おいでになります　b 伺います}。
　 ご都合のいい時間を {a おっしゃってください　b 申し上げてください}。
10. ＜レストランで＞
　　ウェイター：5名様ですね。少々 {a お待ちください　b お待ちしてください}。
　　　　　　　ただいまお席をご用意 {a なさいます　b いたします}。
　　　　　　　さあ、どうぞ。席のご用意ができました。
　　　　　　　きょうはおいしい魚料理が {a おありです　b ございます}。
　　　　　　　{a 召し上がってみませんか　b いただいてみませんか}。

問題2-3 どちらか適当な方を選びなさい。

＜先生との会話＞

部屋で新聞を①｛a 読んで　b お読みして｝いたら、田中先生から電話がかかってきた。

わたし：あ、先生、先日は②｛a 会えて　b お目にかかれて｝よかったです。いつかまた先生のところに③｛a 行きたいです　b 伺いたいです｝。

先生　：君は本が好きですね。この市にはいい図書館がありますよ。

わたし：はい、④｛a 存じております　b 存じ上げております｝。
きょう、山下君に⑤｛a 会う　b お目にかかる｝約束をいたしましたので、後でいっしょにその図書館に⑥｛a 参ります　b 伺います｝。
先生、先日⑦｛a 借りた　b 拝借した｝ご本をお返しいたします。同じ本が図書館にあるそうなので、図書館から⑧｛a 借りる　b お借りする｝ことにしました。

先生　：あの本はいい本だよね。

わたし：はい、母も⑨｛a 読んだ　b お読みした｝そうです。おもしろくてためになると、母も⑩｛a 申しておりました　b 申し上げておりました｝。

先生　：じゃ、あの本、わたしに返してくれなくてもいいよ。君にあげるよ。

わたし：え、⑪｛a もらっても　b いただいても｝いいんですか。ありがとうございます。母もきっと⑫｛a 喜ぶ　b お喜びする｝と思います。

19課　ていねいな言い方

POINT ポイント3　敬語を使う場面　内と外
(Situations in which honorific expressions are used: In one's group and outside one's group / 使用敬语的场面　内部与外部 / 경어를 사용하는 경우　내측과 타인측)

＜初級では＞　上の人の行為には尊敬語を、自分の行為には謙譲語を使う。

中級の敬語の使い方は少し複雑で、「外」と「内」も敬語を使い分けるときの要素になります。外の人と話すときは、内のことに尊敬語を使いません。上司のことにも謙譲語を使います。

○社長は社内におります。
×社長は社内にいらっしゃいます。

問題3　どちらか適当な方を選びなさい。

＜電話　B社　→　A社＞

1．A社　東：はい、A社、総務課 ｛a でございます　　b でいらっしゃいます｝。

2．B社　西：B社の西ですが、南課長は ｛a おいでになりますか　　b おりますか｝。

3．A社　東：はい、｛a いらっしゃいます　　b おります｝。ただいま、代わります。

＜電話　学生　→　教授の自宅＞

4．学生：夜遅く申し訳ございません。
　　　　先生はもう ｛a お休みになりました　　b 休んでおります｝でしょうか。

5．教授の妻：いいえ、まだ ｛a 起きていらっしゃいます　　b 起きております｝。

6．　　　　　少々 ｛a お待ちください　　b お待ちいたします｝。

＜会いに行く　A社　→　B社＞

7．A社　東：北さんに ｛a お目にかかりたい　　b お会いになりたい｝のですが。

8．B社　西：あいにく ｛a 北は　　b 北さんは｝、大阪に ｛a 出張していらっしゃいます　　b 出張しております｝。

＜電話　田中部長の妻　→　夫の会社＞

9．田中部長の妻：田中でございますが、お世話になっております。主人は…？
　　社員　　　　：あ、奥様 ｛a でございますか　　b でいらっしゃいますか｝。

10．　　　　　　　部長はただいま ｛a 外出していらっしゃいます　　b 外出しております｝。

POINT ポイント4 ていねいさ
(Politeness / 礼貌 / 정중함)

失礼にならないようにするための注意

A　相手の呼び方

　・「あなた」を使わない。

　　あなた　→　名前を呼ぶ・役職名を言う。

　　例　田中さん　　先生　　部長

B　相手を評価する言葉に注意

　　例　先生の説明、なかなかわかりやすいです。　→　とてもわかりやすいです。

　　　　先生のプリント、けっこういいですよ。　→　とてもいいですよ。

　　　　先生は偉いですね。　→　ご立派ですね。

　　　＜授業の後で＞

　　　　先生、ご苦労さまでした。　→　ありがとうございました。

C　誘いや依頼を断るときの注意

　・理由などを言う。

　・文末を強く言わないようにする。

　　　例　いいえ、わたしは行きません。　→　ちょっとその日は都合が悪くて…。

　　　　　　　　　　　　　　　　　　　　　　このところちょっと忙しいもので…。

　・前置きを言う。最後に言葉を添える。

　　　例　申し訳ありませんが…

　　　　　すみませんが…

　　　　　残念ですけど…

　　　　　次回はぜひ…

　　　　　また、誘ってください。

D　依頼するときの注意
・直接的にはっきり言うのではなく、抑えた言い方をする。
　　例　～て(ないで)ください　→　～て(ないで)くださいませんか。
　　　　　　　　　　　　　　　　　～て(ないで)いただけませんか。
　　　　　　　　　　　　　　　　　～て(ないで)いただけないでしょうか。
　　　　　　　　　　　　　　　　　～て(ないで)ほしいんですけど…。
　　　　　　　　　　　　　　　　　～て(ないで)いただけるとありがたいんですが…。

・前置きを言う。
　　例　お忙しいところをすみませんが…。
　　　　今ちょっといいでしょうか。
　　　　実はお願いがあるんですが…。

E　その他
・親しい関係ではない人に私的なことを聞かない。
　　例　何歳ですか。
　　　　月給はいくらですか。
　　　　お子さんは何人ですか。
・能力に関することを聞かない。
　　例　運転ができますか。　→　運転なさいますか。
・意志や希望を聞くときの注意
　　例　何を読むつもりですか。　→　何をお読みになりますか。
　　　　何が飲みたいですか。　　→　何を召し上がりますか。
・聞き手に気持ちの負担をかけるような言い方をしない。
　好意の押し付けにならないような言い方をする。
　　例　その荷物持ってあげますよ。　→　お持ちしますよ。
　　　　返してあげます。　　　　　　→　お返しします。

問題4 どちらか適当な方を選びなさい。

＜会社で＞ 川田：社員（男性）　田中：部長（男性）

川田：部長、お荷物を　① ｛ a お持ちしましょうか。
　　　　　　　　　　　　　b 持ってさしあげましょうか。

田中：いや、大丈夫ですよ。ありがとう。

川田：何か　② ｛ a お飲みになりたいですか。
　　　　　　　　b お飲みになりますか。

田中：そうですね。ウーロン茶を飲もうかな。ウーロン茶が大好きなんだよ。

川田：あれ、　③ ｛ a あなたもですか。　｝ わたしも大好きです。
　　　　　　　　　b 部長もですか。

　　　部長、きょうのごあいさつ、　④ ｛ a なかなか上手でしたよ。
　　　　　　　　　　　　　　　　　　　b とてもよかったですよ。

田中：そうですか。ありがとう。
　　　ところで川田君、今度の日曜日、うちでお茶の会をするんだけど来ませんか。

川田：あのう、日曜日は　⑤ ｛ a 母親が来るものですから、ちょっと…。
　　　　　　　　　　　　　　b 忙しいから行けません。

　　　それで、⑥ ｛ a どんな人たちを呼ぶおつもりですか。
　　　　　　　　　b どんな人たちがいらっしゃるんですか。

田中：課の女性社員や営業の若い人たちを呼ぼうと思っているんだよ。

川田：ああ、それじゃ、わたしも　⑦ ｛ a 行ってもいいですよ。
　　　　　　　　　　　　　　　　　　b 伺いたいです。

田中：？？

川田：何か　⑧ ｛ a お手伝いさせてください。
　　　　　　　　b 手伝ってあげますよ。

19課 ていねいな言い方

まとめ ＿＿＿の言葉を敬語にして下に書きなさい。

さくら社　中村社長　山田社員　　あさひ社　田中部長　川田社員

＜電話　さくら社、山田　―　あさひ社、川田＞

川田：あさひ社、事業部です。

山田：私、さくら社の山田と<u>言います</u>が、田中部長は<u>いますか</u>。
　　　①　　　　　　　　　　　　　　　②

川田：あ、お世話になっております。

　　　私、事業部の川田<u>です</u>。あいにく部長は今、社内に<u>いません</u>が、
　　　　　　　　　③　　　　　　　　　　　　　　　　　　④

　　　どんな<u>用件</u>でしょうか。
　　　　　　⑤

山田：はい、あのう、私どもの社長の中村が明後日の午後、田中部長に<u>会いたい</u>と
　　　　　　　　　　　　　　　　　　　　　　　　　　　　　　　　　⑥

　　　<u>言っています</u>。
　　　　⑦

　　　そちらのご都合を<u>聞きたい</u>と思いまして…。ご都合がよろしければ明後日の午後、
　　　　　　　　　　　⑧

　　　社長と私がそちらに<u>行きます</u>が…。
　　　　　　　　　　　　⑨

川田：はい、わかりました。

　　　それでは、部長が戻りましたらこちらから<u>電話します</u>。
　　　　　　　　　　　　　　　　　　　　　　⑩

〜〜〜〜〜〜〜〜〜〜〜〜〜

<電話　あさひ社、田中部長の妻　—　あさひ社、川田>

田中の妻：もしもし、田中でございますが、主人は<u>います</u>でしょうか。
　　　　　　　　　　　　　　　　　　　　　　　　⑪

川田　　：ああ、奥様ですか。川田でございます。お世話になっております。
　　　　　部長は今ここには<u>いません</u>が…。お食事に行かれたと思います。
　　　　　　　　　　　　　⑫

田中の妻：何時ごろ戻るでしょうか。

川田　　：さあ、<u>聞いていません</u>が…。
　　　　　　　　⑬
　　　　　<u>戻ったら</u>、奥様からお電話があったことを<u>伝えます</u>。
　　　　　　⑭　　　　　　　　　　　　　　　　　　⑮

田中の妻：では、よろしくお願いします。

〜〜〜〜〜〜〜〜〜〜〜〜〜

<あさひ社で>

田中　：川田君、だれかから電話があったかね？

川田　：あれ、部長！　ずっと社内に<u>いました</u>か。
　　　　　　　　　　　　　　　　　⑯
　　　　<u>出かけた</u>と思っていました。奥様に電話をかけてください。
　　　　　⑰
　　　　それから、さくら社の社長が明後日にこちらに来たいと<u>言っている</u>そうです。
　　　　　　　　　　　　　　　　　　　　　　　　　　　　　　⑱

20課 会話・文章のまとまり

Cohesion in conversation and written language
会話、文章的连贯性
회화・문서의 결말

会話にも文章にもあるまとまりがあります。まとまり感を持たせるために弱いルールが働いています。

STARTING TEST スタートテスト

問題 どちらか適当な方を選びなさい。

1. 受付係：田中さん、田中さん。
   田　中：はい、{ a 田中はわたしですが…　b わたしは田中と申しますが… }。
2. A：あ、この曲、これは「四季」という曲ですね。
   B：ええ、{ a これは「四季」という曲だと思うんです　b そうですね、「四季」ですね }。
3. A：わたしはどうしても納豆が食べられないんです。
   B：そうですか。{ a わたしもですよ　b わたしは納豆が嫌いなんです }。
4. A：わたしの留守中にだれか来ましたか。
   B：ええ、山中さんと言う人が { a 来ましたね　b 来ましたよ }。
5. 昔、太郎という少年がいた。{ a 太郎が　b 太郎は } 元気な男の子で、よく遊んだ。
6. 子どものころわたしはあまり外で遊ばず、うちで本を読むことが多かった。だが、{ a そのこと　b あのこと } については後悔していない。
7. 森さんは昨夜8時からNHKの特集番組を見たそうだ。わたしも { a 見た　b 昨夜8時からNHKの特集番組を見た }。
8. 初めての町で、知らない人に声をかけて道を聞いた。とても親切に { a 教えたので　b 教えてくれたので } うれしかった。
9. わたしの家族は4人です。両親と姉とわたしです。父は会社員で、母は中学校で数学を教えています。姉は { a 図書館で本を読んでいます　b 図書館に勤めています }。
10. 山田かまちは1960年、群馬県高崎市に生まれた。子どものころから美術、音楽、文学に { a 熱心だった　b 熱心でした }。たくさんの絵を描き、詩を作り、そして、音楽を愛した。

POINT ポイント1　会話のまとまり
(Cohesion in conversation / 会話的连贯性 / 회화의 결말)

　会話をするとき、お互いに言葉をやりとりします。やりとりがばらばらにならないように、弱いルールが働いています。

1.「よ」と「ね」
　　自分の情報を伝えるとき　→　「よ」
　　情報を共有して、相手に同感を求めるとき　→　「ね」
　　自分の情報を相手に確認するとき　→　「よね」
　　A：これ、おいしいです<u>よ</u>。木村さんもいかがですか。
　　B：ありがとうございます。あ、本当においしいです<u>ね</u>。

　　A：ミーティングはあしたの2時からです<u>よね</u>。
　　B：いえ、1時からです<u>よ</u>。

2.「が」と「は」

　　| 伝えたいこと | が | ………………。　　3時に | 田中さん | が来ます。
　　| ……………… | は | 伝えたいこと 。　わたしは | 田中と申します。

　　A：きのうの会に山田さん<u>が</u>来ていましたよ。
　　B：そうですか。山田さん<u>は</u>最近仕事を変えたそうですね。
　　A：第2会議室<u>は</u>空いていますか。
　　B：いえ、この時間は第1、第3会議室<u>が</u>空いています。

3.「こ・そ・あ」

　　自分の近くにあるもの・自分と相手との間にあって、いっしょに見ているもの　→　「こ」

　　相手の近くにあるもの・相手だけが知っているもの　→　「そ」

　　いっしょに見ている遠くのもの・自分と相手が共通に知っているもの　→　「あ」

＜公園のベンチで＞

　　A：ここは緑が多くていいですね。

　　B：ええ、わたしはよくここへ来るんですよ。

＜親子の話＞

　　子：きのう来たあのおじさん、何という人？
　　　　真っ赤な服を着てたけど、あんな服は変だよね。

　　親：ああ、あの人は川村さんよ。あれがあのおじさんの好きな服なのよ。

4. 省略

　　お互いにもうわかっている言葉は省略する。大切な要素は省略しない。

　　A：ぼく、山登りの靴がほしいな。

　　B：じゃあ、（わたしがあなたに山登りの靴を）買ってあげる。

　　A：この写真、きれいですね。富士山の上で撮ったんですか。

　　B：ええ、山の上で撮ったんです。（×ええ、撮ったんです。）

　　A：この辺りは火曜日と金曜日にごみを集めるんですね。

　　B：ええ、そうなんです。（×ええ、集めるんです。）

問題1 どちらか適当な方を選びなさい。

1. A：お茶の準備が { a できましたね。/ b できましたよ。} みなさん、どうぞ。

   B：わあ、テーブルの花が { a きれいですね。/ b きれいですよ。}

2. A：2階のホールがにぎやかですね。きょう何かあるんですか。

   B：{ a ええ、6時からカラオケ大会があるんです。/ b カラオケ大会は6時からなんです。}

3. A：このレストランはいつ来ても込んでいますね。この間もそうでしたね…。

   B：ええ、{ a あの日は / b その日は } 特別でしたね。

4. A：きのう、うちの隣の集会所でカラオケ大会があったんです。ご存じでしたか。

   B：{ a ええ、きのう、お宅の隣の集会所でカラオケ大会があったこと、知っていましたよ。/ b ええ、知っていましたよ。}

5. A：へえ、佐藤さんは12月24日に生まれたんですか。

   B：{ a ええ、そうなんです。/ b ええ、生まれたんです。}

6. A：出発の日が近づきましたね。準備は大丈夫ですか。

   B：ええ、ありがとう。{ a だいたい準備ができたんです。/ b だいたいできました。}

| POINT | ポイント2 | **文章のまとまり**
(Cohesion in sentences / 文章的連貫性 / 문장의 결말) |

　文章はいくつかの文が連なってできています。その連なり方がばらばらではなく、あるまとまり感をもつように弱いルールが働いています。

1. 指示詞「そ」を使って前の文を引き継ぐ。(特に気持ちを込めるときは「こ」)

```
    文1
  + 文2 （前文の中の語＝「そ」）
  + 文3 （前文の中の語＝「そ」）
```

・ 話し合いは3時から6時まで2階の会議室で行われた。そこには30人ほどのメンバーが集まった。その中には90歳近い高齢者もいたが、途中の休み時間はなかった。後でそのことが問題になった。……

・ 毎年、夏になるとわたしは静岡県下田の海へ行く。そこはわたしが子どものころ住んでいたところだ。そのころはまだ祖父母が生きていて、広い家に住んでいた。この家には特別な思い出がある。……

2. 「が」で新情報を示す。「は」でそれを引き継ぐ。

・ 昔、あるところにおじいさんとおばあさんが住んでいました。二人はとても仲のいい夫婦でした。

・ 今、家の庭のゆりの花がきれいに咲いている。この花は祖母がわたしのために植えてくれた。祖母は95歳で亡くなったが……

3．一つのまとまりの中では、一定の視点を保ち、視点を動かさない。

　　例1　「～てくる」と「～ていく」を使い分けて
　・冬の渡り鳥は毎年11月ごろ日本に飛んでくる。そして、春になるとまた寒い地方に帰っていく。（日本にいる話者の視点）
　・とも子が庭の掃除をしていると、遠くに松田が見えた。彼女は急いで松田に近づいていったが、彼はさっと逃げていってしまった。（とも子の視点）

　　例2　話者側のことを表すのに受身文を使って
　・車の運転の練習で、わたしは何回もアクセルやブレーキの練習をさせられた。できるようになるまでやらされた。（話者の視点）
　・きのうのサッカーの試合は、初めはK国チームに押されていたが、次第にパワーを取り戻して1点を先に取った。しかし、ハーフタイムの1分前に1点を入れられ、同点にされてしまった。（自分の国の視点）

4．同じ語、関係のある語、対比する語、関係のある話題で前の文を引き継ぐ。
　・昔、一休さんという若いお坊さんがいた。この坊さんはとても頭がよかった。
　・ある日の夕方のことである。一人の若い男が喫茶店でコーヒーを飲んでいた。静かな店内にはこの青年のほかにはだれもいない。
　・わたしは山に登るのが好きだ。どんなときにも山登りはわたしを元気づけてくれる。最近は高い山に登るより、1,000メートル以下の低い山にハイキングに行くほうが楽しい。

5．接続詞を使って、前の文を引き継ぐ。→　16課

問題2 どちらか適当な方を選びなさい。

1. レポートの締め切りは来週の金曜日だ。{ a これまでは　b それまでは } テレビも見ないでがんばらなければならない。{ a あのレポート　b そのレポート } を出した後はかなり暇になると思う。

2. 昔、わたしの家の近くに君子という女の子 { a が　b は } 住んでいた。君子 { a が　b は } わたしより4歳年上だったが、わたしたち { a が　b は } 仲良しだった。遊ぶときはいつも君子がかわいがっている犬 { a が　b は } いっしょだった。……

3. わたしは図書館で { a 貸した　b 借りた } CDをよく聴く。毎日聴くのだが、時々 { a 返す　b 返してもらう } 日を忘れる。返しに { a 来ると　b 行くと }、「もっと早く返してくださいね」と言われてしまう。

4. 国から兄の息子が一人で日本へ来た。{ a 彼　b 彼女 } はまだ16歳だが、一人で日本のあちこちを見て回ると言う。{ a 16歳　b 20歳 } はもう大人だというのだ。{ a 日本の　b 世界の } 有名な観光地の地図をいろいろ持ってきた。
　　兄の息子の計画がわたしは心配だった。{ a したがって　b というのは }、彼はあいさつ程度の日本語しか話せないからだ。{ a それに　b それで } 漢字も読めない。{ a そこで　b それから } わたしもこの子といっしょに観光旅行をしようかと思った。{ a ところで　b しかし }、兄は一人でやらせてみてほしいと言う。

POINT ポイント3 文章の流れ
(The flow of sentences / 文章的文脉 / 문장의 흐름)

　ある文章を読みやすい流れのものにするためには、文の順番を工夫する必要があります。文章の流れには多数のパターンがありますが、代表的なパターンを知っておくと文章を書くのも読むのも上手になります。

例　| ある意見 | ⇒ | 一部認める | ⇒ | 反論 | ⇒ | まとめ |

　外国語の勉強は小さいときから始めたほうがいいという意見がある。子どもは大人に比べて言葉を覚えるのが速いからというのがその理由だ。　→　ある意見

　確かに子どもはまねが上手で、発音や簡単なあいさつなどは大人も負けてしまうくらいうまくなることもある。　→　一部認める

　しかし、読み書きの力や考えるための言葉を身につけるのは年齢が低いほうがいいとは言えない。　→　反論

　まず自分の言葉でものを考える力をしっかり育てる必要があるのだ。　→　まとめ

よく見られる文章の型　例

書き出し	後に続く文
あることを言う	→ 例をあげる
あることを言う	→ もっと詳しく説明したり、分類したりする
ある考えを言う	→ 理由を言う
ある考えを紹介する	→ 反対意見を言う
ある事実を言う	→ 感想を言う
ある疑問を言う	→ その答え、結論を言う

問題3　次の四つの文を読みやすい順番に並び変えなさい。

1. A　つまり、南北に細長い国である。
   B　北から南へ北海道、本州、四国、九州と四つの島が並んでいて、その周りにたくさんの島々がある。
   C　日本は島国である。
   D　そのため、北海道と九州では気候がだいぶ違う。
   (　　) → (　　) → (　　) → (　　)

2. A　日本はまた山国でもある。
   B　その高い山で分かれた日本海側と太平洋側では気候が大きく違う。
   C　日本海側は冬、雪が多い。太平洋側は乾いた晴れの日が多い。
   D　本州の中央に背骨のように高い山々が並んでいる。
   (　　) → (　　) → (　　) → (　　)

3. A　そして一度使っても、また何度でも使うことができる。
   B　それ自体は普通の四角い布だから、四角いものも丸いものも包むことができる。
   C　しかも、使わないときはたたんで小さくすることもできるのだ。
   D　ふろしきは大変便利なものである。
   (　　) → (　　) → (　　) → (　　)

4. A　わたしたちは常にストレスとともに生活している。
   B　自分の性格がどちらのタイプであるかを知っておいたほうがいい。
   C　同じストレスがあっても、性格によってストレスを強く感じる人とあまり感じない人がいるのだ。
   D　しかし、だれもがみなストレスを強く感じて苦しんでいるわけではない。
   (　　) → (　　) → (　　) → (　　)

5．A 彼らはにおいによって食べ物や敵を見つける。
　　B においを感じる能力は、人間より他の哺乳動物のほうが優れている。
　　C 特に野生の哺乳動物は、人間とは比べられないほどにおいに敏感だ。
　　D つまり、生きるために絶対必要な能力、それがにおいを感じる能力なのだ。
　　（　　　）→（　　　）→（　　　）→（　　　）

6．A 消費者は生産されたものを買って、使う。
　　B 生産者はものを生産して、売る。
　　C これからは生産者も消費者も、自分のところから出すごみを減らすことが最大の課題だろう。
　　D 生産した後に出るごみ、使った後に出るごみはどうなるか。
　　（　　　）→（　　　）→（　　　）→（　　　）

まとめ1 （　　　）の中に入るものとして最も適当なものを選びなさい。

1．人間のコミュニケーションの方法は言葉である。一方、（　　　）。しかし、動物、特に集まって暮らす動物たちはそれぞれ特別な方法で情報交換をしている。
　　a 動物たちにも言葉がある
　　b 動物たちには言葉がない

2．煙とは何でしょうか。それはほこりと同じで、空気中に浮かんでいる小さい粒の集まりです。ただし、煙の粒はほこりの粒よりずっと（　　　）。でも、顕微鏡を使えば見ることができます。
　　a 小さいものです
　　b 大きいものです

3.「1，5，3，8，4，3，2」…わたしたちはこの数字の並び方をすぐ覚えられるが、（　　　）。ほかの仕事をした後ではもうわからなくなる。明日になればもうどんな数字が出てきたかさえ覚えていないだろう。
　　a すぐ忘れる
　　b なかなか忘れない

4．楽器、外国語、運動…どれも練習しなければ上手になりません。では、練習すればした分だけ必ず上手になると言えるでしょうか。（　　　）。上手になるようによく考えられた練習をする必要があるのです。
　　a 確かにそう言えます
　　b 残念ですがそうは言えません
　　c 実はその反対です

5．大昔、エジプトで木の影とその方向がヒントになって時計が考え出された。そして影ができるところを12に分けたことから、日中が12時間、1日が24時間となった。この（　　　）、後に16世紀イギリスで労働に対して払う賃金を考える土台になったのである。
　　a 時間が
　　b 影が
　　c 労働が

まとめ2 次の一文をどこに入れれば文章が自然に流れますか。記号で答えなさい。
例　　できなかったことができるようになるのもうれしい。
（　a　）わかるということは楽しいことだ。（　ⓑ　）子どもの教育では、この喜びをできるだけ経験させることが大切だと思う。（　c　）

1．（　a　）子どもの教育は人間だけが持っている能力ではありません。（　b　）哺乳動物においては、しっかりした教育が行われています。（　c　）親が子のそばにいて、生きていくのに必要なことを教えるという教育方法です。（　d　）何度も繰りかえしてお手本を見せていると、いつの間にか子は親と同じことができるようになります。（　e　）といっても言葉が話せないので、親がお手本を見せて子どもにまねをさせるのです。

2．（　a　）ヨーロッパには石の寺院が数多くある。（　b　）これらの寺院には古い歴史があり、そのため、大切な文化財である。（　c　）表面がでこぼこになったり、色が変わったりしているのだ。（　d　）傷みの原因の一つは酸性雨だと考えられている。（　e　）ところが近年、こうした歴史的文化財に傷みが見られるようになった。

3．（　a　）犬の鼻は人間の鼻よりずっと性能がいい。（　b　）弱いにおいも感じとる。そして、それを覚えることができる。（　c　）それだけでなく、いろいろなにおいをかぎ分ける。（　d　）警察犬が犯人を見つけるのも、このような能力があるからだ。

4．（　a　）生物が生きていくためにはいろいろな条件が必要だ。（　b　）第一に適当な温度であること。第二に大気があってその中に酸素が含まれていること。第三に水があること。（　c　）地球にはこの三つがあった。（　d　）その中でも特に重要なのは次の三つである。

5．文章を書くのは苦手という人が多い。（　a　）なぜ書けないのか。（　b　）一つにはみんながメールを使うようになったこともあり、ある程度の長さのまとまった文章を書くことが少なくなったからだろう。（　c　）また、学校で文章を書くトレーニングがされていなかったということもあるだろう。（　d　）書く力は練習すれば身につくものだ。（　e　）だから、若い人たちにはぜひ書くトレーニングをしてほしい。（　f　）

■コラム

どちらの立場で？

同じことを言うのにも、どちらに視点を置くかによって2通りの言い方があります。

例

> 他動詞と自動詞

林さんがタクシーを止めた。　⇔　タクシーが止まった。

> 対の言葉

勝つ・負ける　貸す・借りる　教える・教わる　あげる・もらう　など

Aチームは Bチームに勝った。　⇔　Bチームは Aチームに負けた。

田中先生はわたしに英語を教えた。　⇔　わたしは田中先生に英語を教わった。

> 普通の文と受身文・使役文

後ろの人がわたしを押した。　⇔　わたしは後ろの人に押された。

彼女はぼくを待たせた。　⇔　ぼくは彼女に待たされた。

＊話者中心の言い方

ふつう、話者または話者側に近い人の立場で文を作ります。立場を途中で変えないのが自然です。

×神様は人間にすばらしいものをあげた。	→ 神様は人間にすばらしいものをくれた。
△わたしの服は汚された。	→ わたしは服を汚された。
△相手チームはぼくたちに1対3で負けた。	→ ぼくたちは相手チームに3対1で勝った。
△林さんはわたしにお金を貸したので、あした返す。	→ わたしは林さんにお金を借りたので、あした返す。
△家に着いたとき、林さんが電話をかけた。	→ 家に着いたとき、林さんから電話がかかってきた。

[翻訳（英語・中国語・韓国語）]

1課 いろいろな働きをする助詞

Particles with various functions
具有各种作用的助词
여러 기능을 하는 조사

　初級で学習した「が　へ　を　で　に　から　まで」などは文の構成に関わる大切な助詞です。このほかに助詞には、話者の気持ちやニュアンスを表すことができるものがあります。中級ではこのようないろいろな働きをする助詞を学習します。

　"が，へ，を，で，に，から，"and "まで," all of which were covered at the elementary level, are particles that are important for the sentence structure. There are other particles that express the speaker's feelings or nuance of meaning. At the intermediate level, we will study particles with various other functions.

　初级日语中所学的"が、へ、を、で、に、から、まで"等是关系到句子构成的重要助词。除此之外，还有一些可以表示说话人的感受或语气的助词。在中级日语中，我们将来学习这些起着各种作用的助词。

　초급에서 학습했던「が　へ　を　で　に　から　まで」등은 문장구성에 관여하는 중요한 조사입니다. 그 외 조사에는 말하는 사람의 기분이나 뉘앙스를 나타낼 수 있는 것이 있습니다. 중급에서는 이런 여러 기능을 하는 조사를 학습합니다.

POINT ポイント1　限定の意味を添える助詞
(Particles to denote a limit／带有限定意思的助词／한정의 의미를 더하는 조사)

助詞	どんな働き？
だけ	限定を表す Used to express a limit／表示限定／한정을 나타낸다
ばかり	同じもの、同じことが多い　マイナスイメージ Used to imply that the same (usually negative) thing or event occurs many times 同样的东西、同样的事情很多　带有贬义 같은 것, 같은 것이 많은　마이너스 이미지
さえ	必要十分条件 Used to express a necessary and sufficient condition 必须的条件 필요충분조건
しか	ほかにない、と強調する Used to emphasize uniqueness or exclusiveness 强调除此之外再无其他 다른 것은 없다고 강조한다

— 190 —

POINT ポイント2　強調、程度が大きいという気持ちを表す助詞

(Particles to show emphasis or the degree of something is high / 表示强调、程度之大这一语气的助词 / 강조, 정도가 심하다는 느낌을 나타내는 조사)

助詞	どんな働き？
も	多いという気持ち Used to emphasize the feeling that something is a lot 表示数量之多的语气 많다는 느낌
	普通ではない程度（それより程度が高い（低い）もの・ことはもちろんという気持ち） Used to emphasize that something is to a degree that is unusual or exceptional or beyond the normal range (with the feeling that things higher or lower than that mentioned before "も" are tacitly included) 不是一般的程度［表示较之这一程度高（或低）那是理所当然的语气］ 보통이 아닌 정도 (더 정도가 높은 (낮은) 것・일은 물론이라는 느낌)
だけ	程度が大きい Used to emphasize that the degree of something is great 程度之大 정도가 심하다
	範囲いっぱい Used to indicate that something is to the maximum, or as much as one can do 范围的极限 최대한
こそ	肯定的な気持ちで強調する Used to emphasize with a positive feeling 以肯定的语气加以强调 긍정적인 느낌으로 강조한다
まで	同じ種類のものがさらに加わる Used to express the addition of the same types of thing 同一类事物的添加 같은 종류의 것이 더해진다
	極端な範囲にまでおよんだという気持ち Used to express the feeling that something is an extreme case 表示已经达到极端范围的语气 극단적인 범위까지 이르렀다는 느낌

さえ	極端な例をあげて、予想外で普通ではない程度だと強調する (それより程度が高い（低い）もの・ことはもちろんという気持ち) Used with extreme examples to emphasize that something is unexpected and to an extraordinary degree (with the feeling that things higher or lower than that mentioned before "さえ" are tacitly included) 举出极端的例子来强调出乎预料，并非一般的程度 [表示较之这一程度高（或低）那是理所当然的语气] 극단적인 예를 들어서 예상외로 보통이 아닌 정도라고 강조한다 (더 정도가 높은 (낮은) 것・일은 물론이라는 느낌)

POINT ポイント3　程度が軽いという気持ちを表す助詞

(Particles to show that the speaker feels the degree of something is low / 表示程度很轻这一语气的助词 / 정도가 심하지 않다는 느낌을 나타내는 조사)

助詞	どんな働き？
しか	少ない、という気持ち Used to show the feeling that the quantity of something is small 表示很少的语气 적다는 느낌
でも	提案・意志・希望・推量などの軽い例示 Used to illustrate a suggestion, volition, wish, or conjecture lightly 以很随便的例示提出建议、意志、希望及进行推测等 제안・의지・희망・추측등을 가볍게 제시
など なんか なんて	重要ではない、嫌だという気持ち Used to express the feeling that something is unimportant or is disliked 表示不太重要、不很情愿的语气 중요하지 않다，싫다는 느낌
ぐらい （くらい）	程度は軽い、という気持ち Used to express the feeling that something is not serious 表示程度很轻的语气 가벼운 정도라는 느낌
	最低限 Used to express the feeling that something is the least ／最低限度／최저한

POINT ポイント4　同類のことがらを並べる助詞
(Particles to list similar items / 列举同类事物时使用的助词 / 같은 종류의 사항을 열거하는 조사)

助詞	どんな働き？
～やら～やら	いろいろある Used to give some examples in no particular order 有各种各样的 여러가지다
～とか～とか ～とか～とかして	例をあげる Used to give some concrete examples ／挙例／예를 들다
～だの～だの	代表として並べる　マイナスイメージ Used to list some typical items (usually with a negative connotation) 作为代表性的事物加以列举　带有贬义 대표적으로 열거하다　마이너스 뉘앙스

2課 話題の取り立て

Topicalization

话题的提起
화제 내세우기

　初級で学習した助詞「は」は、話題を取り上げるときの助詞です。中級では話題の取り立てのための言葉をいろいろ学習します。どれも何かの意図を持って話題を取り立てるときに使います。

　You have already studied "は," a particle which marks a topic, at the elementary level. Now you will study several expressions to emphasize the topic. All of them are used to emphasize a topic with a specific purpose.
　初级日语中所学的 "は" 是提起话题时使用的助词。在中级日语中，我们将来学习其他各种提起话题时的用语。这些词语都用于在抱有某种意图而提起话题时。
　초급에서 학습한 조사「は」는 화제를 채택할 때의 조사입니다. 중급에서는 화제를 내세우기 위한 여러가지 말을 학습합니다. 어느 것이든 어떤 의도를 가지고 화제를 내세울 때 씁니다.

POINT ポイント1　説明、関連づけのために話題を取り立てるときの言葉

(Expressions used to emphasize a topic when giving an explanation or connecting things / 为了说明或加以关联而提起话题时的用语 / 설명, 관련 짓기 위해 화제를 내세울 때의 말)

1．～なら
⇒　相手の言葉や様子を受けて取り立てる。

　Used to emphasize a word based on how the speaker looks or what the speaker says
　用于接着对方所讲的话，或根据对方的神态而提起话题时。
　상대방의 말이나 모습을 보고 내세운다.

2．～というのは・～とは
⇒　意味を説明したり、定義をしたりするために取り立てる。(「～とは」の方が硬い言い方)

　Used to emphasize a word when explaining or defining the meaning. ("とは" is more formal.)
　用于为了说明意思，或加以定义而提起话题时。("～とは" 的语气比较生硬)
　의미를 설명하거나 정의짓기 위해 내세운다. (「～とは」쪽이 딱딱한 말투)

3．～といえば
⇒　相手の話や自分で言ったことの中に出てきた言葉を、それと関連のある話に導くために取り立てる。

　Used to emphasize a word that the listener or speaker has said to lead to a related topic
　用于为了将对方或自己所说的话中出现的词语引向与其有关的话题时。
　상대방의 말이나 자기가 말한 내용 중에 나온 말을 관련 짓기 위해 내세운다.

4．～というと・～といえば・～といったら
⇒　その言葉からすぐに思いつくことを言うときに取り立てる。

　　Used to raise a topic that instantly comes to the speaker's mind
　　用于提及从一个词语立即联想起的事物时。
　　그 말로 금방 떠오르는 것을 말할 때 내세운다.

5．～はというと
⇒　ほかと比べて違っていると言うために取り立てる。

　　Used to mention that "～" is different in contrast with something else
　　用于提示与其他相比不同的场合。
　　다른 것과 비교해서 다르다는 것을 말하기 위해 내세운다.

POINT　ポイント2　ある気持ちを言うために話題を取り立てるときの言葉
(Expressions used to emphasize the topic to highlight the speaker's feeling /
为了表达某种感受而提起话题时的用语 / 어떤 느낌을 말하기 위해 화제를 내세울 때의 말)

1．～というものは・～ということは
⇒　感慨を込めて話題にする。

　　Used to emphasize with the deep emotion of "～"
　　用于有感而发的话题。
　　감정을 담아서 화제로 삼는다.

2．～に限って
⇒　特別に～だけは、という気持ちを込めて話題にする。

　　Used to emphasize with the feeling that "～" is special
　　用于带有"偏就是…"这种加以限定的语感提起话题时。
　　특별히 ～만이라는 느낌을 담아서 화제로 삼는다.

3．～といったら
⇒　程度を強調するために話題にする。

　　Used to emphasize the degree of something
　　用于为了强调其程度而提起话题时。
　　정도를 강조하기 위해 화제로 삼는다.

4．～にかけては
⇒　～に関して非常に優れている、と言うために話題にする。

　　Used to emphasize that someone is very good at "～"
　　用于为了要讲"关于～，是非常优秀的"而提起话题时。
　　～에 관해서 아주 뛰어나다고 말하기 위해 화제로 삼는다.

5．～のこととなると
⇒　～については普通でない反応を示す、と言うために話題にする。

Used to emphasize that someone has an unusual reaction to "～"
用于在要说明"对～，其反应是超乎寻常的"这一点而提起话题时。
～에 대해서는 보통 이상의 반응을 나타낸다고 말하기 위해 화제로 삼는다.

3課 助詞の働きをする言葉　1
Phrases used like particles—1

具有助词功能的用语 1
조사의 기능을 하는 말 1

中級には言葉が連なった形で助詞と同じような働きをするものがあります。この課では場面、時点、範囲、手段、原因などを表すものを学習しましょう。

At the intermediate level, set expressions that work like particles are covered. Here, you will study expressions that show a situation, a point in time, range, methods, or causes.

在中级日语中，有一些以词语连接的形式来表现的与助词有着相同作用的用语。在本课中，我们来学习其中用以表示场面、时间、范围、手段、原因等的用语。

중급에는 말이 연결된 형태로 조사와 같은 기능을 하는 것이 있습니다. 이 과에서는 장면, 시점, 범위, 수단, 원인등을 나타내는 말을 학습합시다.

POINT ポイント1　場所、場面、時点を表すもの・範囲を表すもの
(To indicate the place, situation, a point in time/Indicates the range of something / 表示场所、场面、时间的用语与表示范围的用语 / 장소, 장면, 시점을 나타내는 것・범위를 나타내는 것)

A　場所、場面、時点
Place, situation, a point in time／場所、場面、时间／장소, 장면, 시점

1．〜において（〜における）
⇒　場所、場面、状況、分野など。改まった言い方。

Place, situation, circumstances, field, etc. (formal expression)
场所、场面、状况、领域等。郑重的表现方式。
장소, 장면, 상황, 분야 등. 격식체 표현.

2．〜にあたって
⇒　節目になるような特別な時点、重要な行動を始める時点。その時点での改まった気持ちや意志的な姿勢を表すときの言い方。

This indicates a special turning point or a starting point from which a person begins an important action. This expression is used to show the person's solemn feelings or positive attitude.
在有如人生转折点这样的特别时刻、或要进行某一重要行动时，为表示在那一时刻的庄重心情和进取的姿态而使用的表现方式。
고비가 되는 듯한 특별한 시점, 중요한 행동을 시작하는 시점. 그 시점에서의 경건한 기분이나 의지적 자세를 나타낼 때의 표현.

3．～に際して
⇒ 特別なことをする、始める時点。改まった言い方。

A formal expression to show a point at which something special takes place
用于进行或开始某一特别行动时。郑重的表现方式。
특별한 것을 하거나 시작하는 시점. 격식체 표현.

B　範囲　Range/Duration／范围／범위

1．～から～にかけて
⇒ 始めと終わりがはっきりしないある範囲。その範囲で同じ状態が続いている。

Used to show the rough coverage of time or location from one point to another
The same situation or action is maintained within that range.
开始和结束不很明确的某一范围。在这一范围内，一直持续着同一种状态。
시작과 끝이 확실하지 않은 어떤 범위. 그 범위에서 같은 상태가 계속되고 있다.

2．～にわたって（～にわたる）
⇒ 期間、場所、回数などの全範囲。その範囲で同じ状態が続いている。

Used to indicate the entire extent of a period of time, a place, or frequency
The same situation remains within the same range.
期间、场所、次数等的全范围。在这一范围内，一直持续着同一种状态。
기간, 장소, 회수등의 전범위. 그 범위에서 같은 상태가 계속되고 있다.

3．～を通じて・～を通して
⇒ ある期間。その期間ずっと途切れることがなく同じことが続いている。

Used to indicate a certain period of time
The same situation continues without interruption.
某一期间。在这一期间内，同一事物一直没有间断地持续着。
어떤 기간. 그 기간 동안 끊임없이 같은 일이 계속되고 있다.

POINT ポイント2　手段・方法、原因を表すもの
(Expressions to show means, methods or cause／表示手段、方法、原因的用语／수단・방법，원인을 나타내는 것)

1．～によって（～による）
⇒ 手段、方法、原因

Means, method, cause／手段、方法、原因／수단, 방법, 원인

2．～を通じて・～を通して
⇒ 媒介になるもの

Medium, mediator／中介、媒介／매개체가 되는 것

3．～によれば・～によると
⇒ 情報の出どころ

Source of information ／表示信息的来源／정보의 출처

4．～から
⇒ 原因　Cause ／原因／원인

> **POINT** **ポイント3** **対象を表すもの**
> (Expressions to highlight an object or target ／表示対象的用語／대상을 나타내는 것)

1．～について・～に関して（～に関する）
⇒ 思考関係（話す、聞く、調べる、説明するなど）の主題を言う。

Used to highlight the subject of 話す (talk), 聞く (ask/listen), 調べる (study), 説明する (explain), etc.
表示与思考有关［話す（说）、聞く（听）、調べる（查）、説明する（说明）等］的主題。
사고관계 (話す(이야기하다), 聞く(듣다/묻다), 調べる(조사하다), 説明する(설명하다) 등) 의 주제를 말한다.

2．～に対して（～対する）
⇒ 行為や感情が向けられる対象を言う。

Used to highlight the target of an action or feelings
表示行为、感情等的対象。
행위나 감정이 향하는 대상을 말한다.

3．～に応えて
⇒ ほかからの期待や願いに沿うように行為をする、と言う。

Used to say that one will try to measure up to someone's expectations or wishes
表示应他方的要求、希望而采取的行动。
외부의 기대나 바람에 따르도록 행동한다고 말한다.

4．～をめぐって
⇒ 争い、議論、対立、うわさなどの対象を言う。

Used to describe the object of a conflict, argument, confrontation, rumor, etc.
表示争论、议论、対立、传闻等的対象。
분쟁, 의논, 대립, 소문 등의 대상을 말한다.

4課 助詞の働きをする言葉　2

Phrases used like particles—2

具有助词功能的用语 2
조사의 기능을 하는 말 2

　中級には助詞のような働きをする言葉がいろいろ出てきます。ここでは基準、無関係、添加を表すものを学習しましょう。

　At the intermediate level, set expressions that work like particles are covered. Here, you will study expressions showing standards, irrelevance, or the addition of something.
　在中级日语中，出现有各种与助词起着同样作用的用语。在这里，我们来学习其中表示基准、无关、添加的用语。
　중급에는 조사 같은 기능을 하는 말이 많이 나옵니다. 여기서는 기준, 무관계, 첨가를 나타내는 말을 학습합시다.

POINT ポイント1　行動の基準を表すもの
(Expressions to show the basis of an action / 表示行动基准的用语 / 행동의 기준을 나타내는 것)

1. ～をもとに（して）
⇒ ～を素材に使って…（作る・できる・書くなど）

　　Using "～" as a material (作る・できる・書く etc.)
　　将～用作素材…（作る、できる、書く等）
　　～를/을 소재로 사용해서…（作る・できる・書く등）

2. ～のもとで
⇒ ～に守られ、その影響を受けながら…

　　Protected by "～," influenced by "～"
　　受到～保护，在其影响之下…
　　～에게 보호 받고, 그 영향을 받으며…

3. ～に沿って（～に沿った）
⇒ ～の基準から離れないように…

　　Without deviating from the standard for "～"
　　不偏离～的基准…
　　～의 기준에서 벗어나지 않도록…

4. ～に基づいて（～に基づく）
⇒ ～を行動の基本と考えて…

　　Thinking "～" is the basis/norm of an action
　　将～作为行动的基准来考虑…
　　～를/을 행동의 기준으로 생각해서…

POINT ポイント2　関係ないこと、問題にしないことを表すもの
(Expressions to show irrelevance or lack of consideration /
表示无关的事情、或不作为问题的事情的用语 / 관계 없는 것, 문제로 삼지 않는 것을 나타내는 것)

1. ～を問わず・～にかかわらず・～にかかわりなく
⇒ ～には関係なくどんな～でも・どちらの場合でも…

 Regardless of "～," whichever …
 与～无关，任何～都…。与～无关，任何场合都…
 ～에는 무관하게 어떤 ～에도・어떤 경우에도…

2. ～もかまわず
⇒ ふつうは～を気にかけるが、それを気にかけないで…

 Disregard "～" (what normal people are usually concerned with)
 一般对～会有所顾及，但却毫不介意地…
 보통은 ～를/ 을 신경 쓰지만 그것을 신경 쓰지 않고…

3. ～は別として
⇒ ～は例外的に考えて…

 Consider "～" as an exception
 将～作为例外来考虑…
 ～는/ 은 예외로 생각하고…

4. ～はさておき・～はともかく（として）・～は別として
⇒ とりあえず今は～のことは問題にしないで…

 Put "～" aside for the time being
 总之，暂且不将～作为问题…
 우선 지금은 ～는/ 은 문제로 삼지 않고…

POINT ポイント3　添加を表すもの
(Expressions to show addition / 表示添加的用语 / 첨가를 나타내는 것)

1. ～上（に）
⇒ ～と同じようなことがらがさらに加わって…

 Adding some things that are about the same as "～"
 在～之上，再添加同类事物
 ～과/ 와 같은 것이 더 더해져서…

2．～ばかりでなく・～ばかりか
⇒　～だけでなく、それに加えて…

　　In addition to "～"
　　不仅～，而且～
　　～뿐만 아니라 거기에 더해…

3．～に限らず・～のみならず
⇒　～だけに限定しないで…（「～のみならず」は硬い言い方）

　　Without being limited to "～"（"のみならず" is more formal.）
　　不仅限于～，而且～（"のみならず"是比较硬的说法）
　　～만으로 한정하지 않고…（「のみならず」는 딱딱한 표현）

4．～はもちろん・～はもとより
⇒　～は当然のことだが、それだけでなくほかにもっと…
　　「～はもちろん」は当然という気持ちが強い。（「～はもとより」は硬い言い方）

　　In addition to "～" (that is a matter of course)
　　"～はもちろん" emphasizes the feeling that something is a matter of course. ("～はもとより" is more formal.)
　　～是理所当然的，不仅如此而且还…
　　"～はもちろん"表現的是比较强烈的理所当然的心情。（"～はもとより"是比较硬的说法）
　　～는/ 은 물론이지만, 그것 뿐만 아니라 다른 것도 더…
　　「～はもちろん」은 당영하다는 느낌이 강하다.（「～はもとより」는 딱딱한 표현）

5課 助詞の働きをする言葉　3

Phrases used like particles—3

具有助词功能的用语　3
조사의 기능을 하는 말 3

　中級には助詞のような働きをする言葉がいろいろ出てきます。ここでは立場、基準、対応を表すものを学習しましょう。

　At the intermediate level, set expressions that work like particles are covered. Here, you will study expressions showing position, standards, or correlation.

　在中级日语中，出现有各种与助词起着同样作用的用语。在这里，我们来学习其中表示立场、基准、对应的用语。

　중급에는 조사 같은 기능을 하는 말이 많이 나옵니다. 여기서는 입장, 기준, 대응을 나타내는 말을 학습합시다.

POINT ポイント1　判断、評価、行動の立場を表す言葉

（Expressions to show the position of somebody's judgment, evaluation, or action／表示判断、评价、行动立场的用语／판단, 평가, 행동의 입장을 나타내는 말）

1．～にとって
⇒　～にはどう感じられるか。

　Used to show how "～" feels
　对于～是怎样感觉的。
　～에게는 어떻게 느껴질까?

2．～として
⇒　～の立場、資格、名目でどうするか・どうであるか。

　Used to indicate "～"'s position, function, capacity or title
　以～的立场（资格、名义），怎么做（是怎样一种情况）。
　～의 입장, 자격, 명목으로 어떻게 할까・어떤가?

3．～からすると・～からすれば・～からして
⇒　～の立場、～の観点から考えるとどうであるか。

　Used to think based on "～"'s position or viewpoint
　从～的立场（观点）来考虑的话，是怎样一种情况。
　～의 입장, ～의 관점에서 생각하면 어떤가?

— 203 —

4．～にしたら・～にすれば
⇒　～の気持ちを想像すればどうであるか。

To imagine "～"'s feeling
以～的感受来想的话，会是怎样一种情况。
～의 기분을 상상하면 어떤가?

5．～の上で
⇒　～を見て判断するとどうであるか。

To judge based on "～"
看了～之后予以判断的话，将会得到怎样的结论（结果）。
～를/ 을 보고 판단하면 어떤가?

> **POINT　ポイント2　評価の基準を表す言葉**
> (Expressions to show the criteria for the evaluation of something / 表示评价标准的用语 / 평가의 기준을 나타내는 말)

1．～わりに（は）
⇒　～という割合から予想した程度ではなく…

To indicate "～" (the price, amount of time, age, etc.) is different from what one would expect it to be
从与～相比较来看，这不是预想的程度（超出了预想的程度）。
～라는/ 이라는 비율에서 예상했던 정도가 아니라…

2．～にしては
⇒　～という事実から予想されることとは違って…

To indicate "～" (the fact) is different from what it is supposed to be
与根据～这一事实得出的预想不同…
～라는/ 이라는 사실에서 예상했던 것과는 다르게…

3．～だけあって
⇒　～だから当然だが、それにつりあう高い評価ができて…

Although not surprising because (of) "～," it still deserves a high evaluation.
虽然因为～，所以是理所当然的，不过也有着与其相应的高评价。
～때문에 당연하지만 그에 맞는 높은 평가를 할 수 있어서…

4．～ともなると・～ともなれば
⇒　程度が～まで進めばそれに相応して…

As the degree progresses to "～"
当发展到～的程度，也会产生与其相应的情况。
정도가 ～까지 이르면 거기에 상응해서…

POINT　ポイント3　対応を表す言葉
(Expressions to show how things relate or correspond / 表示対応的用語 / 대응을 나타내는 말)

1．**〜によって**
⇒　〜に対応していろいろ異なる。

　　Differ with "〜"
　　与〜相対応，有着种种不同。
　　〜에 대응해서 여러가지 다르다.

　　〜によっては
⇒　〜の一例を取り出して言うと…

　　To pick up one example from amongst "〜"
　　举〜为例来说的话…
　　〜의 한 예를 들어서 말하면…

2．**〜に応じて（〜に応じた）**
⇒　〜が変われば、それに対応して変える。

　　If "〜" changes, the following will change accordingly.
　　如〜发生变化的话，情况则会有相应的改变。
　　〜가/ 이 바뀌면 거기에 대응해서 바꾼다.

3．**〜次第で**
⇒　〜に対応して異なる・決まる。

　　Something is decided depending on "〜."
　　因〜而异、因〜而定
　　〜에 대응해서 다르다・정해진다.

　　〜次第では
⇒　ある〜の場合は…

　　Depending on "〜,"…
　　根据〜而…
　　어떤 〜의 경우는…

6課 名詞化の方法 「こと」と「の」

How to nominalize verbs and adjectives: "こと" and "の"

名词化的方法 "こと"与"の"
명사화 방법 「こと」와 「の」

　名詞は文の中で主語や目的語として働きますが、動詞はそのままの形では名詞のような働きはできません。「こと・の」をつけなければなりません。

　Nouns work as the subject or object in a sentence. Verbs, however, do not work like nouns. "こと・の" should be added to verbs so that they function like nouns.
　名词在句子中用作主语或宾语，动词的原形不能与名词一样使用，必须加上"こと、の"。
　명사는 문장 안에서 주어나 목적어의 기능을 하지만 동사는 원형으로는 명사와 같은 기능을 하지 못합니다. 「こと・の」를 붙여야 합니다.

POINT ポイント1　名詞化の働きをする「こと」と「の」
("こと" and "の" as nominalization marker / 具有名词化功能的"こと"与"の" / 명사화의 기능을 하는 「こと」와 「の」)

　「こと」や「の」をつければ動詞や形容詞を名詞と同じ働きを持つものに変えることができます。

　By adding "こと" or "の," we can change the verb or adjective into a noun.
　加上"こと"或"の"，可以使动词或形容词具有与名词同样的功能。
　「こと」나 「の」를 붙이면 동사나 형용사를 명사와 같은 기능을 하도록 바꿀 수 있습니다.

POINT ポイント2　「こと」の用法
(Use of "こと" / "こと"的用法 / 「こと」의 용법)

　「こと」と「の」は名詞化の働きがありますが、いつも同じように使えるわけではありません。

　Although both "こと" and "の" work as nominalization markers, note the following restrictions on their usage.
　"こと"与"の"具有名词化的功能，但并不是在任何时候都可以同样使用。
　「こと」와 「の」는 명사화하는 기능이 있지만 항상 같은 쓰임을 하는 것은 아닙니다.

「こと」の用法（≠の）→（「の」で置き換えることができないもの）

　　　　　　　　　　（Cannot be replaced by "の"）
　　　　　　　　　　（不可以与"の"互换的用法）
　　　　　　　　　　（「の」로 바꿀 수 없는 것）

2．…ことを ～　　「…」は伝達などの内容

"…" is the content of the message being conveyed.
"…"是传达等的内容
「…」는 전달 등의 내용

「～」は伝達などに関係のある動詞（言う、話す、聞く、伝える、知らせる、祈る、約束する、提案するなど）。

"～" is a verb related to "conveying messages" (言う (tell), 話す (talk), 聞く (hear), 伝える (inform), 知らせる (notify), 祈る (pray), 約束する (promise), 提案する (suggest), etc.).
"～"是与传达等相关的动词［言う（说）、話す（讲）、聞く（听）、伝える（传达）、知らせる（通知）、祈る（祝）、約束する（约定）、提案する（建议）等］。
「～」는 전달 등에 관계가 있는 동사(言う (말하다)、話す (이야기하다)、聞く (듣다／묻다)、伝える (전하다)、知らせる (알리다)、祈る (바라다)、約束する (약속하다)、提案する (제안하다) 등).

3．「こと」を使う文型
Sentence patterns using "こと" ／使用"こと"的句型／「こと」를 쓰는 문형

＜初級では＞

文型	意味
～ことができる	可能・不可能 Possible/impossible ／可能、不可能／가능・불가능
～ことがある	時には～ Sometimes ～／有时／때로는
～たことがある	経験 Experience ／体验、经验／경험

＜中級では＞
1）～ということだ・～とのことだ
　　（伝聞）(hearsay) ／（传闻）／（전문）

2）～ことに
　　（感想）(feelings/thoughts) ／（感想）／（감상）

3）～ことは～が・けれど…
　　（消極的な肯定）(affirm passively) ／（消极的肯定）／（소극적인 긍정）

4）～ことはない
（不必要） (not needed) ／（不必要）／（불필요）

5）その他
* ～ことになる、なっている
（決定したこと、決まりを表す）

(To express decisions/rules)
（表示決定的事情、規定）
（결정한 것, 규정을 나타냄）

* ～ことにする、している
（意志決定、習慣的行為を表す）

(To express something decided at the speaker's own volition or a habitual action)
（表示意志決定、习惯行为）
（의지결정, 습관적행위를 나타냄）

* ～ことだ
（忠告、命令を表す）

(To express advice and orders)
（表示忠告、命令）
（충고, 명령을 나타냄）

POINT ポイント3 「の」の用法
(Use of "の" ／ "の" 的用法 ／ 「の」의 용법)

「の」の用法（≠こと）→（「こと」で置き換えることができないもの）

(when "の" cannot be replaced by "こと")
（不可以与"こと"互换的用法）
（「こと」로 바꿀 수 없는 것）

1．…の
「の」を修飾された名詞の代わりに使う。

"の" is used instead of a modified noun.
把"の"用以代替被修饰的名词
「の」를 수식 된 명사 대신 쓴다.

2．…のが／を ～
　　「…」は感覚でとらえた音や光景や感触など。
　　「～」は感覚に関係のある動詞（見える、聞こえる、見る、聞く、感じるなど）。

　　"…" is a sound, scene, feeling, etc., which is perceived by the senses. "～" is a verb related to the senses (見える (see), 聞こえる (hear), 見る (look), 聞く (listen), 感じる (feel), etc.).
　　"…"是感觉到的声音、光景、感触等。"～"是与感觉相关的动词［见える（看见）、闻こえる（听见）、见る（看）、闻く（听）、感じる（觉得）等］。
　　「…」는 감각으로 파악한 소리나 광경이나 감촉 등.「～」는 감각과 관계가 있는 동사 (見える (보이다)、聞こえる (들리다)、見る (보다)、聞く (듣다)、感じる (느끼다) 등).

3．…のを ～
　　「～」はある動作に応じる意味の動詞（手伝う、待つ、じゃまする、止めるなど）。

　　"～" is a verb related to "responding to a certain action" (手伝う (help), 待つ (wait), じゃまする (interrupt), 止める (stop), etc.).
　　"～"是与某一动作相应的动词［手伝う（帮）、待つ（等）、じゃまする（打搅）、止める（停止）等］。
　　「～」는 어떤 동작에 상응하는 의미의 동사 (手伝う (돕다)、待つ (기다리다)、じゃまする (방해하다)、止める (멈추다) 등).

4．…のが ～
　　「～」は「早い、速い、遅い」など。

　　"～" is "早い (early), 速い (fast), 遅い (slow/late)," etc.
　　"～"是"早い（早）、速い（快）、遅い（慢）"等。
　　「～」는「早い 빠르다/이르다、速い 빠르다、遅い 늦다」등.

5．「の」を使う文型　　Sentence pattern using "の" ／使用"の"的句型／「の」를 쓰는 문형
　　1）…のです／…んです
　　　　（事情、経過、理由などの説明）

　　　　(Explanation of conditions, developments, reasons, etc.)
　　　　（事情、经过、理由等的说明）
　　　　(사정, 경과, 이유 등의 설명)

　　2）…のに～　（目的）　(purpose) ／（目的）／（목적）
　　　　「～」は「いい、便利だ、必要だ、使う」など。

　　　　"～" is "いい，便利だ，必要だ，使う," etc.
　　　　"～"是"いい（好）、便利だ（方便）、必要だ（必要）、使う（使用）"等。
　　　　「～」는「いい，便利だ，必要だ，使う」등.

* 「こと・の」の両方が使える場合

    Cases when both "こと" and "の" can be used.
    "こと"和"の"双方都可以使用的场合
    「こと・の」 모두 쓸 수 있는 경우

1）…こと/の　は〜（形容詞文・名詞文）
   判断、感情などを言うとき
   うそだ、本当だ、確かだ、まちがいだ、正しい、変だ、ふしぎだ、うれしい、悲しい、心配だ、好きだ　など

   When describing judgments, emotions, etc.
   うそだ (false), 本当だ (true), 確かだ (sure), まちがいだ (wrong), 正しい (correct), 変だ (unusual), ふしぎだ (strange), うれしい (glad), 悲しい (sad), 心配だ (anxious), 好きだ (like), etc.
   表示判断、感情等时
   うそだ（谎言）、本当だ（真的）、確かだ（确实）、まちがいだ（过错）、正しい（正确）、変だ（不正常）、ふしぎだ（不可思议）、うれしい（高兴）、悲しい（悲伤）、心配だ（担心）、好きだ（喜欢）等
   판단, 감정등을 말할 때
   うそだ (거짓이다)、本当だ (정말이다)、確かだ (확실하다)、まちがいだ (틀리다)、正しい (맞다)、変だ (이상하다)、ふしぎだ (묘하다)、うれしい (기쁘다)、悲しい (슬프다)、心配だ (걱정이다)、好きだ (좋아하다) 등

2）…こと/の　を〜（動詞文）
   心理的な行為を言うとき
   信じる、喜ぶ、心配する、思い出す、忘れる、知る　など

   When describing perceptual/mental actions
   信じる (believe), 喜ぶ (delight), 心配する (worry), 思い出す (remember), 忘れる (forget), 知る (know), etc.
   表示心理行为时
   信じる（相信）、喜ぶ（喜悦）、心配する（担心）、思い出す（想起）、忘れる（忘却）、知る（知道）等
   심리적인 행위를 말할 때
   信じる (믿다)、喜ぶ (기뻐하다)、心配する (걱정하다)、思い出す (떠올리다)、忘れる (잊다)、知る (알다) 등

POINT ポイント4　その他の名詞化の方法
(More ways to nominalize verbs and adjectives / 其他名词化的方法 / 그 외의 명사화 방법)

「こと・の」をつける以外にも名詞化の方法があります。

We can also nominalize verbs and adjectives without adding "こと" or "の."
除"こと、の"之外，还有其他名词化的方法。
「こと・の」를 붙이는 방법 외에도 명사화 방법이 있습니다.

品詞	方法
動詞 Verb 动词 동사	同じ意味の名詞を使う Use nouns that have a similar meaning 使用相同意思的名词 같은 의미의 명사를 사용한다
	「ます」を取る Omit "ます"／去掉"ます"／「ます」를 뗀다
	する動詞の名詞部分を使う Omit "する" from する -verbs 使用"する动词"的名词部分 する동사의 명사부분을 사용한다
形容詞 Adjective 形容词 형용사	語幹に「さ」をつける Add "さ" to the stem of an adjective 词干接"さ" 어간에 「さ」를 붙인다

7課 複文構造 —複文の中の「は」と「が」・時制—

Structure of complex sentences: "は" and "が" and the tense in complex sentences

复句结构 —复句中的"は"和"が"以及时态—
복문구조 —복문 안의「は」와「が」・시제—

　大きい文の中に小さい文が入っている文（主語が二つ以上ある文）を複文と言います。複文では「は」と「が」の使い分けと時制の使い分けが大切です。

　A sentence that has a small sentence buried within it (i.e., a sentence that has two or more subjects) is called a complex sentence. In complex sentences, it is important to use "は" and "が" correctly and to use a proper tense.

　在大句子中套有小句子的句子（有两个以上主语的句子）叫做复句。在复句中非常重要的是"は"和"が"的区别使用和时态的正确运用。

　큰 문장 안에 작은 문장이 들어있는 문장 (주어가 두개 이상인 문장)을 복문이라고 합니다. 복문에서는「は」와「が」의 쓰임과 시제의 쓰임이 중요합니다.

POINT ポイント2　複文の時制
(Tense in complex sentences / 复句中的时态 / 복문의 시제)

1. 大きい文は、今（話しているとき）から見て過去のことは過去形（た形）で表します。

　In a big sentence, the past form (た-form) is used to express a past event (as opposed to a present event).
　在大句子中，从现在（说话时）来看是过去的事情则用过去时（た形）表示。
　큰 문장은 지금 (말하고 있는 때) 으로 봐서 과거의 일은 과거형 (た형) 으로 나타냅니다.

2. 小さい文は、今（話しているとき）とは関係なく、大きい文との時間的な前後関係で、過去形（た形）で表すか、現在形で表すかが決まります。

　To use the past tense (た-form) or present tense in a small sentence with no relation to the present, you need to decide if the small sentence comes at an appropriate point before or after the big sentence.
　在小句子中，时态与现在（说话时）无关，而是根据与大句子的时间的前后关系来决定是使用过去时（た形），还是使用现在时。
　작은 문장은 지금 (말하고 있는 때) 과는 관계없이 큰 문장과의 시간적인 전후관계로 과거형 (た형) 으로 나타낼지, 현재형으로 나타낼지가 결정됩니다.

3. 大きい文に「ている形」を使えば、小さい文より前を表します。

　When the "ている-form" is used in a big sentence, the tense of the big sentence comes before the small sentence.
　如果在大句子中使用"〜ている"的形态，则先于小句子表示。
　큰 문장에「ている형」을 사용하면 작은 문장보다 앞서 일어난 일을 나타냅니다.

注：ている形 → ここでは行為の結果がそのまま残っていることを表す言い方

Here, it means that the result of an action remains as it is.
在这里是表示行为的结果原封不动地保留着的说法。
여기서는 행위의 결과가 그대로 남겨져 있는 것을 나타내는 표현

＊小さい文が状態を表すときは時間の差がありませんから、このルールは使いません。

When a small sentence buried within a big sentence shows the state of something, this rule is not applicable since there is no time difference.
小句子表示状态时，由于不存在时间差，所以这一规则不适用。
작은 문장이 상태를 나타낼 때는 시간의 차이가 없으므로 위의 규칙은 사용하지 않습니다.

8課 名詞修飾

Noun modification

名词修饰
명사수식

「世界でいちばん高い山」「きのう買った本」など名詞を説明する言い方を初級で学習しました。中級では少し複雑になりますが、基本的な方法は同じです。

At the elementary level, you learned how to modify nouns such as "世界でいちばん高い山" "きのう買った本." At the intermediate level, though you will learn more complicated structures and rules, the basic way of modifying is the same.

在初级日语中，学习了"世界でいちばん高い山""きのう買った本"等，对名词加以说明的用法。在中级日语中要学习的用法虽然复杂一些，但基本方法是一样的。

「世界でいちばん高い山」「きのう買った本」 등 명사를 설명하는 표현을 초급에서 학습했습니다. 중급에서는 약간 복잡해지지만 기본적인 방법은 같습니다.

POINT ポイント1　名詞修飾の用法
(Use of noun modification / 名词修饰的用法 / 명사수식의 용법)

1. 名詞修飾（名詞を説明する部分）は長くても短くても必ず名詞の前です。

   The part that modifies (explains) the noun comes before the noun regardless of the length of the phrase which modifies the noun.
   名词修饰（对名词加以说明的部分）无论长短都必须放在名词之前。
   명사수식(명사를 설명하는 부분) 은 길어도 짧아도 반드시 명사의 앞에 옵니다.

2. 名詞を説明する部分と名詞との関係

   Relationship between the modifying part and the noun
   对名词加以说明的部分与名词的关系
   명사를 설명하는 부분과 명사와의 관계

   ①助詞「が・を・で・へ・に」の関係でつながるもの

   The noun and the modifying part can be connected with the particles "が, を, で, へ" and "に."
   以助词"が、を、で、へ、に"的关系连接的名词修饰
   조사「が・を・で・へ・に」의 관계로 연결되는 것

   ②内容の関係でつながる名詞修飾

   The noun and the modifying part can be connected with the content.
   以内容关系连接的名词修饰
   내용의 관계로 연결되는 명사수식

3．情報の内容を表す場合は「という」を入れます。

When describing the content of some information, "という" is inserted between the modifying phrase and the noun.
表示信息内容的场合要加"という"。
정보의 내용을 나타내는 경우는「という」를 넣습니다.

> **POINT** ポイント2　**名詞修飾の作り方**
> (How to modify a noun ／名词修饰的构成／ 명사수식 만드는 법)

名詞修飾の中のルール

Rules when modifying a noun ／名词修饰中的规则／명사수식 안의 규칙

2．動作の主体は「が」(「は」は使いません。)

"が" (not "は") is used to show the subject of an action.
动作的主题用"が"表示（不用"は"。）
동사의 주체는「が」(「は」는 쓰지 않습니다.)

3．「が」は「の」で置き換えられます。
　　（すぐ後にほかの名詞があって誤解しやすいときは「が」を使います。）

"が" can be replaced with "の." (But when the other noun is placed just after "の," "が" is used to avoid confusion.)
"が"可以用"の"替换。（其后紧接着还有其他名词，容易产生误解时用"が"。）
「が」는「の」로 바꿔 쓸 수 있습니다.
(바로 뒤에 다른 명사가 있어서 구별하기 힘들 때는「が」를 씁니다.)

4．状態を表す「～ている」は「～た」で置き換えられます。
　　（動作を表す「～ている」は置き換えられません。）

"～ている" to show a state can be replaced with "～た."
(But when "～ている" shows an action,「～た」is not used.)
表示状态的"～ている"可以用"～た"替换。（表示动作的"～ている"不可以替换。）
상태를 나타내는「～ている」는「～た」로 바꿔 쓸 수 있습니다.
(동작을 나타내는「～ている」는 바꿔 쓸 수 없습니다.)

9課 複文を作る言葉　1　－時間－

Expressions that form complex sentences—1: Time

构成复句的用语 1 －时间－
복문을 만드는 말 1 －시간－

初級では時間を表す言葉として、「〜とき・〜間（に）・〜てから・〜前に・〜後で」などを学習しました。中級レベルでは、さらにいろいろ学習して、場合に応じて使い分けます。

At the elementary level, you studied "〜とき，〜間（に），〜てから，〜前に" and "〜後で" to describe time. At the intermediate level, you will study more of such expressions and how to use them appropriately.

在初级日语中，作为表示时间的用语，学习了"〜とき、〜間（に）、〜てから、〜前に、〜後で"等。在中级日语中，将进一步学习各种这类用法，以便根据场合加以区别使用。

초급에서는 시간을 나타내는 말로「〜とき・〜間（に）・〜てから・〜前に・〜後で」등을 학습했습니다. 중급레벨에서는 더 많이 학습해서 경우에 따라 맞게 가려서 씁니다.

POINT　ポイント1　時点・時間幅を表す言葉
(Expressions to describe a point in time/duration of time / 表示时间、时间范围的用语 / 시점·시간폭을 나타내는 말)

A 「〜とき」

1. 〜際（に）
⇒ 〜とき…　改まった場面で使う。

   When "〜" (formal expression)
   〜之际　用于郑重的场面。
   〜때　격식있는 장면에서 사용한다.

2. 〜折（に）
⇒ 〜のようないい機会に…　やや改まった場面で使う。

   When having a good opportunity such as "〜" (slightly formal expression)
   像〜这样的好机会时…　用于较为郑重的场面。
   〜처럼 좋은 기회에….약간 격식있는 장면에서 사용한다.

3. 〜たびに
⇒ 〜のときは毎回同じことになる・同じことをする。

   Whenever "〜," the same thing always happens or the subject always does the same thing.
   〜的时候，每次都重复同样的事情。
   〜의 때는 매번 같은 일이 일어난다·같은 일을 한다.

4．〜につけて
⇒ 〜のときいつも同じ気持ちになる。

Whenever "〜," the subject always feels the same.
〜的时候，每次总是同样的心情。
〜의 때 항상 같은 기분이 든다.

B 「間（に）」
1．〜うちに
⇒ 〜の間にはじめの状態が変化した。

While "〜," the original state or condition has changed.
在〜之间，开始时的状态发生了变化。
〜의 동안에 처음 상태가 변화했다.

POINT ポイント2　二つの出来事が同時か直後かを表す言葉
(Expressions to describe that two events happen at the same time, or the second event happens just after the first event / 表示两件事情同时或相继发生的用语 / 두개의 일이 동시인지 직후에 일어났는지를 나타내는 말)

1．〜たとたん
⇒ 〜と同時に、そのことがきっかけで別のことが起きる。

When "〜" happens, it causes another event at the same time.
与〜的同时，另一件事也因此而发生。
〜과/와 동시에, 그 일을 계기로 다른 일이 일어난다

2．〜かと思うと・〜かと思ったら
⇒ （第3者が）〜と、すぐに次のことが続く。

Just after the third party does "〜," another event occurs.
（第三者）刚一想〜，紧接着就发生了下一件事。
(제3자가) 〜자마자 곧 다른 일이 이어진다

3．〜か〜ないかのうちに
⇒ 〜と、ほとんど同時に次のことが続く。

When "〜," another event happens almost at the same time.
刚一〜，几乎与此同时紧接着就发生了下一件事。
〜자마자 거의 동시에 다른 일이 이어진다

4．〜次第
⇒ 〜たら、すぐに次の意志的行動をする。

Just after "〜," another volitional event follows.
〜刚一结束，紧接着就开始了下一个行动。
〜면/으면 곧 다음 의지적행동을 한다

POINT ポイント３ 時間的前後を表す言葉
（Expressions to describe the time sequence of two events ／ 表示时间前后的用语 ／ 시간적전후를 나타내는 말）

A 「〜前に」
1. 〜うちに
⇒ 後では実現が難しいから、〜前に・〜間に…

During "〜" or before "〜" (because something will be difficult to be realized or come true later)
因为之后很难实现，所以在〜之前（或在〜之间）…
나중에는 실현하기 어려우니까 〜전에・〜동안에…

2. 〜に先立って
⇒ 準備のために〜の前に、前もって…

Do something before "〜" to prepare ／ Beforehand
为了做准备，在〜之前事先…
준비를 위해 〜기 전에, 미리…

B 「〜てから・〜後で」
1. 〜てはじめて
⇒ 〜後でやっと実現する・それまでは〜しない。

Something is not realized until "〜" ／ only after "〜."
在〜之后，总算得以实现。在那之前不〜。
〜후에 겨우 실현된다・그 때까지는 〜되지 않는다.

2. 〜てからは・〜て以来
⇒ 〜てからずっと同じ状態が続いている。

The same state/situation has been continuing since "〜."
在〜之后，一直保持着同一种状态。
〜고 나서 계속 같은 상태가 이어진다.

3. 〜た上で
⇒ 前もってしなければならない〜をしてから、次のことをする。

Do something after doing "〜," which should have been done beforehand.
把事先必须做的〜做完之后，再做下一件事。
미리 하지 않으면 안되는 〜를/ 을 한 후에 다음 행동을 한다.

4．～てからでないと・～てからでなければ
⇒　～した後でなければ～できない。

Cannot do something before completing "～."
不做完～之后，就不能～。
～한 후가 아니면 ～ㄹ/을 수 없다.

10課 複文を作る言葉　2　－仮定の言い方・逆接の言い方－

Expressions that form complex sentences—2: Describing subjunctive conditions/adversative conditions or conjunctions

构成复句的用语　2　－假定的说法与逆接的说法－
복문을 만드는 말2 －가정의 표현・역접의 표현－

　初級では仮定を表す言い方として「～と・～たら・～ば・～なら」、逆接を表す言い方として「～ても・～のに」などを学習しました。中級レベルでは、さらにいろいろ学習して、場合に応じて使い分けます。

　At the elementary level, we covered "～と, ～たら, ～ば" and "～なら" for expressions to describe supposition, and "～ても" and "～のに" for adversative conjunctions. At the intermediate level, you will study more of such expressions and how to use them appropriately.

　在初级日语中，作为假定的表现，学习了"～と、～たら、～ば、～なら"，作为逆接的表现，学习了"～ても、～のに"等。在中级日语中，将进一步学习各种这类用法，以便根据场合加以区别使用。

　초급에서는 가정을 나타내는 표현으로「～と・～たら・～ば・～なら」, 역접을 나타내는 표현으로「～ても・～のに」등을 학습했습니다. 중급레벨에서는 더 많이 학습해서 경우에 따라 맞게 가려서 씁니다.

POINT ポイント1　仮定条件を表す言葉
(Expressions to describe subjunctive conditions / 表示假定条件的用语 / 가정조건을 나타내는 말)

1．～としたら・～とすれば・～とすると
⇒　もし～の場合、どうなるか、どうするか。

　　Suppose "～" is true, what will happen/what will the subject do?
　　如果～的情况，怎么样（怎么做）。
　　만약～의 경우 어떻게 될까, 어떻게 할까?

2．～ないことには
⇒　前のことが実現しなければ、後のことも実現しない。

　　The second event will not be realized unless "～" occurs.
　　如果前一件事情实现不了的话，那么后面的事情也就无法实现。
　　앞의 일이 실현되지 않으면 다음의 일도 실현되지 않는다.

3．～ものなら
⇒　可能性は少ないが、もし～できるならそうしたい、そうしよう。

　　Although the possibility is low, if it may be possible, the subject would like to do it/will do it.
　　虽然可能性很小，但如果可能～的话，就想那样去做。
　　가능성은 적지만 혹시 ～ㄹ/을 수 있으면 그렇게 하고 싶다, 그렇게 하자.

4．～（よ）うものなら
⇒ もし、～のようなことをしたら、ひどい結果になるだろう。

If one does something such as "～," the result will be terrible.
如果做了～那样的事情的话，那结果一定会很糟糕。
만약～같은 일을 하면 심각한 결과가 될 것이다.

5．～限り
⇒ その条件が成立している間は、後の文の状態が続く。

As long as a certain condition applies, the other condition continues.
在那一条件成立期间，后边句子中所叙述的状态就会持续下去。
그 조건이 성립되고 있는 동안은 뒷 문장의 상태가 계속된다.

POINT ポイント2　逆接条件を表す言葉
(Expressions to describe adversative conditions / 表示逆接条件的用语 / 역접조건을 나타내는 말)

1．～としても
⇒ 仮に～が現実であっても…

Even if "～" is true...
即使～是现实也…
만약 ～가/이 현실이라고 해도…

2．～たところで
⇒ ～ても、いい結果は期待できない。

Even if one does "～," a good result cannot be expected.
即使～，也是不可指望有好结果的。
～ㄴ/는다고 해도 좋은 결과는 기대할 수 없다.

3．～にしても・～にしろ・～にせよ
⇒ 事実は～かもしれないが、その場合でも…

Although the fact is "～," anyway...
尽管事实也许是～，但在那种场合也…
사실은 ～ㄹ/을지도 모르지만 그런 경우라도…

4．～（よ）うと・～（よ）うが
⇒ ～の場合でも関係ない。

Even if "～" happens, it doesn't matter.
即使是～的情况也没关系。
～의 경우라도 관계없다.

POINT ポイント3　逆接を表す言葉
(Use of adversative conjugations / 表示逆接的用语 / 역접을 나타내는 말)

１．～ながら
⇒　～が…、～けれども…、（少し古風な言い方）

　　Although "～" (Slightly old-fashioned)
　　～可…、～但是…。（比较老式的说法）
　　～(이)지만…, ～(으)나…. (조금 고풍스런 표현)

２．～ものの・～とはいうものの
⇒　～というのは事実なのだが、その事実から想像することとは合わないことが伴う。

　　Although "～" is true, something (contrary to one's expectations from "～") follows.
　　～是事实，但与此相反…。
　　～ㄴ/는다는 건 사실이지만 그것과 상반되는 것이 이어진다.

３．～にもかかわらず
⇒　～の事実から想像される結果は、～の影響を受けない。

　　The result that is predicted from the fact of "～" is not affected by "～."
　　根据～这一事实，想像出的结果不受～的影响。
　　～의 사실에서 상상되는 결과는 ～의 영향을 받지 않다.

４．～といっても
⇒　～から当然だと考えられるよりも、程度はもっと下（もっと上）

　　The actual degree is much lower (higher) than expected from "～."
　　从～来考虑是理所当然的，但实际上程度在其下（或其上）。
　　～(으)로부터 당연하다고 생각했던 것 보다 정도는 덜하다 (더 심하다).

５．～からといって
⇒　ただ～という理由だけでは後のことは成立しない。

　　The incident does not occur just for the reason of "～."
　　仅仅因为～这一理由，后面的事情不能成立。
　　단지～(이)라는 이유만으로는 뒷 일이 성립되지 않는다.

11課 複文を作る言葉 3 －原因・理由を表す言葉・相関関係を表す言葉－

Expressions that form complex sentences—3: Showing cause/reason or correlation
构成复句的用语 3 －表示原因、理由的用语与表示相关关系的用语－
복문을 만드는 말 3 －원인・이유를 나타내는 말・상관관계를 나타내는 말－

初級では原因・理由を表す言葉として、「～から・～ので・～ために」などを学習しました。中級では場面に応じてさらにいろいろな言葉を使い分けます。

また、相関関係（一方が変わると他方もいっしょに変わる）を表す言葉もいろいろあります。

At the elementary level, you studied "～から, ～ので" and "～ために" to show cause or reason. At the intermediate level, you will study more of such expressions and how to use them appropriately depending on the situation.

You will also study various expressions that describe correlation (if one thing changes, the other one also changes).

在初级日语中，作为表示原因、理由的用语，学习了"～から、～ので、～ために"等。在中级日语中，将要进一步学习的是，根据场面来区分运用各种这类词语。

另外，表示相关关系（一方发生变化的话，另一方也随之变化）的用语也很多。

초급에서는 원인・이유를 나타내는 말로「～から・～ので・～ために」등을 학습했습니다. 중급에서는 더 많이 학습해서 경우에 따라 맞게 가려 씁니다.

또 상관관계 (한쪽이 바뀌면 다른 쪽도 같이 바뀐다) 를 나타내는 말도 여러가지 있습니다.

POINT ポイント1　理由を表す言葉　1　－ことがらの理由－

(Expressions to indicate reasons—1: Reason for doing something－ / 表示理由的用语 1 －事情的理由－ / 이유를 나타내는 말1 －내용의 이유－)

1. ～もので・～ものだから
⇒ 個人的理由、言い訳を言う。許可求めや依頼の理由を言うときなどにも使われる。

　　Used to give personal reasons, excuses, etc.
　　Also used when asking permission, or explaining the reason for requesting something.
　　说明个人的理由、辩白。也可用于请求对方许可、或说明请求理由时。
　　개인적 이유, 변명을 말한다. 허가를 요청하거나 의뢰의 이유를 말할 때 등에도 쓰인다.

2. ～おかげで・～せいで
⇒ ～が原因でいい結果（～おかげで）・悪い結果（～せいで）になった。

　　"～" led to a good (～おかげで) result or a bad (～せいで) result.
　　由于～，得到了很好的结果（～おかげで）。由于～，结果很坏（～せいで）。
　　～가/이 원인으로 좋은 결과（～おかげで）・나쁜 결과（～せいで）가 됐다.

３．～あまり
⇒ 非常に～ために、普通ではない結果になった。

Because of "～," something unusual has occurred.
由于太～，所以结果不同一般。
너무 ～기 때문에 보통이 아닌 결과가 됐다.

４．～だけに
⇒ ～ので当然ではあるが、普通よりもっと程度が上だ。

It is a matter of course as something is "～," the degree of the result is higher than usual.
虽说由于～，所以是理所当然的，但程度超出了一般。
～기 때문에 당연하지만 보통 보다 더 정도가 심하다.

POINT ポイント２　理由を表す言葉　２　－判断の理由・根拠－
(Expressions to indicate reasons—2: Reason/bases for judgment /
表示理由的用语 2 －判断的理由、根据－ / 이유를 나타내는 말 2 －판단의 이유·근거－)

１．～ことだし
⇒ 希望・判断・決心などの理由・根拠を言う。

Used to describe reasons/bases of hope, judgment, or decision
说明希望、判断、决心等的理由、根据。
희망·판단·결심등의 이유·근거를 말한다.

２．～ばかりに
⇒ ～だけが原因で予想外の悪い結果になってしまった。

Simply because "～" occurred, it caused an unexpectedly terrible result.
虽然原因仅～而已，结果之坏却令人感到意外。
～만이 원인으로 예상외의 나쁜 결과가 되어 버렸다.

　～たいばかりに
⇒ ～だけが理由で普通ではないことをする。

Do something unusual just for "～."
仅以～这一理由，去做不同寻常的事情。
～만이 이유로 보통이 아닌 것을 하다.

３．～からには・～以上・～上は
⇒ 話者の決意、判断、勧めなどの理由を言う。

Used to show the reason for the speaker's decision, judgment, or recommendation
说话人说明自己的决心、判断、劝告等的理由。
말하는 사람의 결의, 판단, 권유 등의 이유를 말한다.

4．～ところを見ると
⇒ 推量・判断の根拠を言う。（後の文で推量したことを言う。）

Used to describe the basis of conjecture or judgment (After "ところを見ると" what is conjectured is described.)
说明推测、判断的根据。（后接表示推测的句子。）
추측・판단의 근거를 말한다. (뒷 문장에서 추측한 것을 말한다.)

POINT ポイント3　相関関係・連動を表すもの
(Expressions to describe correlation or to link things / 表示相关关系、连锁关系的用语 / 상관관계・연결된 동작을 나타내는 말)

1．～ば～ほど
⇒ ～の程度が上がれば、後のことの程度も上がる。

As the degree of "～" rises, the degree of the other rises too.
～的程度如果提高的话，后面的事情的程度也会随之提高。
～의 정도가 바뀌면 뒷 문장의 정도도 바뀐다.

2．～につれて・～に従って
⇒ 前のことが変化すれば、後のことも同じように変化する。

As the first half (～) changes, the latter half changes in the same way.
前面的事情如果发生变化的话，后面的事情也会同样发生变化。
앞의 내용이 변화하면 뒷 내용도 똑같이 변화한다.

3．～に伴って
⇒ 前のことが変化すれば、それといっしょに後のことも変化する。（改まった言い方、書き言葉的）

As the first half (～) changes, the latter half changes in the same way. (A formal expression used in writing)
前面的事情如果发生变化的话，后面的事情也会同时发生变化。（郑重说法、书面用语）
앞의 내용이 변화하면 그것과 함께 뒷 내용도 변화한다. (격식체 표현　문장체적)

4．～とともに
⇒ 前のことが変化すれば、それといっしょに後のことも変化する。（書き言葉的）

As the first half (～) changes, the latter half changes in the same way. (A written expression)
前面的事情如果发生变化的话，后面的事情也会同时发生变化。（书面用语）
앞의 내용이 변화하면 그것과 함께 뒷 내용도 변화한다. (문장체적)

12課 否定の言い方

Expressions to deny something
否定的说法
부정의 표현

強く否定する場合、部分的に否定する場合、消極的に否定する場合など、否定のしかたにもいろいろあります。

There are several ways of making negative statements, e.g. denying strongly/partially/passively/etc.
否定也有着各种不同的方式，如强烈否定的场合、不完全否定的场合、消极否定的场合等等。
강하게 부정하는 경우, 부분적으로 부정하는 경우, 소극적으로 부정하는 경우 등, 부정의 방법에도 여러가지가 있습니다．

POINT ポイント1　強く否定する言い方
(Expressions to deny strongly / 强烈否定的说法 / 강하게 부정하는 표현)

1．～わけがない・～はずがない
⇒　その可能性がない。その理由がない。

No possibility of "～," no reason to "～"
没有可能性。没有理由。
그럴 가능성이 없다. 그럴 이유가 없다.

2．～ものか
⇒　話者が絶対～ないと主張する。

The speaker insists that "～" is absolutely impossible.
说话人认为绝对不～。
말하는 사람이 절대로 ～리 없다고 주장한다.

3．～もしない
⇒　普通は当然することも否定して、否定の意味を強調する。不満感・意外感がある。

Used to emphasize a negative meaning by denying the things that should be usually done/happen, with the connotation of discontent or being unexpected
连一般来说理所当然的事情也一起加以否定，用以强调其否定的意思。含有不满、意外之感。
보통 당연한 것을 부정하고 부정의 의미를 강조한다. 불만감・의외감이 있다.

4．～どころか
⇒　事実はそんな程度ではない、と予想や期待を強く否定する。

Used to completely deny what is expected by saying that the fact is not to that degree
以事实上并不是那样一种程度的语感，对预想和期待加以强烈否定。
사실은 그런 정도가 아니라고 예상이나 기대를 강하게 부정한다.

POINT ポイント2　部分否定・消極的否定
(Partial negation/Passive negation / 不完全否定、消極的否定 / 부분부정・소극적부정)

A　部分否定（全部ではない、必ずではない、と部分的に否定する言い方）

Partial negation (To deny partially through the use of expressions like "Not all... and not always ...")
不完全否定（"不是全部"、"并非一定"这种对一部分进行否定的说法）
부분부정(전부는 아니다, 반드시 그런 것은 아니다라고 부분적으로 부정하는 표현)

B　消極的否定・消極的肯定

Passive negation/passive affirmation
消极的否定与消极的肯定
소극적부정・소극적긍정

1.　～ないことはない・～なくはない・～なくもない
⇒　「～ない」とは言えない、と否定の形を否定し、そういうこともある、と消極的に肯定する。

Used to deny a negative statement through basically saying "You cannot say '～ない'," and agree passively with the connotation of "Sometimes it is possible."
以 "不能说'～ない'" 这样的形式，对否定本身加以否定。以 "这样的事情也是有的" 这样的语气，消极地加以肯定。
「～ない」라고 말할 수 없다며 부정형을 부정하고 그럴 수도 있다고 소극적으로 긍정한다.

2.　～というものではない
⇒　全面的に肯定することはできない、必ずしもそうとは言えない、と消極的に否定する。

Used to deny passively with the connotation of "you cannot agree completely, or you cannot always say so."
以 "不能完全予以肯定"、"不能说一定是这样" 这样的语气，消极地加以否定。
전면적으로 긍정할 수 없다, 반드시 그렇다고는 말할 수 없다고 소극적으로 부정한다.

13課 わたしからの発信 1 －感覚・強い気持ち・不可能判断－

Conveying subjective information—1: How to express the speaker's senses, strong feelings, or judgment that something is impossible

来自我的电波 1 －感觉、强烈的感触、不可能的判断－
나로부터의 발신 1 －감각・강한 느낌・불가능한 판단－

話者の感覚や強い気持ち、話者の判断など、心の中のことを言う文型を整理しましょう。初級の学習で、感覚や心の中のことを言うときは、ふつう、話者（第1人称）を主語にして言う、ということを学びました。基本は同じです。

Here you will study the patterns used to describe the speaker's senses, strong feelings, judgment or things on his/her mind. At the elementary level you studied sentences with the speaker (first person) as the subject describing things he/she feels or on his/her mind. These are basically the same.

现在让我们来整理一下述说自己心中所想的句型，即表达说话人的感觉和强烈的情绪以及说话人的判断等的用法。在初级日语中，学习了在述说感觉和心中所想时，一般要把说话人作为主语。这一点基本上是相同的。

말하는 사람의 감각이나 강한 느낌, 말하는 사람의 판단 등 마음 속의 내용을 말하는 문형을 정리합시다. 초급 학습에서 감각이나 마음 속의 내용을 말할 때는 보통 말하는 사람 (1인칭) 을 주어로 해서 말한다고 학습했습니다. 기본은 같습니다.

POINT ポイント1　話者の感覚　－話者の感覚や抑えられない気持ちを表す言い方－

(Speaker's senses: Expressions to show the speaker's senses or feelings that are hard to suppress / 说话人的感觉 －表达说话人的感觉以及无法抑制的感受时的说法－ / 말하는 사람의 감각 －말하는 사람의 감각이나 억제할 수 없는 기분을 나타내는 표현－)

1．～てしかたがない・～てしょうがない・～てたまらない
⇒　～の気持ちが強くて抑えられない。

　　The feeling of "～" is too strong to control.
　　～的感受非常强烈，无法抑制。
　　～의 느낌이 강해서 억제할 수 없다.

2．～てならない
⇒　～というマイナス感情が強くてがまんできない。

　　The negative feeling of "～" is too strong to put up with.
　　～这种负面的感情非常强烈，无法忍耐。
　　～ (이) 라는 마이너스감정이 강해서 참을 수 없다.

3．～ないではいられない・～ずにはいられない
⇒　自然にそうしてしまい、抑えられない。

　　"～" occurs naturally and cannot be suppressed.
　　自然而然地成了这种情况，无法控制。
　　자연스럽게 그렇게 되어 버려서 억제할 수 없다.

4．～ないわけにはいかない・～ざるを得ない
⇒ どうしてもする必要がある。しないということは不可能だ。

　　Must do ～ / Not doing "～" is impossible.
　　无论如何也要做。不做是不可能的。（不得不～。）
　　반드시 할 필요가 있다. 하지 않는다는 것은 불가능하다.

POINT ポイント2　話者の強い気持ち　－確信・主張・覚悟を表す言い方－
(Strong feelings of the speaker: Expressions showing confidence, assertion, or resignation / 说话人的强烈感受 －表示确信、主张、决心(精神准备)的说法－ / 말하는 사람의 강한 느낌 －확신・주장・각오를 나타내는 표현－)

1．～に決まっている
⇒ 絶対～だ、と話者が確信を持って言う。

　　Used to describe the speaker's confidence: "Absolutely '～'"
　　"绝对是～"，说话人有相当把握时的说法。
　　반드시 ～다라고 말하는 사람이 확신을 갖고 말한다.

2．～にほかならない
⇒ 絶対～だ、それ以外ではない、と話者が評価して断定的に言う。

　　Used to describe the speaker's affirmative evaluation: "Absolutely '～' and no other possibilities"
　　"绝对是～，不会是别的"，说话人非常断定地加以评价。
　　반드시 ～다, 그거 외에는 없다라고 말하는 사람이 평가해서 단정적으로 말한다.

3．～にすぎない
⇒ ただそれだけだ、と程度の低さを主張する。

　　Used to emphasize that the level of "～" is low
　　主张其程度很低，"仅此而已罢了"。
　　그냥 그것 뿐이다라고 정도의 낮음을 주장한다.

4．～しかない・～（より）ほかない
⇒ それ以外に方法がない、と覚悟する。

　　Used to describe that the speaker is resigned to the fact that there is no other way than "～"
　　做好了"除此之外别无他法"的精神准备。
　　그것 외에 방법이 없다라고 각오한다.

5．～までだ・～までのことだ
⇒ ほかに方法がないからがんばってそうするという覚悟を宣言する。

　　Used to describe the speaker's readiness: "To try hard to do '～' because there is no alternative."
　　表明自己"因为除此之外别无他法，所以只好努力照此去做"的决心。
　　다른 방법이 없으니까 열심히 그렇게 하겠다는 각오를 선언한다.

— 229 —

POINT ポイント3　話者の不可能判断　－不可能であると話者が判断する言い方－

(Speaker's judgment that something is impossible: Expressions to show the speaker's judgment that something is impossible. / 说话人的不可能判断　－说话人判断 "～是不可能的" 时的说法－ / 말하는 사람의 불가능판단　－불가능이라고 말하는 사람이 판단하는 표현－)

1. ～わけにはいかない
⇒ 心理的、社会的事情があってそうできない。

　　Cannot do "～" because of a psychological or social restriction
　　由于心理上的、或社会上的原因，不能那样做。
　　심리적, 사회적 사정이 있어서 그렇게 할 수 없다.

2. ～てはいられない
⇒ ～している余裕はない。

　　Cannot afford to "～"
　　没有做～的富余时间。
　　～하고 있을 여유가 없다.

3. ～かねる
⇒ 心理的に抵抗があってそうできない、そうするのは難しい。

　　Cannot (or difficult to) do "～" because of emotional reluctance
　　由于心理上的抵抗，不能那样做。很难那样做。
　　심리적으로 저항감이 들어서 그렇게 할 수 없다, 그렇게 하는 것은 어렵다.

4. ～（よ）うがない
⇒ 方法がなくて（わからなくて）そうできない。

　　Cannot do "～" because there is no way to do it (or the subject doesn't know how to do it)
　　因为没有办法（不懂），所以不能那样做。
　　방법이 없어서(몰라서) 그렇게 할 수 없다.

5. ～どころではない
⇒ （話者が主観的に判断して）そうできる状況ではない。

　　(Shows the speaker's subjective judgment) Cannot afford to do "～"
　　（说话人主观进行判断）不是可以那样做的状况。
　　(말하는 사람이 주관적으로 판단해서) 그렇게 할 수 있는 상황이 아니다.

14課 わたしからの発信 2 －話者の推量・願望・感嘆・提案－

Conveying subjective information—2: How to express the speaker's conjecture, desire, admiration, or suggestion

来自我的电波 2 －说话人的推测、愿望、感叹、建议－
나로부터의 발신 2 －말하는 사람의 추측・소원・감탄・제안－

　初級で、推量を表す「でしょう・らしい」や、忠告を表す「たほうがいい」などを学習しました。中級レベルの推量、願望、感嘆、提案などを表す文型には、話者の気持ちを込めた言い方がいろいろあり、表現を豊かにすることができます。

At the elementary level, you studied "でしょう" and "らしい" to show the speaker's conjecture and "たほうがいい" to show the speaker's advice and so on. In expressions showing the speaker's conjecture, desire, admiration, or suggestion studied at the intermediate level, there are various ways to show the speaker's feelings. You will study them to enhance your vocabulary.

　在初级日语中，学习了表示推测的"でしょう、らしい"和表示劝告的"たほうがいい"等用法。在中级日语水平的表示推测、愿望、感叹、建议等的句型中，有各种夹带着说话人个人感受的说法，可以使表现更为丰富。

　초급에서 추측을 나타내는「でしょう・らしい」나 충고를 나타내는「たほうがいい」등을 학습했습니다. 중급레벨의 추측, 소원, 감탄, 제안 등을 나타내는 문형에는 말하는 사람의 느낌을 담은 표현이 여러가지 있어서 표현을 풍부하게 할 수 있습니다.

POINT ポイント1　話者の判断・推量
(Speaker's judgment or conjecture ／ 说话人的判断、推测 ／ 말하는 사람의 판단・추측)

1. ～とみえる・～とみえて
⇒ ある事実の観測から～と推量できる。

　Can conjecture that "～" will happen based on the observation of certain facts
　从对某一事实的观测，可以推测出～。
　어떤 사실의 관측에서 ～라고 추측할 수 있다.

2. ～に違いない・～に相違ない
⇒ ～という可能性がかなり高い。

　There is rather a strong possibility that "～" will occur.
　～这种可能性相当高。
　～다는 가능성이 상당히 높다.

3. ～かねない
⇒ 今の状態からみると、～という悪いことになるかもしれない。

　Perhaps a bad event such as "～" could happen judging from the current situation.
　从现在的状态来看，也许会产生～这样不好的结果。
　지금 상황에서 보면 ～라는 나쁜 결과가 될지도 모른다.

4．〜おそれがある
⇒ 客観的に見て、〜という危険性がある。

　　Objectively, there is a risk of "〜."
　　客观上来看，有〜这样的危险性。
　　객관적으로 봐서 〜라는 위험성이 있다.

5．〜まい
⇒ 否定の推量「〜ないだろう」

　　Negative conjecture "〜ないだろう"
　　否定的推測"〜ないだろう"。
　　부정의 추측「〜ないだろう」

POINT ポイント2　話者の願望・感嘆
(Speaker's desire or admiration / 说话人的愿望、感叹 / 말하는 사람의 소원・감탄)

「もの・こと」を使う文型は詠嘆的な感情を表すことができます。

Exclamatory emotions can be expressed by the sentence pattern using "もの" or "こと."
使用"もの、こと"的句型可以表示感叹和赞叹的语气。
「もの・こと」를 사용하는 문형은 영탄적인 감정을 나타낼 수 있습니다.

1．〜たいものだ・〜てほしいものだ
⇒ （願望）（Desire）／（愿望）／（소원）

2．〜ないものか
⇒ （実現の可能性が低いことを強く願望する）

　　(To wish 〜 will happen though the probability of realization is low)
　　(对实现的可能性很低的事物抱有十分强烈的愿望)
　　(실현 가능성이 낮은 것을 강하게 바란다.)

3．〜ものだ
⇒ （感嘆、感心）（Exclamation, admiration）／（感叹、佩服）／（감탄・칭찬）

4．〜たものだ
⇒ （回想）（Reflection）／（回想）／（회상）

5．〜ことか・〜ことだろう
⇒ （感慨・共感）（Deep emotion, empathy）／（感慨、同感）／（감개・공감）

POINT ポイント3　話者から相手への提案

(To show the speaker's suggestion or advice / 说话人向对方提出的建议 / 말하는 사람으로부터 듣는 사람에게의 제안)

1. ～べきだ・～べきではない
⇒ ～するのが（～しないのが）当然だ。（忠告・助言）

　　Doing (Not doing) "～" is quite natural. (Advice, hint)
　　做～（不做～）是理所当然的。（劝告、出主意）
　　～하는 것이 (～안하는 것이) 당연하다. (충고・조언)

2. ～ことだ
⇒ （忠告・命令）　(Advice, order) ／（劝告、命令）／（충고・명령）

3. ～ものだ・～ものではない
⇒ ～するのが（しないのが）常識だ。

　　Doing (Not doing) "～" is common sense.
　　做～（不做～）是常情。
　　～하는 것이 (안하는 것이) 상식이다.

4. ～（よ）うではないか
⇒ （呼びかけ）　(Appealing) ／（呼吁、号召）／（호소）

15課 決まった使い方の副詞

Adverbs that are used like idioms
有固定使用方法的副词
정해진 사용법의 부사

後の文が決まった形になる副詞があります。初級では、「全然～ない」「たぶん～でしょう」「もし～たら」などを学習しました。中級レベルでは、さらにいろいろな意味を持つ副詞が出てきます。後の文の形とセットで覚えるようにしましょう。

There are some adverbs that are used with certain sentence patterns. At the elementary level, you learned "全然～ない," "たぶん～でしょう" and "もし～たら." At the intermediate level, you will study more adverbs. It is advisable to learn these adverbs with their accompanying sentence patterns.

有一些副词后面出现的句子是要求有固定形式的。在初级日语中，学习了"全然～ない""たぶん～でしょう""もし～たら"等用法。在中级日语的水平会有更多的有着各种意思的副词出现。在学习时，要将这些副词与后面句子要求的形式一起来记。

뒷 문장이 정해진 형태가 되는 부사가 있습니다. 초급에서는「全然～ない」「たぶん～でしょう」「もし～たら」등을 학습했습니다. 중급레벨에서는 더 많은 의미를 가진 부사가 나옵니다. 뒷 문장의 형태와 함께 외우도록 합시다.

POINT ポイント1　時間関係の副詞
（Adverbs related to time ／ 表示时间关系的副词 ／ 시간관계의 부사）

完了後 Perfect 完了后 완료	もう
	すでに （硬い表現）　(Formal) ／（比较硬的表现）／（딱딱한 표현）
	とっくに （誇張表現、話し言葉的） (Exaggerated, spoken) ／（夸张的表现、口语）／（과장된 표현　회화체적）
過去 Past 过去 과거	かつて （書き言葉的）　(Written) ／（书面用语）／（문장체적）
未来 Future 未来 미래 近い未来 ↓ ↓ 遠い未来	まもなく （改まった表現）　(Formal) ／（郑重的表现）／（격식체 표현）
	そのうち
	今に （話し言葉）　(Colloquial) ／（口语）／（회화체표현）
	いずれ （いつか必ず）　(Someday) ／（早晚总会～）／（언젠가 반드시）

POINT ポイント2　否定の文とともに使う副詞
(Adverbs used with negative sentences / 与否定句一起使用的副词 / 부정문과 함께 쓰는 부사)

全く	全否定
	To deny completely ／全部否定／전부부정
それほど そんなに そう	程度が高くない
	Degree of something is not high/severe ／程度不高／정도가 심하지 않다
たいして	程度が高くない（話し言葉的）
	Degree of something is not high/severe (Colloquial) 程度不高（口语） 정도가 심하지 않다 (회화체표현)
めったに	回数が少ない
	Less frequent ／次数很少／회수가 적다
必ずしも	部分的に否定
	To deny partially ／不完全否定／부분적인 부정
何も	必要ない
	Not needed ／没有必要／필요없다
一向に	変化がない
	Something remains unchanged ／没有变化／변화가 없다

POINT ポイント3　条件の文とともに使う副詞
(Adverbs used with conditionals / 与条件句一起使用的副词 / 조건문과 함께 쓰는 부사)

仮定条件 Subjunctive conditions 假定条件 가정조건	もしも
	仮に
	万一
逆接条件 Adversative conditions 逆接条件 역접조건	たとえ
	いくら
	仮に
	万一

POINT ポイント4　変化を表す文とともに使う副詞
(Adverbs used with sentences that show change / 与表示变化的句子一起使用的副词 / 변화를 나타내는 문장과 함께 쓰는 부사)

変化の程度 Degree of change 变化的程度 변화의 정도	一段と	前の程度とははっきり差がある。 To clearly distinguish that the degree of something is greater/less than before 与以前的程度相差很大 전과 차이가 크다
	ますます	変化が続いて前よりもっと More than before through continuous change 变化还在继续，较之以前更～ 변화가 계속되어 전보다 더
	すっかり	完全に、非常に変化した Changed completely 完全变了 완전히, 상당히 변화했다
変化の速度 Speed of change 变化的速度 변화의 속도	次第に	変化が少しずつ To change gradually／一点一点地变化／조금씩 변화
	徐々に	変化がゆっくり To change slowly／慢慢地变化／천천히 변화
	見る見るうちに	変化が目で見えるほど速い To change remarkably (fast) 变化之快，可以看得见 변화가 눈으로 보일 정도로 빠르다

POINT ポイント5　話者の気持ちを表す文とともに使う副詞
(Adverbs used with sentences that shows the speaker's feelings /
与表示说话人感受的句子一起使用的副词 / 말하는 사람의 느낌을 표현하는 문장과 함께 쓰는 부사)

依頼・願望の文とともに使う副詞

Adverbs used with sentences of request, wishes, etc.
与表示请求、愿望的句子一起使用的副词
의뢰・소원 문장과 함께 쓰는 부사

どうか	頼む気持ちを強調する Used to emphasize the feeling of request 强调请求拜托这一语气 부탁하는 느낌을 강조하다
くれぐれも	十分にという気持ちを込める（手紙などで） (Especially in letters) With the earnest hope that the reader will do something 带有"充分地"这一语感（用于书信等） 충분히라는 느낌을 넣다 (편지 등에)
何とかして	困難なことだがという気持ちを含む To contain a feeling like "I know it is difficult, but I wish ～" 带有"虽然很困难，但…"这一语感 어렵겠지만이란 느낌을 담다

推量を表す文とともに使う副詞

Adverbs used with sentences showing conjecture
与表示推测的句子一起使用的副词
추측을 나타내는 문장과 함께 쓰는 부사

おそらく	心配しながら推量する To conjecture with the feeling of anxiety／ 表示担心的推测／걱정하며 추측하다
どうも どうやら	不確かな推量 Uncertain conjecture／不很确定的推测／불확실한 추측
もしかしたら もしかすると	自信のない推量 Modest conjecture／没有自信的推测／자신 없는 추측
さぞ	感情を込めた推量（思いやり） Conjecture with the speaker's feeling (Consideration) 带有感情的推测（体贴、关心） 감정을 담은 추측 (배려)
まさか	可能性がないと推量する To conjecture that there is no possibility／ 认为没有可能性的推测／가능성이 없다고 추측하다

16課 接続の言葉

Conjunctions

接续用语
접속의 말

　文章を読むときも書くときも、文と文をつなぐ言葉（接続詞）は大切な役割を果たします。その言葉によって次に続く文が予想されるからです。初級では「それから」「しかし」などを学習しました。中級レベルではさらにいろいろな意味の接続詞が出てきます。

　Expressions to connect two sentences together (or conjunctions) play an important role in both reading and writing sentences. Conjunctions are important since we can predict the next sentence using the conjunction as a clue. At the elementary level, you studied "それから," "しかし," etc. At the intermediate level, you will learn more conjunctions.
　无论是看文章还是写文章时，连接句子与句子的品词（连词）都起着很大的作用，因为可以根据所使用的连词推测出下面的句子。在初级日语中，学习了"それから"、"しかし"等连词。在中级日语的水平会有更多的表示各种意思的连词出现。
　문장을 읽을 때도 쓸 때도 문장과 문장을 연결하는 말(접속사)은 큰 역할을 합니다. 그말에 따라서 다음에 오는 문장이 예상되기 때문입니다. 초급에서는「それから」「しかし」등을 학습했습니다. 중급레벨에서는 더 많은 의미의 접속사가 등장합니다.

POINT ポイント1　逆接的なことを言う文が続く
(Conjunctions that precede a sentence of adversative conjunction / 后接与前面句子意思相反的句子 / 역접적인 내용의 문장이 온다)

1．だが
⇒　前の文とは合わないことを言う文が続く。「しかし」より硬い。

Used to connect two sentences where the second sentence does not agree with the information found in the first
It is more formal than "しかし."
后接与前面句子内容相违的句子。比"しかし"的语气要硬。
앞의 문장과는 맞지 않은 내용을 말하는 문장이 온다.「しかし」보다 딱딱한 느낌.

2．ところが
⇒　前の文から予期したことと逆のことを言う事実文が続く。意外感。

Used to connect two sentences where the second sentence expresses a fact that is the opposite of what is expected after reading the first
It has the connotation of being unexpected.
后接讲述与根据前面句子内容预料到的情况完全相反这一事实的句子。感到意外。
앞의 문장에서 기대한 것과 반대 내용의 사실문장이 온다. 의외감.

3．それなのに
⇒ 前の文から考えて当然ではないことを言う事実文が続く。驚き、不満。

Used to connect two sentences where the second sentence expresses a fact that is not a matter of course, based on what is expected after reading the first sentence
It has the connotation of surprise and discontent.
后接讲述根据前面句子内容来看不应当是这样这一事实的句子。吃惊、不满。
앞의 문장으로 봤을 때 당연하지 않은 사실문장이 온다. 놀람, 불만.

4．それでも
⇒ 前の文の事実があっても、それに影響されないと言う文が続く。

Used to connect two sentences where the second sentence expresses something clearly independent of the fact mentioned in the first
后接讲述虽然有前面句子所说事实，但也不会受其影响的句子。
앞의 문장이 사실이라도 그것에 영향 받지 않는다는 내용의 문장이 온다.

POINT ポイント2　帰結を述べる文が続く
(Conjunctions that precede a sentence expressing a conclusion / 后接讲述结果、结论的句子 / 귀결을 말하는 문장이 온다)

1．そのため
⇒ はっきり結果を述べる文（事実の文、主によくない結果）が続く。

Used to connect two sentences where the second sentence (expressing a fact) clearly shows a usually not good result
后接明确讲述事情结果的句子（讲述事实的句子，主要讲不好的结果）。
확실하게 결과를 말하는 문장 (사실문, 주로 좋지 않은 결과) 이 온다.

2．それで
⇒ 結果やなりゆきを弱く述べる文（事実の文）が続く。

Used to connect two sentences where the second sentence (expressing a fact) weakly shows a result or progress
后接比较缓和地讲述事情结果或发展过程的句子（讲述事实的句子）。
결과나 경과를 약하게 말하는 문장 (사실문) 이 온다.

3．したがって
⇒ 論理的な結果を述べる文が続く。（書き言葉的）

Used mainly in written language to connect two sentences where the second sentence shows a logical result
后接讲述顺理成章的结果的句子。（书面用语）
논리적인 결과를 말하는 문장이 온다 . (문장체적)

4．すると
⇒ 前の文が契機となって起こったこと、発見したことを表す文が続く。

Used to connect two sentences where the second sentence indicates an event triggered by or discovered in the first
后接讲述以前面句子所述内容为契机发生的事情、或发现的事情的句子。
앞의 문장이 계기가 되어 일어난 것 , 발견한 것을 나타내는 문장이 온다.

5．そこで
⇒ 前の文を理由として、意志的に行った行為を表す文が続く。

Used to connect two sentences where the second sentence describes a volitional action triggered by something described in the first
后接讲述以前面句子所述内容为理由而采取的行动、行为的句子。
앞의 문장을 이유로 의지적으로 일어난 행동을 나타내는 문장이 온다.

POINT ポイント3 　補足的に述べる文が続く
(Conjunctions that precede a sentence providing extra information / 后接补充说明的句子 / 보충적으로 말하는 문장이 온다)

1．ただし
⇒ 前の文に断り書きとして条件や例外を付け加える文が続く。事務的な場面で使う。

Used in official situations to connect two sentences where the second sentence gives supplementary conditions or exceptions to things mentioned in the first
后接作为对前面句子的补充说明而附加的条件、例外等。用于事务性的场面。
세세한 보충적 내용이나 설명문적인 내용을 말하는 문장이 온다. 사무적인 장면에서 쓴다.

2．なお
⇒ 補足的な説明や別の説明を加える文が続く。改まった場面で使う。

Used in formal situations to connect two sentences where the second sentence provides additional information or an explanation related to the first
后接进行补充说明以及另外说明的句子。用于郑重场面。
보충적인 설명이나 다른 설명을 추가하는 문장이 온다. 격식있는 장면에서 쓴다.

3．もっとも
⇒ 前の文に部分的な訂正をする文が続く。

Used to connect two sentences where the second sentence provides information partially correcting what has been said in the first
后接对前面句子所述内容的一部分加以订正的句子。
앞의 문장에 부분적인 정정을 하는 문장이 온다.

4．ちなみに
⇒ 関係がある情報を加える文が続く。

Used to connect two sentences where the second sentence provides related information
后接添加有关信息的句子。
관계가 있는 정보를 더하는 문장이 온다.

> **POINT ポイント4** 追加したいことを述べる文が続く
> (Conjunctions that precede a sentence providing additional information /
> 后接写有想予以追加内容的句子 / 추가하고 싶은 내용을 말하는 문장이 온다)

1．また
⇒ 関連のある別のことを並べる文が続く。

Used to connect two sentences where the second sentence provides information other than that provided in the first
后接写有与前面相关的其他事情的句子。
관련있는 다른 내용을 열거하는 문장이 온다.

2．その上
⇒ 前文に加わることを表す文が続く。

Used to connect two sentences where the second sentence provides additional information
后接对前面句子所述内容予以添加的句子。
앞 문장에 추가하는 내용을 나타내는 문장이 온다.

3．しかも
⇒ 前文以上のこと、または逆接的なことを加える文が続く。

Used to connect two sentences where the second sentence provides more information or information that is unexpected from what has been said in the first
后接写有超出前面句子所述事情、或与其相反事情的句子。
앞 문장 이상의 것, 또는 역접적인 것을 추가하는 문장이 온다.

4．そればかりか
⇒ 前文のことだけではなくほかのこともある、という意味の文が続く。

Used to connect two sentences where the second sentence provides additional information and more
后接写有不仅有前面句子所述事情，还有其他事情这样意思的句子。
앞 문장의 내용 뿐만 아니라 다른 것도 있다는 의미의 문장이 온다.

17課 語彙を広げる

Expanding your vocabulary
扩充语汇
어휘를 넓히다

言葉にある意味を持つ別の言葉を加えることによって、その言葉の意味が広がります。

The meaning of a word expands by adding another word with a certain meaning.
一个词汇加上具有某种意义的另一个词汇，则会使这一词汇的意思得以扩充。
말에 어떤 의미를 가지는 다른 말을 추가함에 따라 그 말의 의미가 커진다.

POINT ポイント1　動詞の意味を広げる言葉
(Expressions used to expand the meaning of a verb / 扩充动词意思的用语 / 동사의 의미를 넓히는 말)

用法　動詞にいろいろな意味を添える。

Usage: To add various meanings to a verb.
用法：为动词添加各种意思。
용법: 동사에 여러 가지 의미를 추가한다.

1. ～かける
⇒ 動作を始めたがまだ途中の段階。

   The action has begun, but has not finished yet
   动作虽然已经开始，但还处于途中阶段。
   동작을 시작했지만 아직 도중 단계.

2. ～きる
⇒ 最後まで～する、十分～する。

   Accomplish ～ , do ～ enough
   ～到最后、充分～。
   마지막 까지 ～하다. 충분히 ～하다.

3. ～ぬく
⇒ がんばって最後まで～する。

   Do one's best to finish ～
   坚持到底。
   열심히 마지막까지 ～하다.

4．～通す
⇒ 状態を最後まで変えないで貫く。

To continue "～"without changing or stopping
按原来的状态，一直坚持到最后。
상태를 마지막까지 바꾸지 않고 유지한다.

5．～得る
⇒ ～することができる、可能性がある。

To be able to "～," to have the possibility of doing ～
可以做～、有可能性。
～ㄹ/을 수 있다, 가능성이 있다.

POINT ポイント2　様子・傾向の意味を加える言葉
(Expressions to add a description of the state or tendency of something / 添加表示动向、倾向意思的用语 / 상황・경향의 의미를 더하는 말)

用法　動詞、形容詞、名詞にいろいろな意味を添える。

Usage: To add various meanings to a verb, adjective or noun
用法：为动词、形容词、名词添加各种意思。
용법: 동사, 형용사, 명사에 여러가지 의미를 추가한다.

1．～がち
⇒ そうなりやすい傾向がある。（マイナスの評価）

Liable to "～"(Used in negative evaluation)
有容易～的倾向。（消极的评价）
그렇게 되기 쉬운 경향이 있다. (마이너스 평가)

2．～気味
⇒ 少し～の傾向がある。

Tend to "～" a bit
有一点儿～的倾向。
조금 ～의 경향이 있다.

3．～っぱなし
⇒ ～して元に戻さなければならないのに、そのままの状態。（マイナスの評価）

Remain ～ without doing something necessary after "～"(Used in negative evaluation)
～后，本应将其返回原样，却就那样放置不管的状态。（消极的评价）
～해서 원래대로 해 놓아야 하는데 그대로인 상태. (마이너스 평가)

4．～きり
⇒　～した後、それに続くはずのことが起こらない状態。

After "～," the subsequent event which is expected to happen has not occurred.
～之后，本应接着出现的事情却没有发生的状态。
～한 후, 그 후에 계속되어야 할 것이 일어나지 않는 상태.

5．～だらけ
⇒　よくないものがたくさんある。（マイナスイメージ）

There are a lot of bad or unpleasant things. (negative image)
不好的事情很多。（带有贬义）
좋지 않은 것이 많이 있다. (마이너스 이미지)

6．～っぽい
⇒　～の感じがする、よく～してしまう。

Feel like ～ / One often do ～
有～之感、好～。
～의 느낌이 있다・자주　～해 버린다.

7．～め
⇒　程度が少し～だ。

The degree of something is slightly "～."
程度有点儿～。
정도가 조금　～다.

18課 硬い文章
Formal sentences
比较硬的文章
딱딱한 문장

　日本語の文スタイルはさまざまで、時と場合によって使い分けます。論説文やレポートなどの文章は、日常の会話で使うものとは違って、硬い書き方をします。このような硬い文章を読んだり書いたりするのも中級レベルの学習ポイントです。

There are various styles in written Japanese and you should use them properly depending on the time and the circumstances. Dissertations or research papers are written in formal language, which is different from what is used in daily conversation. At the intermediate level, you will learn how to read and write formal sentences.
　日语的文体多种多样，要根据时间和场合分开使用。论说文或报告等文章的文体较硬，与日常会话中使用的文体不同。读和写这种比较硬的文章是中级日语的重点。
　일본어의 문장 스타일은 여러가지로 때와 장소에 따라 구별해서 씁니다. 논설문이나 보고서 등의 문장은 일상회화에서 쓰는 것들과는 달리 딱딱하게 씁니다. 이런 딱딱한 문장을 읽거나 쓰거나 하는 것도 중급레벨의 학습포인트 입니다.

POINT ポイント1　普通体の文章
(Sentences in the plain style / 普通体文章 / 보통체의 문장)

硬い文章は、普通体（だ・である体）で書かれることが多いです。

The plain style (だ・である体) is mainly used to write formal sentences.
比较硬的文章用普通体（だ、である体）写的比较多。
딱딱한 문장은 보통체 (だ・である体) 로 쓰는 경우가 많습니다.

POINT ポイント2　連用中止形
(Continuative form / 连用中止形 / 연용중지형)

硬い文章では、「～て・～くて・～で」の代わりに、連用中止形がよく使われます。

In formal sentences, the continuative form is often used instead of "～て, ～くて" and "～で."
在比较硬的文章中多以使用连用中止形来取代"～て、～くて、～で"。
딱딱한 문장에서는 「～て・～くて・～で」 대신에 연용중지형이 자주 사용됩니다.

＊注意：動詞の「～て形」を使った文がみんな連用中止形になるわけではありません。
　　　　連用中止形が使えるのは主として次のような場合です。

　Note: Not all sentences using the verb て-form can form a continuative form. Usually, the continuative form is only possible in the following situations:
　注意: 使用动词"～て形"的句子不全是连用中止形。能使用连用中止形的主要是以下这样的场合。
　주의: 동사의 「～て형」을 사용한 문장 모두가 연용중지형이 되는 것은 아닙니다.
　　　　연용중지형을 사용할 수 있는 것은 주로 다음과 같은 경우입니다.

1．並列を表す
   To juxtapose two sentences ／表示并列／문장을 열거한다

2．対立を表す
   To show contrasts ／表示对立／대립을 나타낸다

3．行為の順序を表す
   To show the order of a number of actions ／表示行为的顺序／행위의 순서를 나타낸다

> **POINT　ポイント3　硬い文章で使われる言葉**
> (Expressions used with formal sentences ／ 比较硬的文章中使用的表现 ／ 딱딱한 문장에서 사용되는 말)

硬い文章には、文章に合った言葉を使います。

Formal words or phrases are used in formal sentences.
在比较硬的文章中使用与其文体相应的用语。
딱딱한 문장에는 문장에 맞는 단어를 사용합니다.

19課 ていねいな言い方
Polite expressions

郑重的说法
정중한 표현

　中級になると、初級で学習した敬語のほかに、さらにいくつかの敬語を学習します。また、自分が属している側（内）と外との関係についても考える必要があります。敬語だけでなく、失礼にならないような言い方も知っておく必要があるでしょう。

　At the intermediate level, you study more honorific expressions in addition to the ones already studied at the elementary level. In studying honorific expressions, attention needs to be given to the relationship between people within one's group, 'uchi,' and those outside the group, or 'soto.' As well as honorific expressions, you also need to be familiar with polite expressions.

　在中级日语中，除了初级日语所学的敬语之外，再来学习几种敬语表现。另外，还需要就自己所属一方（内部）与外部之间的关系加以考虑。不仅是敬语，而且还有需要掌握怎样说才不会失礼的讲话方法。

　중급이 되면 초급에서 학습한 경어 외에 더 많은 경어를 학습합니다. 또한 자기가 속한 쪽 (내측) 과 타인측의 관계에 대해서도 생각할 필요가 있습니다. 경어 뿐만 아니라 무례한 표현이 되지 않는 말도 알아둘 필요가 있습니다.

POINT ポイント2　謙譲語・丁寧語など（中級 レベル）
(Humble expressions, polite expressions, etc. (Intermediate level) / 自谦语、郑重语等（中级水平）/ 겸양어・정중어등 (중급레벨)

尊敬する相手に関わる行為（謙譲語）

Actions related to a person who is respected by the speaker (humble expressions)
与尊敬的对方相关的行为（自谦语）
존경하는 상대와 관련된 행위 (겸양어)

注：相手の許可を得る必要がある行為

Note: Actions that require the permission of the listener
注：需要得到对方许可的行为
주：상대의 허가를 얻을 필요가 있는 행위

注：～が尊敬する人に関する場合は使わない

Note: "～でございます" is not used when "～" is a person or thing related to the person to whom respect is shown.
注：～不用在与要加以尊敬的人有关的场合
주：～이/가 존경하는 사람에 관한 경우는 사용하지 않는다.

POINT ポイント3　敬語を使う場面　内と外

(Situations in which honorific expressions are used: In one's group and outside one's group / 使用敬语的场面　内部与外部 / 경어를 사용하는 경우　내측과 타인측)

上の人の行為には尊敬語を、自分の行為には謙譲語を使う。

Respectful expressions are is used to describe the actions of one's superiors. Humble expressions are used to describe the actions of the speaker him/herself.
对上司、长辈的行为使用尊敬语，对自己的行为使用自谦语。
윗사람에 행위에는 존경어를, 자기의 행위에는 겸양어를 쓴다.

　中級の敬語の使い方は少し複雑で、「外」と「内」も敬語を使い分けるときの要素になります。外の人と話すときは、内のことに尊敬語を使いません。上司のことにも謙譲語を使います。

　At the intermediate level, the use of honorifics is slightly complicated as whether persons belong to your group (*uchi*) or not (*soto*) have to be factored in when deciding what language to use. Consequently, when talking to people from outside your group, respectful expressions should not be used to describe "in-group" people, and humble expressions are used to describe the actions of someone even superior to you from within your group.
　中级日语中的敬语的使用方法较为复杂，区分"外部"与"内部"也是使用敬语时的一个重要因素。和外部的人说话时，对内部的事情不使用尊敬语，即使是讲上司的事情时也要用自谦语。
　중급에서의 경어 사용은 조금 복잡해서「남」과「나」도 경어구분의 요소가 됩니다. 남과 이야기할 때는 내측에 속한 것에 대해 존경어를 쓰지 않습니다. 내 상사에 대한 것도 겸양어를 씁니다.

POINT ポイント4　ていねいさ
(Politeness / 礼貌 / 정중함)

失礼にならないようにするための注意

Avoid rude expressions:
为了不失礼貌而须加以的注意
무례한 표현이 되지 않도록 하기 위한 주의

B　相手を評価する言葉に注意

　　Take note of the following expressions when evaluating the listener:
　　使用评价对方的用语时要注意
　　상대를 평가하는 말에 주의

C　誘いや依頼を断るときの注意
　・理由などを言う。
　・文末を強く言わないようにする。
　・前置きを言う。最後に言葉を添える。

Take note of the following when refusing invitations or requests:
　・Give reasons.
　・Do not put emphasis at the end of a sentence.
　・Begin with an introductory statement before the main topic. Add some expressions to show consideration at the end of the sentence.

回绝对方的相邀、委托时要注意
　・讲明理由等。
　・句尾的语气不要太强。
　・要有开场白。最后还要添上两句客气话。

권유나 의뢰를 거절할 때의 주의
　・이유 등을 말한다.
　・문장의 끝을 분명히 말하지 않도록 한다.
　・머리말을 한다. 마지막에 할 말을 붙인다.

D　依頼するときの注意
　・直接的にはっきり言うのではなく、抑えた言い方をする。
　・前置きを言う。

Take note of the following when requesting something:
　・Use indirect expressions. Do not talk in a straight or direct manner.
　・Begin with an introductory statement before the main topic.

对别人提出请求时要注意
　・不要直截了当地讲，要说得委婉。
　・要有开场白。

의뢰할 때의 주의
　・직접적으로 확실히 말하는 것이 아니라 우회적인 말을 쓴다.
　・머리말을 한다.

E　その他
　・親しい関係ではない人に私的なことを聞かない。
　・能力に関することを聞かない。
　・意志や希望を聞くときの注意
　・聞き手に気持ちの負担をかけるような言い方をしない。
　　好意の押し付けにならないような言い方をする。

　・Do not ask personal questions of someone you are not familiar with.
　・Do not ask abilities.
　・Be careful when asking intentions or preferences.
　・Do not express something in a way that would put much pressure on the listener.
　　Do not be overbearing when offering help/doing someone a favor.

・不向与自己关系不密切的人打听个人的事情。
・不问有关能力的事情。
・问对方的意志或希望时要注意
・要避免给听的人增加精神负担的说法。
　虽是好意也不要用强加于人的说法。

・친한 관계가 아닌 사람에게 사적인 것을 묻지 않는다.
・능력에 대한 것을 묻지 않는다.
・의지나 희망을 물을 때의 주의
・듣는 사람에게 부담을 주는 듯한 말을 하지 않는다.
　호의를 강요하는 듯한 말을 하지 않는다.

20課 会話・文章のまとまり

Cohesion in conversation and written language

会话、文章的连贯性
회화・문서의 결말

会話にも文章にもあるまとまりがあります。まとまり感を持たせるために弱いルールが働いています。

There is a certain cohesiveness both in conversation and written language. To keep conversation and written language cohesive, broad rules are applied.

无论是会话还是文章都有连贯性。为了使会话或文章具有连贯性，一些稀少的规则起着一定的作用。

회화에도, 문장에도 어떤 결말이 있습니다. 결말감을 주기 위해 작은 규칙이 있습니다.

POINT ポイント1　会話のまとまり
(Cohesion in conversation / 会话的连惯性 / 회화의 결말)

会話をするとき、お互いに言葉をやりとりします。やりとりがばらばらにならないように、弱いルールが働いています。

When we talk with each other, we exchange words. To ensure conversation does not become disorganized, some broad rules are applied.

会话时，要互相交谈。为了不使会话变得零乱，一些稀少的规则起着一定的作用。

회화를 할 때 서로 말을 주고 받습니다. 두서 없는 말이 되지 않도록 하기 위한 작은 규칙이 있습니다.

1. 「よ」と「ね」
   自分の情報を伝えるとき → 「よ」

   Used to indicate you are providing information → 「よ」
   传达自己的信息时 → 「よ」
   자기의 정보를 전할 때 → 「よ」

   情報を共有して、相手に同感を求めるとき → 「ね」

   Used to indicate you are sharing information and/or asking for the agreement of the listener → 「ね」
   将信息共有，以求得到对方的同感时 → 「ね」
   정보를 공유하고 상대에게 공감을 구할 때 → 「ね」

   自分の情報を相手に確認するとき → 「よね」

   Used to indicate you are confirming information with the listener → 「よね」
   向对方确认自己的信息时 → 「よね」
   자기의 정보를 상대에게 확인할 때 → 「よね」

3. 「こ・そ・あ」
自分の近くにあるもの・自分と相手との間にあって、いっしょに見ているもの → 「こ」

Used to indicate you are referring to an object that is near you or an object located between you and your conversational partner that you are both looking at together → 「こ」
离自己比较近的东西、或在自己与对方之间的一起看着的东西 → 「こ」
자기 가까이에 있는 것・자기와 상대 사이에 있고 같이 보고 있는 것 → 「こ」

相手の近くにあるもの・相手だけが知っているもの → 「そ」

Used to indicate you are referring to an object that is near your conversational partner or an object only your partner knows about → 「そ」
离对方比较近的东西，或只有对方知道的事情 → 「そ」
상대 가까이에 있는 것・상대만 알고 있는것 → 「そ」

いっしょに見ている遠くのもの・自分と相手が共通に知っているもの → 「あ」

Used to indicate you are referring to a distant object that both you and your conversational partner are looking at or something that both you and your partner know about → 「あ」
一起看着的远处的东西、或自己与对方都知道的东西 → 「あ」
같이 보고 있는 먼 곳의 물건・자기와 상대가 공통으로 알고 있는 것 → 「あ」

4. 省略
Ellipsis／省略／생략

お互いにもうわかっている言葉は省略する。大切な要素は省略しない。

Although words both the speaker and the listener know can be omitted, important information is not left out.
将相互之间都已经知道的话省略。重要的因素不能省略。
서로 이미 알고 있는 말은 생략한다. 중요한 요소는 생략하지 않는다.

POINT ポイント2　文章 のまとまり
(Cohesion in sentences／文章的连贯性／문장의 결말)

文章はいくつかの文が連なってできています。その連なり方がばらばらではなく、あるまとまり感をもつように弱いルールが働いています。

A written passage consists of several sentences. These are not written down at random; some broad rules are applied to keep the writing coherent.
文章是由几个句子连接而成的。为使其连接的方式不显得零乱，具有连贯感，一些稀少的规则起着一定的作用。
문장은 몇개의 문이 연결되어 이루어집니다. 그 연결법이 제각각이 되지 않고 어떤 결말감을 주기 위한 작은 규칙이 있습니다.

1. 指示詞「そ」を使って前の文を引き継ぐ。(特に気持ちを込めるときは「こ」)

    Demonstrative "そ" is used to connect with the previous sentence. ("こ" is used to show emotion).
    使用指示代词"そ"来衔接前面的句子。(特别带有感受时用"こ")。
    지시사「そ」를 써서 앞 문장을 이어받는다. (특히 느낌을 표현할 때는「こ」)

2. 「が」で新情報を示す。「は」でそれを引き継ぐ。

    "が" is used to introduce new information. "は" is used to connect with the information introduced with "が."
    用"が"来表示新的信息。用"は"来衔接那一信息。
    「が」로 새로운 정보를 나타낸다.「は」는 그것을 이어받는다.

3. 一つのまとまりの中では、一定の視点を保ち、視点を動かさない。

    The same viewpoint should be retained throughout the written passage.
    在一个段落中，要保持一定的视点，不要移动这一视点。
    하나의 결말 속에 일정한 시점을 유지하고 시점을 바꾸지 않는다.

    例1 「〜てくる」と「〜ていく」を使い分けて
    例2 話者側のことを表すのに受身文を使って

    Ex. 1: Make sure you use "〜てくる" and "〜ていく" properly.
    Ex. 2: Use a passive sentence to express things related to yourself.
    例1：分开使用"〜てくる"和"〜ていく"
    例2：使用被动句表现说话人一方的事情
    예1：「〜てくる」와「〜ていく」를 구별하고
    예2：말하는 사람의 것을 나타내는데 수동형을 쓰고

4. 同じ語、関係のある語、対比する語、関係のある話題で前の文を引き継ぐ。

    Use the same/related/contrastive words or a relevant topic to connect with the previous sentence.
    以同样的词、有关系的词、对比的词、有关系的某一话题来衔接前面的句子。
    같은 말, 관계가 있는 말, 대비하는 말, 관계가 있는 화제로 앞 문장을 이어받는다.

5. 接続詞を使って、前の文を引き継ぐ。

    Use conjunctions to continue on from the previous sentence.
    使用连词来衔接前面的句子。
    접속사를 사용해서 앞 문장을 이어받는다.

POINT ポイント3　文章の流れ
(The flow of sentences／文章的文脉／문장의 흐름)

　ある文章を読みやすい流れのものにするためには、文の順番を工夫する必要があります。文章の流れには多数のパターンがありますが、代表的なパターンを知っておくと文章を書くのも読むのも上手になります。

　You should plan the sequence of the sentences to make the writing easy to read. Although there are many patterns for the flow of a written passage, understanding some typical examples will improve your writing and reading skills in Japanese.

　为了使文章流畅易读，需要在句子的顺序上下功夫。文章的文脉有很多种模式，但只要掌握了其中有代表性的模式，无论是写文章还是读文章都会变得熟练。

　어떤 문장을 읽기 쉽도록 하기 위해서는 문장의 순서를 생각할 필요가 있습니다. 문장의 흐름에는 여러 패턴이 있지만 대표적인 패턴을 알아두면 문장을 쓰는 것도, 읽는 것도 능숙하게 할 수 있습니다.

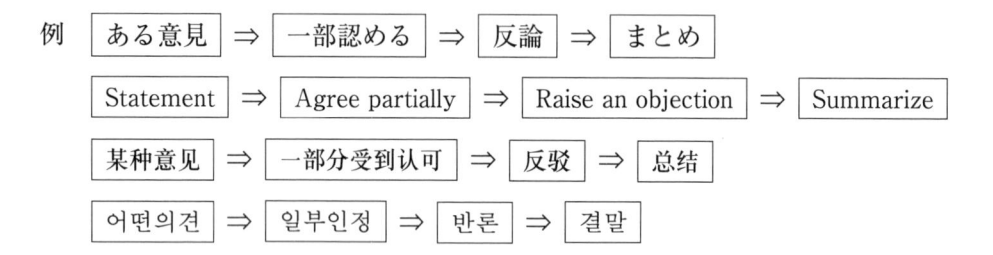

例　　ある意見　⇒　一部認める　⇒　反論　⇒　まとめ
　　　Statement　⇒　Agree partially　⇒　Raise an objection　⇒　Summarize
　　　某种意见　⇒　一部分受到认可　⇒　反驳　⇒　总结
　　　어떤의견　⇒　일부인정　⇒　반론　⇒　결말

よく見られる文章の型
Typical sentence patterns／经常见到的文章模式／자주 눈에 띄는 문장의 형태

例

書き出し Opening 开头 서두	後に続く文 The sentence that follows the opening 后续句子 뒤에 오는 문장
あることを言う Statement 提及某件事情 어떤 것을 말한다	→例をあげる Show examples 举例 예를 든다
あることを言う Statement 提及某件事情 어떤 것을 말한다	→もっと詳しく説明したり、分類したりする Give detailed explanation or classification 更详细地进行说明、分类 더 자세한 설명을 하거나 분류한다

ある考えを言う	→理由を言う
Give opinions 提及某种想法 어떤 생각을 말한다	Give reasons 说明理由 이유를 말한다
ある考えを紹介する	→反対意見を言う
Introduce an idea 介绍某种想法 어떤 생각을 소개한다	Give opposing ideas 发表反对意见 반대의견을 말한다
ある事実を言う	→感想を言う
Statement 提及某个事实 어떤 사실을 말한다	Give comments 发表感想 감상을 말한다
ある疑問を言う	→その答え、結論を言う
Raise questions 提及某个问题 어떤 의문을 말한다	Give solutions or conclusions 讲解问题的答案、结论 그 답, 결론을 말한다

■コラム

「のです・んです・のだ・んだ」のいろいろ

確認	Confirming ／确认／확인
事情や理由を説明	Explaining the circumstances and or reasons 说明情况、理由 사정이나 이유를 설명
説明を要求	Requesting explanation ／要求加以说明／설명을 요구
主張	Asserting ／主张／주장
納得・まとめ	Acknowledging/Summarizing 理解、归纳 납득・결말
命令・説得	Commanding/Persuading ／命令、说服／명령・설득
後悔	Regretting ／后悔／후회

■コラム

「する」のいろいろ

（意志的）(Volitional)　　A　～をする　　（無意志的）Non-volitional	
（有意志的）／（의지적）	（无意志的）／（무의지적）
1. 動作を表す　To show an action 　　表示动作／행동을 나타낸다 2. 職業や地位を表す 　　To show a person's occupation or rank 　　表示职业、地位 　　직업이나 지위를 나타낸다 3. 服装　　Clothing／服装／복장 4. 元の状態を変える 　　To change the state 　　改变原来的状态 　　원래의 상태를 바꾼다	5. 形や様子を表す 　　To show the appearance or condition 　　表示形态、样子 　　현태나 모습을 나타낸다 6. 病気　けが 　　Disease, injury 　　伤病 　　병・부상
B　～がする	
	7. 感覚を表す（音・味・声など） 　　To show the senses (sound・taste・voice, etc.) 　　表示感觉（音响、味道、声音等） 　　감각을 나타낸다 (소리・맛・음성 등) 8. 体の状態（吐き気・寒気・頭痛など） 　　To indicate a condition related to health (nausea・shivering・headache, etc.) 　　身体的状况（恶心、寒战、头疼等） 　　몸상태 (구토・오환・두통 등)
C　～（こと／よう）にする	
9. 意志の決定を表す 　　To show a decision 　　表示意志的决定／의지의 결정을 나타낸다 10. 努力目標を表す 　　To show the goal to be achieved 　　表示努力的目标／노력목표를 나타낸다	
D　する	
	11. 時間　Time／时间／시간 12. 値段　Price／价钱／가격

■コラム

「する」と「なる」

　同じことを言うのにも、行為をする人と行為を受けるもののどちら側に視点を置くかによって「する」と「なる」の2通りの表し方があります。いろいろな文型がありますが、基本は同じです。

　Even if the content of the message is the same, two ways of expressing it (する／なる) are possible depending on whether the viewpoint is placed on the agent's side or on the recipient's side. There are kinds of sentence patterns using "する" and "なる" and the difference between them is basically the same as with the verbs "する" and "なる."

　即使是在讲述同一件事情时，也有"する"和"なる"这两种表现方式。使用"する"还是"なる"，这要根据是站在行为的主动者一方，还是站在行为的被动者一方而定。虽然有各种句型，但基本都是相同的。

　같은 것을 말해도 행위를 하는 사람과 당하는 사람의 어느쪽에 시점을 두느냐에 따라「する」와「なる」의 두가지 표시방법이 있습니다. 여러 문형이 있지만 기본은 같습니다.

「する」と「なる」の使い方の基本

	注目すること　Focus／注目的事情／주목하는 것
する	人の行為に注目 To focus on an agent's action／注目人的行为／사람의 행위에 주목
なる	動作を受けるものの変化、結果に注目 To focus on the recipient's change or the result of the action 注目动作对象因这一动作而产生的变化、结果。 동작을 당하는 것의 변화, 결과에 주목

中級で学ぶ「する」と「なる」
自分で決めた習慣・決まりごと

Habits or rules of the subject/Rules (decided by someone else)
自己定的习惯、规定的事情
스스로 정한 습관・규칙

～ことにしている （自分で決めた習慣）　(Habits or rules of the subject)／（自己定的习惯）／ 　　　　　　　　　　（스스로 정한 습관）
～ことになっている （決まりごと）　(Rules (decided by someone else))／（规定的事情）／（규칙）

努力目標・努力している習慣・ものの仕組み

Goals to be achieved/Good habits the subject wishes to have/The mechanism of a machine
努力的目标、努力去培养的习惯、物品的构造
노력목표・노력하고 있는 습관・물건의 구조

～ようにする （努力目標） (Goals to be achieved)／（努力的目标）／（노력목표） ～ようにしている （努力している習慣） (Good habits the subject wishes to have) （努力去培养的习惯） （노력하고 있는 습관）
～ようになっている （ものの仕組み） (The mechanism of a machine) （物品的构造） （물건의 구조）

■コラム

会話でよく使われる終助詞

	どんなとき？
よ	聞き手が知らないことを伝える To convey something that the listener doesn't know 把听话人不知道的事情告诉给对方 듣는 사람이 모르고 있는 것을 전한다
ね	同意を求める To ask for agreement from the listener ／征求同意／동의를 구한다 確認する To confirm ／确认／확인한다
よね	確認する　念を押す To confirm or emphasize ／确认、叮嘱／확인한다　재확인한다
っけ	忘れたことを思い出す質問（自分で自分に聞くこともある） To ask questions to recall what you, the speaker, forgot (Also used when asking yourself) 想将忘掉的事情想起来时提出的问题（也有自问自答的时候） 잊어버린 것을 생각해내는 질문 (자기 자신에게 묻는 경우도 있다)
かな	疑問を独り言で言う To ask yourself questions 自言自语地提出疑问 의문을 혼잣말로 말한다
かなあ	やわらかい質問 To ask questions softly ／比较缓和的提问／부드러운 질문
な なあ	感想を独り言で言う To make comments to yourself ／ 自言自语地发表感触／감상을 혼잣말로 말한다

— 260 —

■コラム

感情・呼びかけ・応答などに使われる言葉

Words used for emotion, calling someone or making a response, etc.
表达感情、呼唤、应答等时的用语
감정・요청・응답 등에 사용되는 말

	どんな働き？	
ああ	感動・感情・感覚	Impression, emotion, sense 感动、感情、感觉 감동・감정・감각
あっ	見て驚いたとき 気がついたとき	To show surprise or that you noticed something 看之后感到吃惊时、注意到某一事情时 보고 놀랐을 때, 깨달았을 때
あれ おや	意外・疑問	To show wonder 意外、疑问 의외・의문
あのう	言い出すとき	To start a conversation 开始说时 말을 시작할 때
ええと	考えているとき	To show the speaker is thinking 思考时 생각하고 있을 때
えっ	話を聞いて驚いたとき	To show surprise 听之后感到吃惊时 얘기를 듣고 놀랐을 때
さあ	相手に行動を促すとき	To encourage the listener to act 催促对方行动时 상대에게 행동을 촉구할 때
	よくわからないとき	To show uncertainty／不太知道时／잘 모를 때
あら	軽い驚き（女性が使う）	To show surprise a little (used by women) 轻微的惊讶（女性用语） 가벼운 놀람 (여성이 쓴다)
まあ	感動（女性が使う）	To show an impression (used by women) 感动（女性用语） 감동 (여성이 쓴다)

■ コラム

どちらの立場で？
Whose viewpoint?／站在哪一方的立场?／어느쪽의 입장에서?

　同じことを言うのにも、どちらに視点を置くかによって2通りの言い方があります。

　Even if the content of the message is the same, two ways of expressing it are possible depending on whose viewpoint it is.
　　即使是在讲述同一件事情时，也有两种表现方式，使用哪一种方式要根据将视点放在哪一方而定。
　같은 것을 말해도 어느쪽에 시점을 두느냐에 따라 두가지 표현이 있습니다.

例

| 対の言葉 | antonyms／成时的用语／반대어

＊話者中心の言い方

Speaker-centered expressions
以说话人为中心的表现方法
말하는 사람 중심의 표현

　ふつう、話者または話者側に近い人の立場で文を作ります。立場を途中で変えないのが自然です。

　Sentences are usually formed from the speaker's side. To make a sentence sound natural, the viewpoint should not be changed.
　　造句作文一般是站在说话人、或离说话人一方较近的立场上来写。中途不改变立场比较自然。
　보통 말하는 사람 또는 말하는 사람 측에 가까운 사람의 입장에서 문장을 만듭니다. 입장을 도중에 바꾸지 않는 것이 자연스럽습니다.

<あ>

あいけん（愛犬）	pet dog	爱犬	애견
あいする（愛する）	love	爱	사랑하다
あいつ	that fellow	那家伙	저놈
あいて（相手）	someone to talk to, the other person	对方	상대
アイディア	idea, thinking	主意	아이디어
あいにく	unfortunately	不凑巧	공교롭게
あいまい［な］	vague	暧昧	애매하다
あきっぽい（飽きっぽい）	get tired of ～ easily	没常性	싫증내다
あきらめる	give up, feel hopeless	死心	포기하다
あきる（飽きる）	be tired of	腻、烦	질리다
アクセル	accelerator	加速器	액셀
あくび	yawn	哈欠	하품
あけがた（明け方）	dawn	黎明	새벽
あさねぼうする（朝寝坊する）	sleep in	睡懒觉	늦잠자다
あじさい（紫陽花）	hydrangea	绣球花	수국
あしもと（足元）	one's step	脚底下	발밑
あずかる（預かる）	keep	代为保管	맡다
あそびば（遊び場）	playground	游戏的场所	놀이터
あたたかい（温かい）	warm	温暖	따뜻하다
あたり	around	一带	근처
あちこち	here and there	这儿那儿、到处	여기저기
あつかう（扱う）	deal with	处理	다루다
アップデート	update	（电脑）内容更新	업데이트
あな（穴）	hole	洞	구멍
あながあく（穴があく）	get a hole	有洞	구멍이 나다
あのよ（あの世）	the other world, the afterlife	来世	저 세상
あぶら（油）	oil	油	기름
あまい（甘い）	optimistic	甜	얕다
あらそう（争う）	quarrel	争夺	다투다
あらたまった（改まった）	formal	郑重	격식있는
あらわす（表す）	show	表示	나타내다
あらわれる（表れる）	appear	表现	나타나다
ありがたい	thankful	应该感谢	고맙다
あるていどの（ある程度の）	to some extent	某一程度的	어느 정도
あるところ	some place, somewhere	某个地方	어느 곳
アルバム	album	影集、纪念册	앨범
あるひ（ある日）	one day	某天	어느 날
アレルギー	allergy	过敏	알레르기
あん（案）	plan, proposal	方案	안

アンケート	questionnaire	问卷调查	앙케이트
アンコール	encore	（要求）重演	앵콜
あんていする（安定する）	be stabilized	稳定	안정되다
あんないしょ（案内書）	guidebook, brochure	指南	안내서
あんなに	like that, so much	那么	저렇게
あんパン	bean-jam bun	豆沙面包	단팥빵
あんまん	Chinese-style bean-jam bun	豆沙包	찐빵

＜い＞

いいわけ（言い訳）	excuse	辩解	변명
いいん（医院）	clinic	医院	의원
いかす（生かす）	make use of	活用、发挥	살리다
いかり（怒り）	anger	愤怒	화
いぎ（意義）	significance	意义	의의
いくつかの	several	几个	몇 개의
いじめ	bullying	欺辱	왕따
いぜん（以前）	before	以前	이전
いたみ（傷み）	damage	损坏	상처
いたみ（痛み）	ache	疼痛	통증
いたむ（痛む）	ache	疼痛	아프다
いちおう（一応）	to some extent	大体上	일단
いちご	strawberry	草莓	딸기
いちども〜ない（一度も〜ない）	never 〜	一次也没有〜	한번도〜없다
いちにんまえになる（一人前になる）	grow up	成人	어른이 되다
いちぶ（一部）	partially	一部分	일부
いちりゅう（一流）	first-class	一流	일류
いつか	someday	什么时候	언젠가
いっしょう（一生）	lifetime	一生	평생
いつのまにか（いつの間にか）	without noticing	不知不觉	어느새인가
いっぽう（一方（2課））	on the other hand	一方面	한편
いっぽう（一方（14課））	one way	一个方向	한쪽
いとこ	cousin	堂（表）姐妹、堂（表）兄弟	사촌
いのち（命）	life	生命	목숨
いばる（威張る）	boast	逞威风	으스대다
イラスト	illustration	插图	일러스트
いりょうチーム（医療チーム）	medical team	医疗小组	의료팀
いりょうひ（医療費）	health expenditure, healthcare cost	医疗费	의료비
イルカ	dolphin	海豚	돌고래
いれる	make (some coffee)	沏	타다

いろとりどり（色とりどり）	colourful	五颜六色	색색가지
いろんな	various	各种	여러가지
インスタントしょくひん（インスタント食品）	instant/precooked food	速成食品	인스턴트식품
インフルエンザ	influenza	流行性感冒	인플루엔자

＜う＞

ヴァイオリン	violin	小提琴	바이올린
ウィークデー	weekday	平日	평일
ウーロンちゃ（ウーロン茶）	oolong tea	乌龙茶	우롱차
ウェイター	waiter	男服务员	웨이터
うかぶ（浮かぶ）	float	浮现	뜨다
うけとる（受け取る）	receive	接收	받아들이다
うけみ（受身）	passive voice	被动态	수동형
うさぎ	rabbit	兔子	토끼
うしなう（失う）	lose	失去	잃다
うたがう（疑う）	doubt	怀疑	의심하다
うちがわ（内側）	inside	内侧	안쪽
うらぐち（裏口）	back door	后门	뒷문
うりあげ（売り上げ）	sale	销售额	판매량
うりきれる（売り切れる）	be sold out	售完	매진되다
うれゆき（売れ行き）	sale	销售情况	판매량
うれる（売れる）	sell	畅销	팔리다
うん（運）	luck	运气	운
うんちん（運賃）	fare	运费、车费	요금
うんどうかい（運動会）	athletic meet	运动会	운동회
うんどうじょう（運動場）	ground	运动场	운동장
うんどうぶ（運動部）	sports club	体育部	운동부

＜え＞

エアコン	air conditioner	空调	에어컨
えいきょう（影響）	influence	影响	영향
えいぎょう（営業）	sales	营业	영업
えいぎょうせいせき（営業成績）	business performance	营业成绩	영업성적
えいぎょうぶ（営業部）	sales department	营业部	영업부
えいぎょうぶいん（営業部員）	sales staff	营业部成员	영업부원
えいよう（栄養）	nutrition	营养	영양
えがお（笑顔）	smile	笑脸	웃는 얼굴
エネルギー	energy	能源	에너지
エプロン	apron	围裙	앞치마
えほん（絵本）	picture book	图画书	그림책
えらい（偉い）	great	伟大	대단하다
えんぎ（演技）	performance	演技	연기

えんげい（園芸）	gardening	园艺	원예
えんぜつかい（演説会）	speech meeting	演讲会	연설회

＜お＞

おいつく（追いつく）	catch up with	追上	따라잡다
おいでくださる	come (honorific)	过来（敬语）	와주시다
おうえん（応援）	support	声援助威	응원
おお～（大～）	big, heavy ～	大～	큰～
おおいに（大いに）	greatly	大大地	많이
おおくの（多くの）	many	很多的	많은
オーバーする	exceed	超过	초과하다
オープンする	open	开业	개업하다
おおわらいする（大笑いする）	laugh out loud	大笑	크게 웃다
おきあがる（起き上がる）	get up	站起来	일어나다
おきゃくさま（お客様）	customer	顾客	손님
おきわすれる（置き忘れる）	leave	忘记带回	두고 잊어버리다
おこる（怒る）	get angry	生气	화내다
おこる（起こる）	happen	发生	일어나다
おさえる（抑える）	suppress	忍住	참다
おじぎ	bow	鞠躬	인사
おしゃべりする	chat	聊天儿	수다떨다
おしらせ（お知らせ）	notice	通知	통지문
おす（押す）	take the offensive against	压倒	밀다
おせちりょうり（おせち料理）	New Year dishes	年节菜	오세치요리
おせわになります（お世話になります）	I really appreciate your kindness.	承蒙关照	신세지고 있습니다
おちつく（落ち着く）	calm down	平静	진정되다
おちゃのかい（お茶の会）	tea party	茶会	다과회
おばけ	ghost	妖怪	유령
オフィス	office	办公室	오피스
おめでたい	happy	可贺	축하하다
おめにかかる（お目にかかる）	see (honorific)	见面（敬语）	뵙다
おもい[びょうき]（重い[病気]）	serious [illness]	重［病］	심각하다 [병]
おもい（思い）	feeling	感觉	기억
おもいうかぶ（思い浮かぶ）	come to mind	想起来	떠오르다
おもいうかべる（思い浮かべる）	visualize	想起	떠올리다
おもいで（思い出）	memory	回忆	추억
おもいやり（思いやり）	consideration	体贴、关心	배려
おもち	rice cake	年糕	떡
おもてげんかん（表玄関）	front door	大门	앞현관
おや（親）	parent	父母	부모
おやこうこう（親孝行）	filial piety	孝顺父母	효도

オリンピック	Olympic Games	奥运会	올림픽
おんせん（温泉）	hot spring	温泉	온천
おんど（温度）	temperature	温度	온도
＜か＞			
か（課）	section	课	과
～かい（～回）	～ times	～次	～회
かいいん（会員）	member	会员	회원
かいがい（海外）	overseas	海外	해외
かいかん（会館）	hall	会馆	회관
かいぎ（会議）	meeting, conference	会议	회의
かいけつあん（解決案）	possible solution	解决方案	해결안
かいけつする（解決する）	settle, solve	解决	해결하다
かいごう（会合）	meeting	聚会	회합
かいし（開始）	start	开始	개시
かいしゃづとめ（会社勤め）	working for a company	在公司工作	회사근무
がいしゅつする（外出する）	go out	外出	외출하다
かいすいよく（海水浴）	sea bathing	海水浴	해수욕
かいせい（改正）	revision	修改	개정
かいちょう（会長）	president	会长	회장
かいてんする（開店する）	open the store	开设店铺	개업하다
かいぬし（飼い主）	owner, keeper (of a pet)	饲养主	주인
かいひ（会費）	participation fee	会费、参加费用	회비
かいふく（回復する）	recover	恢复	회복하다
がいらいご（外来語）	word of foreign origin, loan word	外来语	외래어
かう（飼う）	keep	饲养	기르다
かえりみち（帰り道）	one's way home	回去的路	돌아오는 길
かえる（代える）	change	代替	바꾸다
～がかり（～係）	clerk	担任～的人	～담당
かかる	have [a phone call], come	打	걸리다
かき（柿）	persimmon	柿子	감
かきとめ（書留）	registered letter	挂号	등기서류
かぎわける（かぎ分ける）	distinguish	（用嗅觉）加以区分	분간하다
かく（描く）	draw	画	그리다
がくえん（学園）	school	学园	학원
かくち（各地）	many parts of the country	各地	각지
がくりょく（学力）	academic ability	学力	학력
がくれき（学歴）	academic background	学历	학력
かげ（影）	shadow	影	그림자
かこ（過去）	past	过去	과거
かしゅ（歌手）	singer	歌手	가수

〜かしょ（〜か所）	〜 places	〜处	〜군데
かず（数）	number	数字	수
かずおおく（数多く）	many	数量很多	많이
かた（肩）	shoulder	肩膀	어깨
かたい（堅い）	sound, steady	坚实	딱딱하다
かたい（硬い）	hard	死板	딱딱하다
かだい（課題）	issue	课题	과제
かたがた（方々）	people	诸位	여러분
カタログ	catalogue	目录	카탈로그
かちすすむ（勝ち進む）	win one victory after another	获胜	이겨 나가다
がっかりする	be disappointed	失望	실망하다
がっき（楽器）	musical instrument	乐器	악기
かつやくする（活躍する）	be active in	活跃	활약하다
かなり	fairly	相当	꽤
かふんしょう（花粉症）	pollen allergy	花粉症	꽃가루알레르기
がまんする	endure	忍耐	참다
がまんづよい（がまん強い）	patient	忍耐力强	참을성이 강하다
がまんできずに〜する	can't stop oneself from 〜	无法忍耐〜	참지 못하고〜하다
かみくず（紙くず）	wastepaper	烂纸	종이조각
かめ（亀）	turtle	龟	거북이
かもく（科目）	subject	学科	과목
かゆい	itchy	痒	가렵다
からだをこわす（体を壊す）	damage one's health	搞坏身体	건강을 헤치다
からっぽ（空っぽ）	empty	空	텅비다
かりに（仮に）	if	即使	가령
カレー	curry	咖喱	카레
かわいがる	pet	宠爱	귀여워하다
かわいそう［な］	poor, sorry	可怜	불쌍하다
かん（缶）	can	罐	캔
かんがえ（考え）	idea, thinking	想法	생각
かんきょう（環境）	environment	环境	환경
かんこう（観光）	sightseeing	游览	관광
かんこうきゃく（観光客）	tourist	游客	관광객
かんこうち（観光地）	tourist spot	游览胜地	관광지
かんじとる（感じとる）	smell, sense	感觉到	감지하다
かんしょくする（間食する）	eat snacks between meals	吃零食	간식먹다
かんじる（感じる）	feel	感觉	느끼다
かんしん（関心）	interest	关心	관심
かんせい（完成）	completion	完成	완성
かんぜんに（完全に）	perfectly	完全	완전히
かんそう（感想）	remark	感想	감상

かんどうする（感動する）	be moved	感动	감동하다
かんとく（監督）	manager	领队、教练	감독
かんり（管理）	control	管理	관리

<き>

きおん（気温）	temperature	气温	기온
きがつく（気がつく）	find, be aware of, notice	觉察到	알아채다
ききいれる（聞き入れる）	grant	答应、采纳	들어주다
ききちがい（聞き違い）	mishearing	听错了	잘못듣다
ききとり（聞き取り）	listening	听力	듣기
ききとる（聞き取る）	catch	听懂	듣다
きぎょう（企業）	enterprise	企业	기업
きく（聴く）	listen	听	듣다
きげん（期限）	deadline	期限	기한
きこう（気候）	climate	气候	기후
きごう（記号）	symbol	记号	기호
きこくする（帰国する）	return to one's country	回国	귀국하다
きじ（記事）	article	消息、报导	기사
きじつ（期日）	due date	期限	기일
ぎじゅつしゃ（技術者）	engineer	技术人员、工程师	기술자
きず（傷）	scratch	伤	상처
きそくてき［な］（規則的［な］）	regular	有规则的	규칙적이다
きたい（期待）	expectation	期待	기대
きたいはずれ（期待はずれ）	disappointment	期望落空	기대 밖
きつい	hard	艰巨	힘들다
きながに（気長に）	patiently	耐心地	느긋하게
きになる（気になる）	have someone/something on one's mind	放心不下	신경 쓰이다
～きになる（～気になる）	feel like ～ing	有意～	～기분이 들다
きふ（寄付）	contribution	捐赠	기부
きぼうする（希望する）	wish	希望	희망하다
ぎむ（義務）	duty	义务	의무
キムチ	kimchi, korean pickles	朝鲜泡菜	김치
ぎゃくに（逆に）	on the contrary	相反	반대로
きゃくほんか（脚本家）	script writer	剧作家	각본가
きゃっかんてきに（客観的に）	objectively	客观的	개관적으로
キャンセルする	cancel	取消	취소하다
キャンプ	camping	野营	캠프
きゅうかん（休館）	be closed	停止开放	휴관
きゅうこう（休校）	closing of school	停课	휴교
きゅうじつ（休日）	holiday, day off	假日	휴일
きゅうり	cucumber	黄瓜	오이

きゅうりょう（給料）	pay, salary	工资	급여
きょういくきほんほう（教育基本法）	the Fundamental Law of Education	教育基本法	교육기본법
きょういくしゃ（教育者）	educator	教育工作者	교육자
きょうかい（協会）	association	协会	협회
ぎょうかいナンバーワン（業界ナンバーワン）	the best in the business	同业界第一	업계최고
ぎょうざ	steam-baked meat dumpling	饺子	만두
きょうし（教師）	teacher	教师	교사
きょうじゅ（教授）	professor	教授	교수
きょうつうする（共通する）	have in common	共同	똑같다
きょうりょく（協力）	cooperation	协作	협력
きょく（曲）	song, music	曲	곡
ぎょそん（漁村）	fishing village	渔村	어촌
キリストきょう（キリスト教）	Christianity	基督教	기독교
きる（切る）	switch off	挂断	끊다
きろくてき［な］（記録的［な］）	record	创记录的	기록적이다
きをつける（気をつける）	watch	小心	조심하다
きんがく（金額）	sum of money	金额	금액
きんちょうする（緊張する）	be tense, be nervous	紧张	긴장하다
きんねん（近年）	in recent years	近年	최근 몇년
<<く>>			
くうかん（空間）	space	空间	공간
クーラー	air conditioner	冷气	에어컨
くうらん（空欄）	blank	空白栏	공란
くじら	whale	鲸鱼	고래
くにぐに（国々）	countries	各国	나라들
くべつ（区別）	difference	区别	구별
くみたてる（組み立てる）	put together, assemble	组装	조립하다
くやしい（悔しい）	frustrated, regrettable	懊悔	분하다
グラウンド	ground	运动场	그라운드
クラシック	classical (music)	古典	클래식
くらす（暮らす）	live	生活	살다
クラブ	club	俱乐部	클럽
グラフ	graph	图表	그래프
くりかえす（繰り返す）	repeat	重复	반복하다
クリスチャン	Christian	基督教徒	기독교신자
くるしむ（苦しむ）	suffer	感到痛苦	힘들어하다
くわしい（詳しい）	detailed	详细	자세하다
くわしく（詳しく）	in detail	详细地	자세히
くんくんなく（くんくん泣く）	whine	呜呜地哭	낑낑거리다

<け>

けいえい（経営）	management	经营	경영
けいかくしょ（計画書）	plan (document)	计划书	계획서
けいかん（景観）	scenery	景观	경관
けいき（景気）	business (condition)	景气	경기
けいご（敬語）	honorific word	敬语	경어
けいざいかい（経済界）	business community	经济界	경제계
けいさつけん（警察犬）	police dog	警犬	경찰견
けいさん（計算）	calculation	计算	계산
ケーキしょくにん（ケーキ職人）	pastry chef	做蛋糕的手艺人	베이커
ゲーム	game	游戏	게임
ゲームソフト	video game software	游戏软件	게임소프트
けしょうする（化粧する）	make up	化妆	화장하다
けしょうひん（化粧品）	cosmetics	化妆品	화장품
けしわすれ（消し忘れ）	forgetting to put out	忘了熄灭	끄는 걸 잊다
けつあつ（血圧）	blood pressure	血压	혈압
けっか（結果）	result	结果	결과
げっきゅう（月給）	monthly wage	月薪	월급
けっこんきねんび（結婚記念日）	wedding anniversary	结婚纪念日	결혼기념일
けっしょうせん（決勝戦）	final	决赛	결승전
けっせきする（欠席する）	be absent	缺席	결석하다
けっていする（決定する）	decide	决定	결정하다
けってん（欠点）	fault	缺点	결점
けつろん（結論）	conclusion	结论	결론
けむり（煙）	smoke	烟	연기
けん（件）	matter	件	건
けんがくかい（見学会）	observation trip	见习会	견학회
げんがてん（原画展）	exhibition of original pictures	原画展	원화전
げんきづける（元気づける）	refresh	鼓舞	기운을 북돋다
けんきゅうじょ（研究所）	institute	研究所	연구소
げんご（言語）	language	语言	언어
けんこう（健康）	health	健康	건강
けんこうかんり（健康管理）	health care	保健	건강관리
けんこうじょうたい（健康状態）	physical condition	健康状况	건강상태
けんこうしんだん（健康診断）	physical checkup	体检	건강진단
けんこうてき［な］（健康的［な］)	healthy	健康的	건강적이다
けんこう［な］（健康［な］)	be in good health, healthy	健康	건강하다
けんさ（検査）	examination	检查	검사
げんざい（現在）	present	现在	현재
けんせつ（建設）	construction	建设	건설

げんだい（現代）	present day	现代	현대
げんち（現地）	local spot	当地	현지
けんない（県内）	in the prefecture	县内	현내
げんば（現場）	the spot	工程现场	현장
けんびきょう（顕微鏡）	microscope	显微镜	현미경

<こ>

〜ご（〜後）	after 〜	〜后	〜후
こいぬ（子犬）	puppy	小狗	강아지
こうか（効果）	effect	效果	효과
こうがい（公害）	pollution	公害	공해
こうかいする（後悔する）	regret	后悔	후회하다
ごうかく［する］（合格［する］）	pass	及格、考上	합격［하다］
ごうかくりつ（合格率）	examination pass rate	合格率	합격율
こうかん［する］（交換［する］）	exchange	交换	교환［하다］
こうぎこうどう（抗議行動）	protest movement	抗议行动	항의행동
こうぎする（抗議する）	protest	抗议	항의하다
こうきょう（公共）	public	公共	공공
こうし（公私）	public and private	公私	공사
こうじ（工事）	construction	工程	공사
こうした	these	这样的	이런
こうじちゅう（工事中）	under construction	施工中	공사중
〜ごうしつ（〜号室）	room number 〜	〜号房间	〜호실
こうしゅうかい（講習会）	workshop	讲习会	강습회
こうじょうない（工場内）	inside the factory	工厂内	공장내
こうそく（校則）	school rules	校规	교칙
こうつうしゅだん（交通手段）	means of transportation	交通手段	교통수단
こうつうひ（交通費）	travel expenses	交通费	교통비
こうどうする（行動する）	act	行动	행동하다
こうど［な］（高度［な］）	advanced	高水平、高程度	수준높다
こうはい（後輩）	one's junior	后辈	후배
こうふく［な］（幸福［な］）	happy	幸福	행복하다
こうへいに（公平に）	fairly	公平	공평하게
こうほしゃ（候補者）	candidate	候选人	후보자
こうみんかん（公民館）	community center	公民馆	구민회관
こうれい（高齢）	advanced age	高龄	고령
こうれいか（高齢化）	aging	老龄化	고령화
こうれいしゃ（高齢者）	person of advanced years	高龄者	고령자
コース	course	路线、课程	코스
コーヒーショップ	coffee shop	咖啡店	커피숍
こおり（氷）	ice	冰	얼음
ごがくきょうし（語学教師）	language teacher	外语教师	어학교사

こくご（国語）	Japanese	国语、语文	국어
こくどうじゅうはちごうせん（国道18号線）	National Highway 18	18号线公路	국도18호선
こくない（国内）	domestic	国内	국내
ごくろうさま（ご苦労さま）	You've worked hard.	辛苦了。	수고했습니다.
こころから（心から）	sincerely	衷心	진심으로
こしのいたみ（腰の痛み）	backache	腰疼	허리통증
こじん（個人）	individual	个人	개인
こじんじょうほう（個人情報）	personal information	个人信息	개인정보
こそだてちゅう（子育て中）	caring for children	养着孩子	육아중
ごちそうになる	be treated	受到款待	식사 대접받다
こっかしけん（国家試験）	national examination	国家考试	국가시험
コック	cook	厨师	요리사
ことわる（断る）	refuse	拒绝	거절하다
このまま	as it is	就这样	이대로
ごみおきば（ごみ置き場）	trash and garbage collection point	放垃圾的场所	쓰레기장
コミュニケーション	communication	交流、沟通	커뮤니케이션
こや（小屋）	hut	小房子	오두막집
ごらいかんのかた（ご来館の方）	visitor	来馆参观的人	오시는 분
ごらいかんのみなさま（ご来館の皆様）	dear visitors	来馆参观的各位	손님여러분
ゴルフ	golf	高尔夫	골프
ゴルフじょう（ゴルフ場）	golf course	高尔夫球场	골프장
ころぶ（転ぶ）	fall (down)	摔倒	넘어지다
こんかい（今回）	this time	这次	이번
こんご（今後）	from now on	今后	앞으로
こんなに	such	这么	이렇게
<さ>			
さ（差）	difference	差	차
サービス	service	服务	서비스
さいがい（災害）	disaster	灾害	재해
さいこう（最高）	the most	最高	최고
ざいさん（財産）	property	财产	재산
さいじつ（祭日）	national holiday	节日	공휴일
さいしんさく（最新作）	latest (novel)	最新作品	최신작
サイズ	size	开(纸张尺寸)	사이즈
さいだい（最大）	the biggest	最大	최대
ざいにちきかん（在日期間）	period of staying in Japan	在日本期间	일본체류기간
さいようする（採用する）	pick up	采用	채택하다
ざいりょう（材料）	ingredient	材料	재료

ざいりょうひ（材料費）	cost of materials	材料費	재료비
サインかい（サイン会）	autograph session	签名会	사인회
さかん［な］（盛ん［な］）	prosperous	昌盛	번성하다
さき（先）［10年先］	later	后	앞
さきほど（先ほど）	some time ago	刚才	아까
さくしゃ（作者）	author	作者	작가
さくねん（昨年）	last year	去年	작년
さくばん（昨晩）	last night	昨天晚上	어젯밤
さくひん（作品）	work	作品	작품
さくほう（作法）	how to write	写法	작문법
さくや（昨夜）	last night	昨天晚上	어젯밤
さくら（桜）	cherry blossom	樱花	벚꽃
さけぶ（叫ぶ）	cry	喊叫	소리치다
ささえ（支え）	support	支持、支柱	버팀
ささえる（支える）	support	支撑	지원하다
さすが	as might be expected	真不愧、果然	역시
さそう（誘う）	invite	邀请、约	권유하다
さっか（作家）	author	作家	작가
さっと	quickly	忽然	획
サポートする	support	支援	보조하다
さめる（冷める）	get cold	凉	식다
さらに	more	更	더욱
サラリーマン	salaried worker	工薪人员	샐러리맨
さる（猿）	monkey	猴子	원숭이
さわぎ（騒ぎ）	fuss	吵闹	난리법석
さんか（参加）	participation	参加	참가
さんかくけい（三角形）	triangle	三角形	삼각형
さんかしゃ（参加者）	participant	参加者	참가자
さんかする（参加する）	participate	参加	참가하다
さんかひ（参加費）	participation fee	参加费用	참가비
ざんぎょう（残業）	overtime work	加班	잔업
さんしょく（3食）	three meals	3餐	세끼
さんせい（賛成）	agreement	赞成	찬성
さんせいう（酸性雨）	acid rain	酸雨	산성비
さんせいする（賛成する）	agree	赞成	찬성하다
さんそ（酸素）	oxygen	氧气	산소
サンタ	Santa Claus	圣诞老人	산타클로스
<し>			
し（詩）	poem	诗	시
～し（～氏）	Mr. ～, Ms. ～	～氏	～씨
しあげる（仕上げる）	finish	完成	완성하다

じいん（寺院）	temple	寺院	사원
ジーンズ	jeans	牛仔裤	청바지
じかい（次回）	next time	下次	다음
しかくい（四角い）	square	四方	네모
しかたがない	cannot be helped	没办法	어쩔 수 없다
しき（四季）	four seasons	四季	사계
じき（時期）	time	时期	시기
じぎょう（事業）	business	事业	사업
じぎょうぶ（事業部）	operation department	事业部	사업부
しげん（資源）	resource	资源	자원
じけん（事件）	case	事件、案件	사건
しけんじょう（試験場）	examination room	考场	시험장
しごとのあいまに（仕事の合間に）	in a spare moment from one's work	工作之余	일 사이에
じじつ（事実）	fact	事实	사실
じしゅせい（自主性）	self-discipline	自主性	자주성
じじょう（事情）	situation	情况	사정
じしん（自身）	oneself	自身	자신
じしん（自信）	confidence	自信	자신
しずむ（沈む）	sink, set	落、沉没	지다
しせつ（施設）	facility	设施	시설
しぜん（自然）	nature	自然	자연
しぜんに（自然に）	naturally	自然地	자연히
じたい（自体）	itself	自身	자체
しだいに（次第に）	gradually	逐渐	점차
じだいもの（時代物）	period piece	历史剧、历史小说	시대극
じたく（自宅）	one's house	自家	자택
シチュー	stew	炖菜	스튜
しちょう（市長）	mayor	市长	시장
しつ（質）	quality	质量	질
じっか（実家）	one's parents' home	老家、娘家	고향집
じっけん（実験）	experiment	实验	실험
じっこうする（実行する）	practice	实行	실행하다
じっこうりょく（実行力）	ability to get things done	实干的能力	실행력
じっさいに（実際に）	in fact	实际	실제로
じっさいの（実際の）	actual	实际的	실제
しつど（湿度）	humidity	湿度	습도
じっと	still	安稳	가만히
じっとする	keep quiet	一动不动	가만히 있다
しつない（室内）	indoor	室内	실내
じっぴ（実費）	actual expense	实际费用	실비

しっぽ（尻尾）	tail	尾巴	꼬리
じつりょく（実力）	ability	实力	실력
してん（支店）	branch	分店	지점
してん（視点）	viewpoint	视点	시점
しどう（指導）	instruction	指导	지도
じどうか（自動化）	automation	自动化	자동화
しどうする（指導する）	coach	指导	지도하다
しどうりょく（指導力）	leadership	指导能力	지도력
しばられる［じかんに］（縛られる［時間に］)	be bound [by time]	被束缚［被时间束缚］	얽매이다［시간에］
しはんの（市販の）	on the market	市场上销售的	시판
じびか（耳鼻科）	otolaryngology	耳鼻科	이비인후과
しまぐに（島国）	island country	岛国	섬나라
しまじま（島々）	islands	群岛	섬들
じむ（事務）	office work	事务	사무
じむちょう（事務長）	office manager	事务长	사무장
しめきり（締め切り）	deadline	截止日期	마감
じめん（地面）	ground	地面	지면
～しゃ（～社）	～ company	～公司	～사
しゃいん（社員）	staff, employee	职工	사원
しゃかい（社会）	social studies	社会	사회
しゃかいじん（社会人）	member of society	社会一员	사회인
しゃかいてき（社会的）	social	社会性	사회적
ジャズ	jazz	爵士乐	재즈
しゃっきん（借金）	debt	借款	빚
しゃない（社内）	in one's office	公司里	사내
しゃべる	talk	说	말하다
しゅう～かい（週～回）	～ time(s) a week	一周～次	주～회
しゅうかいじょう（集会所）	assembly house	集会处	집회소
しゅうがくりょこう（修学旅行）	school excursion	修学旅行	수학여행
しゅうかんし（週刊誌）	weekly magazine	周刊杂志	주간지
しゅうしょく［する］（就職［する］)	getting [get] a job	就职	취직［하다］
じゅうたい（渋滞）	traffic jam	堵塞	체증
じゅうだい［な］（重大［な］)	serious	重大	중대하다
じゅうたく（住宅）	residence	住宅	주택
じゅうたくち（住宅地）	residential area	住宅区	주택지
しゅうにゅう（収入）	income	收入	수입
じゅうみん（住民）	inhabitant	居民	주민
じゅうよう［な］（重要［な］)	important	重要	중요하다
しゅうり［する］（修理［する］)	repair	修理	수리［하다］

しゅうりょうする（終了する）	finish	完了	끝나다
しゅくやくけい（縮約形）	abbreviated form	约音形	축약형
しゅじゅつ（手術）	operation	手术	수술
しゅしょう（首相）	prime minister	首相	수상
しゅちょうする（主張する）	insist	主张	주장하다
しゅっきんする（出勤する）	go to the office, go to work	出勤	출근하다
しゅつじょうする（出場する）	take part in	出场	출장하다
しゅっちょう（出張）	business trip	出差	출장
しゅっぱん（出版）	publication	出版	출판
しゅるい（種類）	kind	种类	종류
じゅんちょうに（順調に）	smoothly	顺利	순조롭게
じゅんゆうしょう（準優勝）	runner-up, second place	亚军	준우승
〜じょう（〜上）	on 〜	〜上	〜상
しょうがくせい（小学生）	elementary school student	小学生	초등학생
じょうきゃく（乗客）	passenger	乘客	승객
じょうきょう（上京）	going/coming to Tokyo	进京	상경
じょうきょう（状況）	circumstance	情况	상황
じょうけん（条件）	condition	条件	조건
じょうし（上司）	one's superior	上司	상사
しょうしか（少子化）	declining birth rate	少生孩子	저출산화
じょうしゃくかん（乗車区間）	where people board	乘车区间	승차구간
しょうしょう（少々）	a little	稍稍	잠시
じょうだん（冗談）	joke	玩笑	농담
じょうねつ（情熱）	passion	热情	열정
しょうひしゃ（消費者）	consumer	消费者	소비자
しょうひでんりょく（消費電力）	electricity consumption	消费电力	소비전력
しょうひん（商品）	merchandise	商品	상품
じょうほう（情報）	information	信息	정보
しょうぼうしゃ（消防車）	fire engine	救火车	소방차
しょうめいデザイン（照明デザイン）	lighting design	照明设计	조명디자인
しょうらいせい（将来性）	possibility	有前途	장래성
じょうりくする（上陸する）	make landfall	登陆	상륙하다
しようりょう（使用量）	consumption	使用量	사용량
ジョギング	jogging	慢跑	조깅
しょく（職）	job	职业	직
しょくざい（食材）	cooking ingredient	做菜的材料	식재료
しょくせいかつ（食生活）	eating habit	饮食生活	식생활
しょくば（職場）	office, workplace	工作单位	직장
しょくひん（食品）	food	食品	식품
しょくぶつ（植物）	plant	植物	식물

しょくよく（食欲）	appetite	食欲	식욕
ショック	shock	打击	충격
しょにち（初日）	the first day	第一天	첫날
しょるい（書類）	document	文件、资料	서류
しらが（白髪）	gray hair	白发	백발
しりあう（知り合う）	get to know, get acquainted	相识	알게되다
じりつする（自立する）	live one's own life	自立	자립하다
しりょう（資料）	material	资料	자료
しんけんに（真剣に）	seriously	认真	신중히
しんごう（信号）	traffic light	红绿灯	신호
しんこうがかり（進行係）	chairman	司仪	진행담당
しんじつ（真実）	truth	真实	진실
しんじる（信じる）	believe, trust	相信	믿다
じんせい（人生）	life	人生	인생
しんせいひん（新製品）	new product	新产品	신제품
しんせき（親戚）	relative	亲戚	친척
しんせん［な］（新鮮［な］）	fresh	新鲜	신선하다
しんにゅうしゃいん（新入社員）	new employee	新职工	신입사원
しんねんど（新年度）	new fiscal year	新年度	신년도
じんぶつ（人物）	person	人物	인물
しんぶん（新聞）	newspaper	报纸	신문
しんぶんきしゃ（新聞記者）	newspaper reporter	报社记者	신문기자
しんぶんしゃ（新聞社）	newspaper company	报社	신문사
しんぽする（進歩する）	progress	进步	진보하다
しんゆう（親友）	best friend	好朋友	친구
しんるい（親類）	relative	亲戚	친척
しんろ（進路）	course	毕业后的方向	진로

＜す＞

すいか	watermelon	西瓜	수박
すいすぎ（吸いすぎ）	smoking too much	抽得太多	지나친 흡연
すいちゅう（水中）	under water	水中	물속
すいとる（吸い取る）	soak up	吸进去	빨아들이다
すうかい（数回）	several times	数次	여러번
すうじ（数字）	figure, number	数字	숫자
すうじつ（数日）	several days	几天	몇일
スープ	soup	汤	스프
すがた（姿）	figure, aspect	姿态	모습
すがたをあらわす（姿を現す）	appear	出现	모습을 나타내다
すぐれている（優れている）	excellent	好、强	뛰어나다
スケジュールひょう（スケジュール表）	schedule	日程表	계획표

すごす（過ごす）	spend	过	보내다
すてきな	lovely	非常漂亮	멋지다
ストレス	stress	（精神）紧张状态	스트레스
ストレスかいしょう（ストレス解消）	stress reduction	消除精神疲劳	스트레스해소
すなお［な］（素直［な］）	obedient	老实纯朴	온순하다
すなば（砂場）	sand pit	沙坑	모래밭
スピーチ	speech	致词	연설
スピード	speed	速度	스피드
スピードのだしすぎ（スピードの出しすぎ）	be driving too fast	超速	과속
スピードいはん（スピード違反）	speeding offense	超速违章	속도위반
スマート［な］	slim	苗条	스마트하다
スローフード	slow food	慢餐	슬로우푸드
＜せ＞			
せいえん（声援）	cheer	声援、助威	성원
せいかく（性格）	character	性格	성격
～せいき（～世紀）	~th century	～世纪	～세기
せいげん（制限）	limit	限制	제한
せいこう［する］（成功［する］）	success	成功	성공［하다］
せいさんかくけい（正三角形）	equilateral triangle	正三角形	정삼각형
せいさんしゃ（生産者）	producer	生产者	생산자
せいしん（精神）	spirit	精神	정신
せいしんいがく（精神医学）	psychiatry	精神医学	정신의학
せいしんてきに（精神的に）	mentally	精神上的	정식적으로
せいじんびょう（成人病）	adult disease	成人病	성인병
せいせき（成績）	(school) record	成绩	성적
せいちょう（成長）	growth	成长	성장
せいど（制度）	system	制度	제도
せいねん（青年）	young man, youth	青年	청년
せいのう（性能）	capability	性能	성능
せいびする（整備する）	maintain	修建	정비하다
せいひん（製品）	product	产品	제품
せいふく（制服）	uniform	校服	교복
せいぶつ（生物）	living thing	生物	생물
せいりする（整理する）	dispose of, put ～ in order	整理	정리하다
せいりょく（勢力）	power	威力、势力	세력
せかいいっしゅう（世界一周）	around the world	绕世界一周	세계일주
せきにん（責任）	responsibility	责任	책임
せきにんしゃ（責任者）	person responsible	负责人	책임자
せきゆ（石油）	oil	石油	석유

〜せだい（〜世代）	〜 generation	〜代	〜세대
せっきょくてき［な］（積極的［な］）	positively	积极	적극적이다
せっする（接する）	come in to contact with	接触	접하다
ぜったい（絶対）	be sure to	绝对	꼭
せつび（設備）	facility	设备	설비
せつめいしょ（説明書）	explanatory pamphlet	说明书	설명서
せつりつする（設立する）	found	创建	설립하다
せぼね（背骨）	spine	脊柱	등뼈
ぜんいき（全域）	whole area	整个地区	전역
ぜんかもく（全科目）	all subjects	全学科	전과목
せんきょ（選挙）	election	选举	선거
ぜんご（前後）	around	左右	전후
ぜんこく〜（全国〜）	national 〜	全国〜	전국〜
せんじつ（先日）	the other day	前几天	며칠전
せんしゅ（選手）	athlete, player	选手	선수
センス	(dress) sense	审美能力	센스
ぜんせん（全線）	all along	全线、整条路线	선 전부
ぜんたい（全体）	whole	全体	전체
せんち（戦地）	the front	战场	전쟁터
せんでん（宣伝）	advertisement	宣传	선전
ぜんにん（善人）	good person	好人	착한 사람
ぜんぽう（前方）	forward	前方	전방
せんめんじょ（洗面所）	bathroom	盥洗室	세면실
ぜんりょくをつくす（全力を尽くす）	do one's best	全力以赴	전력을 다하다

<そ>

ぞう（象）	elephant	大象	코끼리
そうげん（草原）	grassland	草原	초원
そうじき（掃除機）	vacuum cleaner	吸尘器	청소기
そうすると	then	于是	그러면
そうそう	oh, yes	对了、对了	맞다
そうぞうする（想像する）	imagine	想像	상상하다
そうたいする（早退する）	leave (office) early	早退	조퇴하다
そうむか（総務課）	general affairs section	总务科	총무과
そえる（添える）	add	附加	더하다
ソース	sauce	沙司	소스
そだつ（育つ）	grow up	成长	자라다
そのご（その後）	afterward	其后	그후
そのもの（そのもの）	itself	本身	그 자체
そふぼ（祖父母）	grandparents	祖父母	조부모

それぞれ	each	分別	각각
そんだい（尊大）	arrogance	骄傲自大	존대
そんなに	so much, like that	那么	그렇게

＜た＞

～たい～（～対～）	～ vs. ～	～比～	～대～
だい～（大～）	big ～	大～	너무～
だい～（第～）	No. ～	第～	제～
たいいくかん（体育館）	gym	体育馆	체육관
だいいちに（第一に）	first of all	第一	첫번째로
だいいちにんしゃ（第一人者）	recognized authority, leading expert	最高权威	제일인자
ダイエットする	diet	减肥	다이어트하다
たいおう（対応）	response	対应	대응
たいかい（大会）	(athletic) meeting	大会	대회
だいがくいん（大学院）	graduate school	研究生院	대학원
たいき（大気）	air	大气	대기
だいさんに（第三に）	thirdly	第三	세번째로
たいじゅう（体重）	weight	体重	체중
たいしょく（退職）	resignation	退职	퇴직
たいど（態度）	attitude, behavior	态度	태도
だいとし（大都市）	big city	大城市	대도시
だいにに（第二に）	secondly	第二	두번째로
だいにの（第二の）	the second	第二的	제이의
たいふう～ごう（台風～号）	tyhoon No. ～	～号台风	태풍～호
たいよう（太陽）	sun	太阳	태양
たいりつ（対立）	conflict, collision	対立	대립
たいりょく（体力）	physical strength	体力	체력
たがいに（互いに）	each other	互相	서로
たかすぎる（高すぎる）	too expensive	太贵	너무 비싸다
たからくじ（宝くじ）	lottery	彩票	복권
たしかめる（確かめる）	see, check	确认	확인하다
たすける（助ける）	help	帮助	도와주다
ただ	just	只	그냥
ただいま	right now	现在	지금
たたかう（戦う）	fight	战斗	싸우다
たたむ	fold	叠	접다
たちあがる（立ち上がる）	stand up	站起来	일어나다
たちなおる（立ち直る）	recover	恢复过来	회복되다
たちば（立場）	viewpoint	立场	입장
たちまち	quickly	马上	금새
たつ	pass	过	흐르다

たつ（建つ）	build	盖	세워지다
たっする（達する）	reach	达到	이르다
たった	only	只	겨우
たとえ	even if	即使	설사
たにん（他人）	other people	别人	남
たべすぎ（食べすぎ）	eating too much	吃多了	과식
たまごやき（卵焼き）	Japanese omelette, fried egg	煎鸡蛋	계란말이
だます	deceive	骗	속이다
だまる（黙る）	be/fall silent	缄默	말 안하다
ためしてみる（試してみる）	try	试试看	시험해보다
ためになる	instructive	有益	유익하다
たよる（頼る）	depend on	委托	의지하다
だんけつする（団結する）	unite	团结	단결하다
たんさんガス（炭酸ガス）	carbon dioxide gas	二氧化碳	탄산가스
たんじかん（短時間）	short time	短时间	단시간
たんじゅん［な］（単純［な］）	simple	简单	단순하다
だんたい（団体）	group	团体	단체
たんぺん（短編）	short story	短篇	단편
<ち>			
チーム	team	队	팀
ちがい（違い）	difference	不同	차이
ちかづく（近づく）	be near, approach	临近	다가오다
ちきゅう（地球）	earth	地球	지구
ちきゅうおんだんか（地球温暖化）	global warming	地球温暖化	지구온난화
チケット	ticket	票	티켓
ちこくする（遅刻する）	be late	迟到	지각하다
ちじ（知事）	governor	知事	지사
ちしき（知識）	knowledge	知识	지식
ちちおや（父親）	father	父亲	아버지
ちほう（地方）	district, region	地方	지방
ちゃんと	properly	好好地	똑바로
ちゅういぶかく（注意深く）	carefully	非常谨慎	주의깊이
ちゅうおう（中央）	center	中央	중앙
ちゅうしゃきんし（駐車禁止）	no-parking	禁止停车	주차금지
ちゅうしゃじょう（駐車場）	parking area	停车场	주차장
ちゅうしゃりょう（駐車料）	parking fee	停车费	주차료
ちゅうしん（中心）	center	中心	중심
ちょうさ（調査）	research, investigation	调查	조사
ちょうし（調子）	condition	（健康）状况	상태
ちょうしょ（長所）	good point	优点	장점

ちょうじょう（頂上）	top	山頂	정상
ちょきん（貯金）	savings	存款	저금
ちょっとした	a little, slight	一点儿	약간의
ちらかす（散らかす）	scatter	弄得乱七八糟	어지르다
ちりょう（治療）	treatment	治疗	치료
ちりょうひ（治療費）	cost of treatment	治疗费	치료비
ちんぎん（賃金）	wage	工资	임금

<つ>

ついていく	follow	跟上	따라가다
つうきんする（通勤する）	commute	通勤	통근하다
つうこうどめ（通行止め）	closed to traffic	禁止通行	동행금지
つうほう（通報）	call, alert	通报	통보
つうやく（通訳）	interpreter	口译	통역
つかまる	catch	叫住	잡히다
つきあう	associate with	交往	사귀다
つぎつぎに（次々に）	one after another	一个接一个地	차례로
つたわる（伝わる）	spread	传	전해지다
～つづき（～続き）	a series of ～	连续～	～연속
つなみ（津波）	tsunami, tidal wave	海啸	쓰나미
つねに（常に）	always	经常	늘
つぶ（粒）	particle	颗粒	입자
つぶる	close	闭眼	감다
つまり	in brief	也就是说	결국
つゆ（梅雨）	rainy season	梅雨	장마
つらい	hard	痛苦	괴롭다

<て>

であう（出会う）	meet	相逢	만나다
ていかする（低下する）	decline	下降	저하되다
ていど（程度）	level	程度	정도
ていねん（定年）	retirement	退休	정년
データ	data	数据	데이터
テーマ	theme	主题	테마
てき（敵）	opponent, enemy	对手	적
できあがる	finish, complete	做完	다 되다
できごと（出来事）	everyday happening	（发生的）事情	생긴 일
でこぼこ	rough	凹凸不平	굴곡
デザイン	design	图案	디자인
デジカメ	digital camera	数码相机	디지털카메라
てつづき（手続き）	proceeding	手续	수속
てつやする（徹夜する）	stay up all night	熬夜	철야하다
デビュー	debut	初次登台	데뷔

てほん（手本）	model	示范	표본
テレビタレント	TV talent	电视演出者	탤런트
でんきせいひん（電気製品）	electrical appliance	电气产品	전기제품
てんきん（転勤）	transfer	工作调动	전근
てんこう（天候）	weather	天气	날씨
てんこうにめぐまれる（天候に恵まれる）	be favored with fine weather	天公作美	날씨가 도와주다
てんじかい（展示会）	exhibition	展览会	전시회
てんすう（点数）	score	分数	점수
てんちょう（店長）	store manager	店长	점장

<と>

といあわせ（問い合わせ）	inquiry	查询	문의
どういう	what kind of	什么	어떤
どういうわけか	somehow	不知什么原因	왠일인지
どうさ（動作）	movement	动作	몸짓
とうじ（当時）	at that time	当时	당시
とうじつ（当日）	the day	当天	당일
どうしても	by any means, at any cost	无论如何也	아무래도
とうしょぶん（投書文）	letter to the editor	投稿文章	투서문
とうしょ（投書）	correspondence	投稿	투서
とうしょらん（投書欄）	letters column	投稿专栏	투서란
どうそうかい（同窓会）	alumni meeting	同窗会	동창회
とうちゃくする（到着する）	arrive	到达	도착하다
とうてん（当店）	our store	本店	저희 가게
どうてん（同点）	tie	平局	동점
とうひょうび（投票日）	polling day	投票那天	투표일
とうひょうりつ（投票率）	voting rate	投票率	투표율
どうろ（道路）	road	道路	도로
どうわ（童話）	fairy tale	童话	동화
ドーム	dome (stadium)	圆形建筑	돔
とくい［な］（得意［な］）	be good at	拿手	뛰어나다
とくしゅうばんぐみ(特集番組)	feature program	专题节目	특집프로그램
とくちょう（特長）	good point	特长	특징
とく［な］（得［な］）	profitable	有利	득이다
どくりつする（独立する）	stand on one's own feet	独立	독립하다
とける（溶ける）	melt	融化	녹다
どこか	somewhere	哪个地方	어딘가
とし（都市）	city	城市	도시
としうえ（年上）	senior	年长	연상
としか（都市化）	urbanization	城市化	도시화
としせいかつ（都市生活）	urban life	城市生活	도시생활

としより（年寄り）	old people	老年人	노인
どだい（土台）	basement	基础	토대
ドッグラン	dog run	狗乐园	도그런
とつぜん（突然）	suddenly	突然	갑자기
とつぜんの（突然の）	sudden	突然的	갑작스런
とどく（届く）	come	收到	도착하다
とどける（届ける）	deliver	送到	전해주다
とにかく	anyway	总之	어쨌든
とびこむ（飛び込む）	jump in	跳入	뛰어들다
とびだす（飛び出す）	pop out	蹦出来	튀어나오다
とびたつ（飛びたつ）	take off	起飞	날아오르다
とびつく（飛びつく）	jump at	扑过来	달려들다
トマト	tomato	西红柿	토마토
ともに	together	共同	함께
ドラマ	drama	戏剧	드라마
とりあげる（取り上げる）	pick up	提起	채택하다
とりもどす（取り戻す）	recover	恢复	되찾다
どりょく［する］（努力［する］）	(make) effort(s)	努力	노력［하다］
とる（採る）	get	采摘	수확하다
トレーニング	training	锻炼	훈련
とれる（取れる）	go away	去除	가시다
どろ（泥）	mad	泥土	진흙
どんなに	how	无论怎样	아무리

<な>

ないがい（内外）	inside and outside	内外	안팎
ないよう（内容）	content	内容	내용
なおす（治す）	cure	治疗	치료하다
ながいきする（長生きする）	live a long life	长寿	장수하다
なかがいい（仲がいい）	be on good terms	关系好	사이가 좋다
ながばなし（長話）	talking a long time	话讲得很长	긴통화
なかよくする（仲良くする）	get along well	友好相处	친하게 지내다
なかよし（仲良し）	good friends	好朋友	사이좋다
ながれる（流れる）	flow, link	衔接	이어지다
なきごえ（泣き声）	cry	哭泣声	우는 소리
なくす（失くす）	lose	丢失	잃어버리다
なげだす（投げ出す）	give up	放弃	내팽개치다
なつかしい（懐かしい）	bring back memories	怀念	그립다
なつかしくおもう（懐かしく思う）	bring back memories	怀念	그리워하다
なっとう（納豆）	fermented soybeans	纳豆	낫또
なにより（何より）	more than anything	比什么（都好）	무엇보다
なま（生）	raw	生	생

なまみず（生水）	untreated water	凉水	생수
なんでも（何でも）	anything	什么都～	뭐든지
なんと	how	多么	참
なんといっても	above all	不管怎么说也	뭐니뭐니해도
なんとか［して］（何とか［して］）	somehow or other	设法	어떻게［해서든］
なんどか（何度か）	several times	几次	몇번인가
なんとなく	somehow	总觉得	왠지
なんにんも（何人も）	many people	好几个人	몇 명이나

＜に＞

にがて［な］（苦手［な］）	be poor at, be weak at	不擅长	잘 못하다
にこむ（煮込む）	stew	煮熟、熬烂	끓이다
～にちかん（～日間）	for ～ day(s)	～天	～일간
にっちゅう（日中）	daytime	白天	한나절
にとうかん（2党間）	between two parties	两党之间	두당간
にどと～ない（二度と～ない）	never ～	再不～	다시는～않다
にほんいち（日本一）	the best in Japan	日本第一	일본최고
にゅうかい（入会）	entrance	入会	가입
にゅうかいきん（入会金）	entrance fee	入会费	가입금
にゅうかいする（入会する）	enter, become a member	入会	가입하다
にゅうしゃしけん（入社試験）	company entrance examination	录用考试	입사시험
にゅうじょうする（入場する）	enter	入场	입장하다
にゅうばい（入梅）	start of the rainy season	进入梅雨季节	장마철에 들어감
にる（煮る）	boil, simmer, cook	煮	익히다
にわとり	chicken	鸡	닭
にんきがある（人気がある）	be popular	受欢迎	인기가 있다
にんげん（人間）	human being	人	인간
にんげんしゃかい（人間社会）	human world	人类社会	인간사회

＜ぬ＞

ぬの（布）	cloth	布	천

＜ね＞

ねあがり［する］（値上がり［する］)	increase in price	涨价、上涨	가격인상［하다］
ねがい（願い）	hope, wish	愿望	바람
ねぶそく（寝不足）	lack of sleep	睡眠不足	수면부족
ねんかん（年間）	year	年间	연간
ねんきんせいかつしゃ（年金生活者）	pensioner	靠养老金生活的人	연금생활자
～ねんだい（年代）	the ～ 's	～年代	～년대
ねんまつ（年末）	the end of the year	年末	연말
ねんれい（年齢）	age	年龄	연령

<の>

のう（脳）	brain	大脑	뇌
のうやく（農薬）	agricultural chemicals, pesticides	农药	농약
のうりょく（能力）	ability	能力	능력
のこす（残す）	leave	剩下	남기다
のちに（後に）	afterward	后来	후에
のびのび	freely	轻松自由	자유롭게
のびる（伸びる）	grow, increase	增长	늘다
のべる（述べる）	state	说	말하다
のみすぎ（飲みすぎ）	drinking too much	喝多了	과음
のりおくれる（乗り遅れる）	miss	赶不上	놓치다
のる（載る）	appear	刊登	나다
のんびり	lazily	悠闲自在	한가로이

<は>

パートタイマー	part-timer	小时工	아르바이트생
ハーフタイム	half time	中场休息	하프타임
ハイキング	hiking	郊游	하이킹
バイク	motorbike	摩托车	오토바이
バイト	part-time job	小时工	아르바이트
はいゆう（俳優）	actor, actress	演员	배우
ばかなこと	nonsense	愚蠢的事情	바보 같은 짓
はきだす（吐き出す）	expire	吐出	내뱉다
はく（吐く）	vomit	吐	토하다
はくせん（白線）	white line	白线	흰선
はくぶつかん（博物館）	museum	博物馆	박물관
はげしい（激しい）	intense	激烈	심하다
はずれる	be wrong	没中	빗나가다
はだ（肌）	skin	肤肌	피부
はたけ（畑）	field	田地	밭
はたらき（働き）	work	工作	근무
バッグ	bag	手提包	가방
はってん（発展）	develop	发展	발전
パッと	flashed	啪的一下	확
はっぴょう（発表する）	announce	发表	발표하다
はでな（派手な）	bright	鲜艳	화려하다
はなしあい（話し合い）	talk, negotiation	对话	대담
はなしあう（話し合う）	discuss	商量	서로 이야기하다
はなしかける（話しかける）	talk to	搭话	말걸다
はなづくり（花作り）	growing flowers	栽花	꽃재배
はなび（花火）	fireworks	礼花	불꽃놀이

はなれる（離れる）	leave	离开	떠나다
ははおや（母親）	mother	母亲	어머니
はぶらし（歯ブラシ）	toothbrush	牙刷	칫솔
はやめ（早め）	early	提前、早点儿	일찍
ばら	rose	薔薇	장미
ばらえん（ばら園）	rose garden	玫瑰园	장미원
はらをたてる（腹を立てる）	get angry	生气	화내다
バランス	balance	平衡	균형
パワー	power	力量	힘
はんい（範囲）	sphere, range	范围	범위
ハンガー	hanger	衣架	옷걸이
はんこうしん（反抗心）	rebellious spirit	反抗心理	반항심
はんこをおす（はんこを押す）	affix one's seal	盖章	도장을 찍다
ハンサム［な］	handsome	美男子	잘생기다
はんせいする（反省する）	reflect	反省	반성하다
～ばんせん（～番線）	track No. ～	～站台	～번선
はんたいうんどう（反対運動）	protest movement	反对运动	반대운동
はんとしご（半年後）	a half year later	半年后	반년 후
はんにん（犯人）	criminal, suspect	犯人	범인
<ひ>			
ひあたりがわるい（日当たりが悪い）	get little sunshine	阳光不好	볕이 잘 안들다
ひがい（被害）	damage	受害	피해
ひがいをあたえる（被害を与える）	damage	使遭受损害	피해를 입히다
びじゅつ（美術）	art	美术	미술
びじゅつひん（美術品）	art	美术品	미술품
ひじょうぐち（非常口）	emergency exit	太平门	비상구
ひっこし［する］（引っ越し［する］）	moving [move]	搬家	이사하다
ビデオ	video	录像	비디오
ひとくち（一口）	sip	一口	한모금
ひとこと（一言）	one word	一句话	한마디
ひとしい（等しい）	equal	相等	같다
ひとばん（一晩）	one night	一个晚上	하룻밤
ひとびと（人々）	people	人们	사람들
ひとめ（人目）	public eye, attention	众目	사람들 시선
ひとやすみする（一休みする）	have a break	稍事休息	잠시 쉬다
ひとりひとり（一人一人）	each person	一个人一个人	한사람 한사람
ひにち（日にち）	date	日期、天数	날짜
ひみつ（秘密）	secret	秘密	비밀
ひょう（表）	list	表	표

〜ひょう（〜票）	〜 vote(s)	〜票	〜표
ひょうが（氷河）	glacier	冰川	빙하
びょうどうに（平等に）	equally	平等	평등하게
びょうめい（病名）	name of a disease	病名	병명
ひょうめん（表面）	surface	表面	표면
ひらしゃいん（平社員）	rank-and-file worker	一般职员	평사원
ひるね（昼寝）	nap	午觉	낮잠
ひろば（広場）	square	广场	광장
ひをとおす（火を通す）	cook	加热	가열하다
びんかん［な］（敏感［な］）	sensitive	敏感	민감하다
ピンク	pink	粉红色	분홍색
ひんこん（貧困）	poverty	贫困	빈곤
ひんしつ（品質）	quality	质量	품질
ヒント	hint	启发	힌트
ひんぷのさ（貧富の差）	gap between rich and poor	贫富之差	빈부격차

＜ふ＞

ファーストフード	fast food	快餐	패스트푸드
ファックス	fax	传真	팩스
ファッションセンス	fashion sense	时装的审美感	패션감각
ファン	fan	〜迷	팬
ふあんかん（不安感）	anxiety	不安的感觉	불안감
ふうけい（風景）	landscape	风景	풍경
ふうふ（夫婦）	married couple	夫妇	부부
ふかまる（深まる）	deepen	加深	깊어지다
ふきゅう（普及）	spread	普及	보급
ふくそう（服装）	clothes	服装	복장
ふくむ（含む）	contain	包括	포함하다
ふくろ（袋）	bag	袋	봉투
ふけいき（不景気）	recession	不景气	불경기
ふごうかく（不合格）	failure	不及格、没考上	불합격
ふごうかくになる（不合格になる）	fail	不及格、没考上	불합격하다
ふしぎ［な］	wonderful, mysterious	不可思议	묘하다
ぶしつ（部室）	club room	部里的房间	부원실
ふせい（不正）	injustice	不正当、非法	부정
〜ぶそく（〜不足）	lack of 〜	〜不够	〜부족
ふた	lid	盖儿	뚜껑
ぶたい（舞台）	stage	舞台	무대
ふたん（負担）	burden	负担	부담
ふちゅうい（不注意）	carelessness	疏忽	부주의
ふちゅうい［な］（不注意［な］）	careless	不谨慎	부주의하다

ぶちょう（部長）	department manager	部长	부장
ふどうさんや（不動産屋）	real estate agent	不动产公司	부동산중개소
ぶぶん（部分）	part	部分	부분
ふみはずす（踏みはずす）	lose one's step	踩空	헛디디다
ふやす（増やす）	add to, increase	增加	늘이다
ふらふらする	feel dizzy	晕乎乎	어질어질하다
ぶらりと	aimlessly	漫无目的地	훌쩍
～ぶり	after an interval of ～	隔～	～만
フリー	free-lance	自由职业	프리랜서
ふりこむ（振り込む）	pay money into one's account	银行转帐	입금하다
ふりむく（振り向く）	look back	回头	돌아보다
ふる（振る）	wag	摇	치다
ふるさと	hometown	故乡	고향
ふるほんや（古本屋）	secondhand bookstore	旧书店	헌책방
ブレーキ	brake	刹车	브레이크
プロ［きゅう］（プロ［級］）	professional [level]	专业［级］	프로［급］
プログラム	program	节目单	프로그램
ふろしき	wrapping cloth	包袱皮	보자기
ぶん（分）	share, portion	份儿	몫
ぶん（文）	sentence	句子	문장
ぶんがくしゃ（文学者）	man of letters	文学家	문학자
ぶんかざい（文化財）	cultural assets	文化财产	문화재
ぶんかしせつ（文化施設）	cultural institution	文化设施	문화시설
ぶんけい（文型）	sentence pattern	句型	문형
<へ>			
へいかんになる（閉館になる）	be closing	闭馆	영업시간이 끝나다
へいき［な］（平気［な］）	unconcerned	不在乎	아무렇지 않다
へいきんじゅみょう（平均寿命）	average life expectancy	平均寿命	평균수명
へいわ（平和）	peace	和平	평화
べつじん（別人）	another person	别人	딴사람
ペット	pet	宠物	애완동물
へらす（減らす）	lose, reduce	减	감량하다
へる（減る）	decrease	减	줄다
～へん（～辺）	～ side	～边	～ 변
へんか（変化）	change	变化	변화
べんごし（弁護士）	lawyer	律师	변호사
<ほ>			
ほうこう（方向）	direction	方向	방향
ほうこく（報告）	report	报告	보고
ほうこくしょ（報告書）	report	报告	보고서
ぼうさん（坊さん）	Buddhist monk	和尚	스님

ほうしん（方針）	policy	方针	방침
ほうどう（報道）	news	报导	보도
ほうほう（方法）	way, method	方法	방법
ほうめん（方面）	field	方面	방면
ホーム	platform	月台	홈
ホームラン	home run	本垒打	홈런
ホール	hall	大厅、会馆	홀
ぼこう（母校）	alma mater	母校	모교
ほこり	dust	灰尘	먼지
ほしょうにん（保証人）	guarantee	保证人	보증인
ほそながい（細長い）	long	细长	가늘고 길다
ほにゅうどうぶつ（哺乳動物）	mammal	哺乳动物	포유동물
ほのお（炎）	flame	火苗	불길
ほら	look	喂，你看	이봐
ボランティアかつどう（ボランティア活動）	volunteer activity	社会福利活动	봉사활동
ぼんおどり（盆踊り）	Bon dance	盂兰盆会舞	봉오도리
ほんじつ（本日）	today	今天	오늘
ほんにん（本人）	the said person	本人	본인
<ま>			
マージャン	mahjong	麻将	마작
まいかい（毎回）	everytime	每次	매번
まえもって（前もって）	beforehand	事先	먼저
まかせる（任せる）	leave	任凭	맡기다
まくをあける（幕を開ける）	kick off	开幕	개막하다
ます（増す）	increase	增加	늘다
マスコミ	mass media	媒体	매스컴
まだまだ	still	还	아직
〜まつ（〜末）	the end of 〜	〜末	〜말
まっかになる（真っ赤になる）	become red	变得通红	새빨개지다
まったく〜ない（全く〜ない）	not 〜 at all	完全不〜	전혀〜않다
まったくもう（全くもう）	I told you so.	真是的	하여튼
まとまった	a lot of	有系统的	정리된
まとめる	put together	汇总	정리하다
まなつ（真夏）	midsummer	盛夏	한여름
マニュアル	manual	指南	매뉴얼
まね	imitation	模仿	흉내
まもる［かんきょう・こじんじょうほうを］（守る［環境・個人情報を］）	protect [the enviroment, personal information]	保护［环境、个人信息］	보호하다［환경・개인정보를］

まもる［じかんを］ （守る［時間を］）	be punctual	遵守［时间］	지키다［시간을］
まもる［みせ・やまごやを］ （守る［店・山小屋を］）	look after	守护 ［商店、山中的小房子］	지키다 ［가게를, 산막을］
まもる［やくそくを］ （守る［約束を］）	keep [one's word]	守［约］	지키다［약속을］
まよう［みちに］（迷う［道に］）	get lost [on the way]	迷［路］	헤매다［길을］
まよう［くるまをかうか］ （迷う［車を買うか］）	hesitate [to buy a car]	犹豫［是否买车］	망설이다［차를 살까］
マラソン	marathon	马拉松	마라톤
まるで	as if	完全	마치
マンション	apartment house	公寓	맨션
まんぞくする（満足する）	be satisfied with	满意	만족하다
<み>			
ミーティング	meeting	会议	미팅
みおくる（見送る）	see off	目送	배웅하다
みかけ（見かけ）	appearance	外表	외관
みぎて（右手）	right side	右手	오른쪽
ミス	mistake	差错	실수
ミステリー	mystery	侦探小说	미스터리
みせさき（店先）	storefront	店头	가게 앞
みとめる（認める）	admit	同意、承认	인정하다
みなとまち（港町）	port town	港口城市	항구도시
ミニスカート	miniskirt	超短裙	미니스커트
みにつく（身につく）	can learn	学会、掌握	익히다
みょうごにち（明後日）	the day after tomorrow	后天	모레
みらい（未来）	future	未来	미래
みんしゅしゅぎせいしん （民主主義精神）	democratic spirit	民主主义精神	민주주의정신
<む>			
むかしばなし（昔話）	old tale	传说	옛날 이야기
むく（向く）	look	向	바라보다
むくち［な］（無口［な］）	reticent, taciturn	不爱说话	말수가 적다
むしする（無視する）	ignore	无视	무시하다
むしば（虫歯）	bad tooth, tooth decay	虫牙	충치
むだ［な］（無駄［な］）	useless	没用	쓸모없다
むちゅう（夢中）	crazy	入迷	몰두
むめい（無名）	nameless	无名	무명
むらさき（紫）	purple	紫色	보라색
むりょう（無料）	free of charge	免费	무료

<め>

〜めいさま（〜名様）	〜 people	〜位	〜분
めいじじだい（明治時代）	Meiji era	明治时代	메이지시대
めいわくがかかる（迷惑がかかる）	trouble	遭受烦扰	폐를 끼치다
めいわくをかける（迷惑をかける）	cause annoyance, trouble	添麻烦	폐를 끼치다
めざす（目指す）	aim at	以〜为目标	목표로하다
めだつ（目立つ）	stand out	显眼	눈에 띄다
メダル	medal	奖牌	메달
メモ	note	记录、便条	메모
めをむける（目を向ける）	focus attention on	向〜看	관심을 가지다
めんかい（面会）	meeting	探视、会面	면회
めんきょ（免許）	licence	执照	면허
めんせつ（面接）	interview	面试	면접
めんどうな	perplexing	麻烦	귀찮다
メンバー	member	成员	멤버

<も>

もうしこみ（申し込み）	application	申请	신청
もうしこみしょ（申込書）	application form	申请书	신청서
もうしでる（申し出る）	report, notify	提出	신고하다
もうしわけありません（申し訳ありません）	I am sorry.	对不起	죄송합니다.
もえる（燃える）	burn	燃烧	불타다
もくてき（目的）	purpose	目的	목적
もくてきち（目的地）	destination	目的地	목적지
もったいない	wasteful	可惜	아깝다
モデル	model	（小说等）典型人物	모델
もと（元）	before	原来	원래
もとめる（求める）	require	寻求	요구하다
もともと	by nature	原来	원래
ものがたり（物語）	story	故事	이야기

<や>

やがい（野外）	outdoor	野外	야외
やぎ	goat	山羊	염소
やきゅうじょう（野球場）	baseball stadium	棒球场	야구장
やくいん（役員）	officer	干部	임원
やくしょ（役所）	public office	政府机关	관공서
やくしょくめい（役職名）	title	职务名称	직함
やくだつ（役立つ）	useful	有用	도움되다
やせい（野生）	wild	野生	야생

やちん（家賃）	rent	房租	집세
やつ	fellow	家伙	놈
やまぐに（山国）	mountainous country	多山的国家	산이 많은 나라
やまごや（山小屋）	mountain hut	山中的小房子	산막
やまやま（山々）	mountains	群山	산들
やめる（辞める）	leave	辞职	그만두다
やりなおす（やり直す）	do over again	重来	고치다
やるき（やる気）	motivation	干劲	할 마음
<ゆ>			
ゆうしょう（優勝）	championship, victory	冠军	우승
ゆうじょう（友情）	friendship	友情	우정
ゆうしょうする（優勝する）	win	夺冠	우승하다
ゆうじん（友人）	friend	朋友	친구
ゆうのう［な］（有能［な］）	capable	有能力的	유능하다
ゆうひ（夕日）	the evening sun	夕阳	석양
ゆうびん（郵便）	mail	邮件	우편
ゆうびんやさん（郵便屋さん）	postman, mailman	邮递员	우체부
ゆうめいじん（有名人）	big name	名人	유명인
ゆたか［な］（豊か［な］）	rich	丰富	풍요롭다
ゆり	lily	百合	백합
ゆるす（許す）	forgive	原谅	용서하다
<よ>			
ようけん（用件）	business	事情	용건
ようし（用紙）	paper	纸张	용지
ようす（様子）	situation, appearance	情况	모습
ようちえん（幼稚園）	kindergarten	幼儿园	유치원
ようぼう（要望）	request	希望、要求	요망
よがあける（夜が明ける）	dawn	天亮	날이 밝다
よくなる	get well	好起来、好了	좋아지다
よくよく	very, thoroughly	非常	어지간히
よごす（汚す）	pollute	污染环境	헤치다
よこになる（横になる）	lie down	躺	눕다
よさん（予算）	budget	预算	예산
よっぱらう（酔っ払う）	get drunk	醉	취하다
よなか（夜中）	midnight	深夜	밤중
よのなか（世の中）	world	世上	세상
よぼう（予防）	prevention	预防	예방
<ら>			
ラーメン	Chinese noodles in soup	汤面	라면
らいてんする（来店する）	come to the store	来商店	가게에 오다
らいにち（来日）	coming to Japan	来日本	일본방문

らく［な］（楽［な］）	easy	轻松	편하다

＜り＞

リーダー	leader	领导人	리더
りかいする（理解する）	understand	理解	이해하다
りかいをえる（理解を得る）	gain understanding	得到理解	이해를 얻다
りかけい（理科系）	science course	理科	이과계
りこんする（離婚する）	get divorced	离婚	이혼하다
リサイクル	recycling	再利用	재활용
りっこうほする（立候補する）	become a candidate	当候选人	입후보하다
りっぱな（立派な）	excellent	优秀	훌륭하다
リトマスしけんし（リトマス試験紙）	litmus paper	石蕊试纸	리트머스시험지
リフォームする	renovate	重新装修	리폼하다
リボン	ribbon	飘带	리본
りゅうがく［する］（留学［する］）	going [go] abroad	留学	유학［하다］
りゅうこう［する］（流行［する］）	[be in] fashion	流行	유행［하다］
りょう（寮）	dormitory	宿舍	기숙사
りょう（量）	amount	量	양
りょうりてん（料理店）	restaurant	饭馆儿	요리점
りょひ（旅費）	travel expenses	旅费	여행비용

＜る＞

ルール	rule	规则	규칙

＜れ＞

れいぎ（礼儀）	courtesy	礼仪	예의
れきしてき［な］（歴史的［な］）	historic	历史性的	역사적이다
れんきゅう（連休）	successive holidays	连休	연휴

＜ろ＞

ろうご（老後）	one's old age	晚年	노후
ろうどう（労働）	labor	劳动	노동
ろくおんする（録音する）	record	录音	녹음하다
ロッカー	locker	文件柜	사물함
ろんせつぶん（論説文）	editorial	论说文	논설문

＜わ＞

ワイン	wine	葡萄酒	와인
わがまま［な］	selfish	任性	제멋대로다
わける（分ける）	divide	分开	나누다
わざわざ	taking the trouble, all the way	特意	일부러
わしゃ（話者）	speaker	说话人	말하는 사람
わずか	little	一点儿	약간
わたりどり（渡り鳥）	migratory bird	候鸟	철새
わらい（笑い）	laugh	笑	웃음

| わりびきけん（割引券） | discount ticket | 打折票 | 할인권 |
| わるぐちをいう（悪口を言う） | speak badly of | 说坏话 | 욕하다 |

著者
友松悦子（ともまつ　えつこ）
　『新装版　どんなときどう使う日本語表現文型辞典』（アルク　共著）
　『改訂版　どんなときどう使う日本語表現文型500』（アルク　共著）
　『改訂版　どんなときどう使う日本語表現文型200』（アルク　共著）
　『短期集中　初級日本語文法総まとめ　ポイント20』（スリーエーネットワーク　共著）
　『小論文への12のステップ』（スリーエーネットワーク）
　『新完全マスター文法　日本語能力試験N1』『同　N2』『同　N3』『同　N4』（スリーエーネットワーク　共著）
　『新完全マスター聴解　日本語能力試験N1』『同　N2』『同　N3』『同　N4』（スリーエーネットワーク　共著）

和栗雅子（わくり　まさこ）
　『新装版　どんなときどう使う日本語表現文型辞典』（アルク　共著）
　『改訂版　どんなときどう使う日本語表現文型500』（アルク　共著）
　『改訂版　どんなときどう使う日本語表現文型200』（アルク　共著）
　『短期集中　初級日本語文法総まとめ　ポイント20』（スリーエーネットワーク　共著）
　『実力日本語・練習帳上・下』（東京外国語大学留学生教育センター編著　共著）
　『日本語の教え方ＡＢＣ』（アルク　共著）
　『新訂版　読むトレーニング　基礎編　日本留学試験対応』『同　応用編』（スリーエーネットワーク　共著）

翻訳
関山健治・スリーエーネットワーク（英語）
徐前（中国語）
姜瑢嬉（韓国語）

装丁・本文デザイン
山田武

中級日本語文法　要点整理　ポイント20

2007年12月10日　初版第1刷発行
2024年5月28日　第14刷発行

著　者　　友松悦子　和栗雅子
発行者　　藤嵜政子
発　行　　株式会社　スリーエーネットワーク
　　　　　〒102-0083　東京都千代田区麹町3丁目4番トラスティ麹町ビル2F
　　　　　電話　営業　03（5275）2722
　　　　　　　　編集　03（5275）2725
　　　　　https://www.3anet.co.jp/
印　刷　　萩原印刷株式会社

ISBN978-4-88319-457-5 C0081
落丁・乱丁本はお取替えいたします。
本書の全部または一部を無断で複写複製（コピー）することは著作権法上での例外を除き、禁じられています。

■ 新完全マスターシリーズ

● 新完全マスター漢字
日本語能力試験 N1
　1,320円（税込）（ISBN978-4-88319-546-6）
日本語能力試験 N2（CD付）
　1,540円（税込）（ISBN978-4-88319-547-3）
日本語能力試験 N3
　1,320円（税込）（ISBN978-4-88319-688-3）
日本語能力試験 N3 ベトナム語版
　1,320円（税込）（ISBN978-4-88319-711-8）
日本語能力試験 N4
　1,320円（税込）（ISBN978-4-88319-780-4）

● 新完全マスター語彙
日本語能力試験 N1
　1,320円（税込）（ISBN978-4-88319-573-2）
日本語能力試験 N2
　1,320円（税込）（ISBN978-4-88319-574-9）
日本語能力試験 N3
　1,320円（税込）（ISBN978-4-88319-743-9）
日本語能力試験 N3 ベトナム語版
　1,320円（税込）（ISBN978-4-88319-765-1）
日本語能力試験 N4
　1,320円（税込）（ISBN978-4-88319-848-1）

● 新完全マスター読解
日本語能力試験 N1
　1,540円（税込）（ISBN978-4-88319-571-8）
日本語能力試験 N2
　1,540円（税込）（ISBN978-4-88319-572-5）
日本語能力試験 N3
　1,540円（税込）（ISBN978-4-88319-671-5）
日本語能力試験 N3 ベトナム語版
　1,540円（税込）（ISBN978-4-88319-722-4）
日本語能力試験 N4
　1,320円（税込）（ISBN978-4-88319-764-4）

● 新完全マスター単語
日本語能力試験 N1 重要2200語
　1,760円（税込）（ISBN978-4-88319-805-4）
日本語能力試験 N2 重要2200語
　1,760円（税込）（ISBN978-4-88319-762-0）

改訂版　日本語能力試験 N3 重要1800語
　1,760円（税込）（ISBN978-4-88319-887-0）
日本語能力試験 N4 重要1000語
　1,760円（税込）（ISBN978-4-88319-905-1）

● 新完全マスター文法
日本語能力試験 N1
　1,320円（税込）（ISBN978-4-88319-564-0）
日本語能力試験 N2
　1,320円（税込）（ISBN978-4-88319-565-7）
日本語能力試験 N3
　1,320円（税込）（ISBN978-4-88319-610-4）
日本語能力試験 N3 ベトナム語版
　1,320円（税込）（ISBN978-4-88319-717-0）
日本語能力試験 N4
　1,320円（税込）（ISBN978-4-88319-694-4）
日本語能力試験 N4 ベトナム語版
　1,320円（税込）（ISBN978-4-88319-725-5）

● 新完全マスター聴解
日本語能力試験 N1（CD付）
　1,760円（税込）（ISBN978-4-88319-566-4）
日本語能力試験 N2（CD付）
　1,760円（税込）（ISBN978-4-88319-567-1）
日本語能力試験 N3（CD付）
　1,650円（税込）（ISBN978-4-88319-609-8）
日本語能力試験 N3 ベトナム語版（CD付）
　1,650円（税込）（ISBN978-4-88319-710-1）
日本語能力試験 N4（CD付）
　1,650円（税込）（ISBN978-4-88319-763-7）

■ 読解攻略！日本語能力試験 N1 レベル
　1,540円（税込）（ISBN978-4-88319-706-4）

■ 日本語能力試験模擬テスト

CD付　各冊990円（税込）

● 日本語能力試験 N1 模擬テスト
〈1〉（ISBN978-4-88319-556-5）
〈2〉（ISBN978-4-88319-575-6）
〈3〉（ISBN978-4-88319-631-9）
〈4〉（ISBN978-4-88319-652-4）

● 日本語能力試験 N2 模擬テスト
〈1〉（ISBN978-4-88319-557-2）
〈2〉（ISBN978-4-88319-576-3）
〈3〉（ISBN978-4-88319-632-6）
〈4〉（ISBN978-4-88319-653-1）

● 日本語能力試験 N3 模擬テスト
〈1〉（ISBN978-4-88319-841-2）
〈2〉（ISBN978-4-88319-843-6）

● 日本語能力試験 N4 模擬テスト
〈1〉（ISBN978-4-88319-885-6）
〈2〉（ISBN978-4-88319-886-3）

スリーエーネットワーク

ウェブサイトで新刊や日本語セミナーをご案内しております。
https://www.3anet.co.jp/

別冊

中級日本語文法
要点整理 ポイント20

[解答・解説]

スリーエーネットワーク

1課　いろいろな働きをする助詞

問題

1. b　2. a　3. a　4. b　5. b　6. b　7. b　8. b　9. a　10. a

問題1−1

1. さえ　2. しか　3. ばかり　4. だけ　5. だけ　6. ばかり　7. しか
8. さえ　9. ばかり　10. だけ

問題1−2

1. a　2. a　3. a　4. b

問題2−1

1. だけ　2. さえ　3. まで　4. まで　5. こそ　6. さえ　7. こそ　8. だけ

問題2−2

1. a　2. b　3. b　4. a　5. a　6. b

問題3−1

1. しか　2. ぐらい　3. ぐらい　4. なんか　5. でも　6. ぐらい　7. なんか
8. でも　9. しか　10. しか　11. ぐらい　12. なんか

問題3−2

1. b　2. a　3. b　4. b　5. a　6. a

問題4

1. とか　2. にしても　3. だの　4. やら　5. にしても　6. とか　7. やら
8. とか　9. にしても

まとめ

A　①も　②まで　③ばかり　④でも　⑤なんか　⑥しか

B ①やら　②やら　③だけ　④まで　⑤こそ　⑥にしても　⑦にしても
　⑧でも
C ①さえ　②こそ　③ぐらい　④とか　⑤とか　⑥だけ　⑦しか

2課　話題の取り立て

問題

1. a　2. a　3. a　4. b　5. b　6. a　7. b　8. a　9. a　10. a

問題1

1. なら　2. はというと　3. というのは　4. といえば　5. はというと
6. というのは　7. というと　8. なら

問題2－1

1. というものは　2. といったら　3. に限って　4. にかけては　5. のこととなると

問題2－2

1. に限って　2. といったら　3. というものは　4. にかけては　5. ということは
6. のこととなると

まとめ

A ①e　②d　③b　④a　⑤c　B ①c　②d　③b　④a　⑤e

3課　助詞の働きをする言葉　1

問題

1. a　2. a　3. b　4. b　5. a　6. a　7. b　8. a　9. b　10. b

問題1－1

1. b 「～において」は、改まった言葉。日常的な会話では使わない。

　　「～において」 is a formal expression. It is not used in everyday conversation.

「～において」为郑重用语，日常会话中不用。

「～において」는 격식체표현. 일상적인 회화에서는 사용하지 않는다.

2. b 「～にあたって」は意志的ではない行為、偶然の行為には使わない。

「～にあたって」is not used for non-volitional or unexpected actions.

「～にあたって」在表示非意志的行为或偶然的行为时不用。

「～にあたって」는 의지적이 아닌 행위, 우연한 행위에는 사용하지 않는다.

3. a 「～に際して」は定期的に何度もあり、特別ではないことには使わない。

「～に際して」is not used for common or regularly occurring events.

「～に際して」在定期发生的、不只一次的，并非特别的事情时不用。

「～に際して」는 정기적으로 몇번이나 있으며 특별하지 않은 내용에는 사용하지 않는다.

4. a 「～から～にかけて」の後の文には1回だけ、一つだけの表現は使わない。

「～から～にかけて」is not followed by an expression that means "only once" or "only one."

「～から～にかけて」在后接句子是仅此一次、只有一个这样的表现时不用。

「～から～にかけて」의 뒷문장에는 한번만, 하나만의 표현은 사용하지 않는다.

5. a 「～にわたって」の後の文には、例外や特別なことの表現は使わない。

「～にわたって」is not followed by an expression showing exceptions or something special.

「～にわたって」在后接句子表示例外、特别时不用。

「～にわたって」의 뒷문장에는 예외나 특별한 일의 표현은 사용하지 않는다.

6. b 「～を通じて」の後の文には1回だけ、一つだけの表現は使わない。

「～を通じて」is not followed by an expression that means "only once" or "only one."

「～を通じて」在后接句子是仅此一次、只有一个这样的表现时不用。

「～を通じて」의 뒷문장에는 한번만, 한개만의 표현은 사용하지 않는다.

問題1－2

1. にあたって　　2. における　　3. を通じて　　4. にわたって　　5. において
6. にわたる

問題2－1

1. a 「～によって」は日常的に使う道具や手段には使わない。

「～によって」is not used for common tools or means.

「〜によって」在表现日常使用的工具和手段时不用。

「〜によって」는 일상적으로 사용하는 도구나 수단에는 사용하지 않는다.

2. a 「〜を通じて」の後には、ふつう、「情報を得た、関係が成立した」という意味の文が来る。

「〜を通じて」 is usually followed by a sentence that means something like "received information" or "established a relationship."

「〜を通じて」一般后接"具有得到信息、关系成立"这样意思的句子。

「〜を通じて」의 뒤에는 보통 「정보를 얻다, 관계가 성립했다」라는 의미의 문장이 온다.

3. b 「〜によると」は情報源を表すから、後の文は情報の内容である。話者の意志を表す文は来ない。

As 「〜によると」 indicates the source of information, a sentence showing the content of that information follows, not a sentence showing the speaker's volition.

「〜によると」表示的是信息的来源，所以后接句子为信息的内容。不接表示说话人意志的句子。

「〜によると」는 정보출처를 나타내기 때문에 뒷 문장은 정보의 내용이 온다. 말하는 사람의 의지를 나타내는 문장은 오지 않는다.

4. a 「〜から」の後には、ふつう、動詞文が来る。名詞が来るときは"〜からの＋名詞"という形にする。

「〜から」 is usually followed by a verb-based sentence. For a noun phrase, "〜からの + noun" is used instead.

「〜から」一般后接动词谓语。如果后接名词时，使用"〜からの＋名词"这一形式。

「〜から」의 뒤에는 보통 동사문장이 온다. 명사가 올 때는 「〜からの +명사」 라는 형태로 한다.

[問題２−２]

1. による　　2. によれば　　3. から　　4. によって　　5. を通じて

[問題３−１]

1. b 「〜について」の後の文には、「話す、聞く、書く、調べる、知っている」など、思考関係の動詞を使う。

「〜について」is followed by verbs related to thinking such as"話す, 聞く, 書く, 調べる,"and"知っている."

「〜について」后接句子中使用"話す、聞く、書く、調べる、知っている"等表示与思维有关的动词。

「〜について」의 뒷문장에는「話す、聞く、書く、調べる、知っている」등 사고관계의 동사를 사용한다.

2. b 「〜に対して」は行為や感情を向ける対象をはっきりさせたいときに使う。「教える」はもともと「〜に〜を」を使う動詞だから、「〜に対して」を使う必要はない。

「〜に対して」is used to clarify the target of an action or feeling. As"教える"is used in the pattern"〜に〜を教える,""〜に対して"is not necessary.

「〜に対して」用于想要明确行为、感情的对象时。"教える"原本就是使用"〜に〜を"的动词，所以不需要使用"〜に対して"这一表现。

「〜に対して」는 행위나 감정이 향하는 대상을 확실히 할 때 사용한다.「教える」는 원래「〜に〜を」를 사용하는 동사이므로「〜に対して」를 사용할 필요는 없다.

3. a 「〜に応えて」は「〜の期待や希望に沿うように行動する」という意味だから、後の文は動詞文である。

As「〜に応えて」means "to behave in a way that meets 〜's expectations," it is followed by a verb-based sentence.

「〜に応えて」表现的是要沿着"〜"的期待、希望行动，所以后接动词谓语。

「〜に応えて」는「〜의 기대나 희망에 따르기 위해 행동한다」라는 의미이므로 뒷문장은 동사문장이 온다.

4. a 「〜をめぐって」の後の文には、意見の対立、議論、うわさなどを表す文が来る。

「〜をめぐって」is followed by a sentence showing a conflict of opinion, arguments, rumors, etc.

「〜をめぐって」后接表示意见对立、议论、传闻等的句子。

「〜をめぐって」의 뒷문장에는 의견의 대립, 의논, 소문 등을 나타내는 문장이 온다.

問題３−２

1. について   2. に対して   3. に関する   4. をめぐって   5. に応えて   6. に対する

まとめ

A ①d   ②e   ③b   ④f   ⑤a   B ①c   ②a   ③d   ④f   ⑤e

4課 助詞の働きをする言葉 2

> 問題

1. b　2. a　3. a　4. b　5. b　6. a　7. a　8. b　9. a　10. a

> 問題1－1

1. a 「～をもとにして」は、創作などの素材を表すのだから、後の文には、「書く、作る」など創作を表す動詞を使う。

    As「～をもとにして」shows the material used in a piece of work or the production of something, it is followed by a verb related to creating something such as "書く or 作る."

    「～をもとにして」表示创作等的素材，所以后接句子中使用表示"书く、作る"等与创作有关的动词。

    「～をもとにして」는 창작 등의 소재를 나타내므로 뒷문장에는「書く、作る」등의 창작을 나타내는 동사를 사용한다.

2. b 「～のもとで」は、「～に頼って・～に保護されて」という意味だから、「～」には保護する立場の言葉が来る。

    As「～のもとで」means "depending on ～" or "protected by ～," "～" is a person who protects someone or who is depended on.

    「～のもとで」是"依靠～、受～保护"的意思，所以"～"为表示保护立场的用语。

    「～のもとで」는「～에 의지해서・～에 보호 받았다」라는 의미이므로「～」에는 보호하는 입장의 말이 온다.

3. a 「～に沿って」は、「～に合うように…する・～から離れないで…する」という意味だから、後の文は動作を表す文である。

    As「～に沿って」means "do ... to meet ～" or "do ... without deviating from ～," it is followed by a sentence showing an action.

    「～に沿って」是"按照～行动、不脱离～行动"的意思，所以后接表示动作的句子。

    「～に沿って」는「～에 맞도록…하다・～에서 멀어지지않고…하다」라는 의미이므로 뒷 문장은 동작을 나타내는 문장이 온다.

4. a 「～に基づいて」は、ある行動の規範になることを表すのだから、後の文は動作を表す文である。

As「～に基づいて」shows the basis of an action, it is followed by a sentence showing an action.

「～に基づいて」表示作为行动规范的事物，所以后接表示动作的句子。

「～に基づいて」는 어떤 동작의 규범이 되는 내용을 나타내기 때문에 뒷문장은 동작을 나타내는 문장이 온다.

問題1－2

1. に基づく　　2. に沿って　　3. のもとで　　4. をもとにして　　5. に基づいて

問題2－1

1. a 「～を問わず」は、「どんな～でも、またはどちらの場合でも」という意味。場合の幅を表す言葉（年齢、国籍、学歴、経験など）や対立する語（有無、男女、内外など）につながる。

   As「～を問わず」means "Whatever ..." or "Whichever ...," "～" is a word that encompasses a range (e.g. 年齢(age), 国籍(nationality), 学歴(academic background), 経験(experience)) or opposites (e.g. 有無 (yes - no), 男女 (men - women), 内外 (inside - outside).)

   「～を問わず」是"不论～"、"不管是哪种场合"这样的意思。与表示事物范围的词汇［年齢（年龄）、国籍（国籍）、学歴（学历）、経験（体验）等］或反义词［有無（有无）、男女（男女）、内外（内外）等］相连接。

   「～を問わず」는「어떤～（이）라도, 또는 어떤 경우라도」라는 의미. 경우의 범위를 나타내는 말（年齢（나이），国籍（국적），学歴（학력），経験（경험）등）이나 대립하는 말（有無（유무），男女（남녀），内外（안팎）등）과 연결된다.

2. b 「～もかまわず」は、「実際は～なのだが、それを気にしないで…する」という意味。「～」には現実の状態（人の目がある、服が汚れる、親の心配など）を表す言葉が来る。

   「～もかまわず」means "to do something without taking care of ～." Expressions for showing an actual state (e.g. 人の目がある (another's eye), 服が汚れる (clothes being dirty), 親の心配 (parent's anxiety)) can be put in the position of "～."

   「～もかまわず」的意思是"虽然实际上是～的，但行动时并不顾忌于此"。"～"中是表示现实状态的用语［人の目がある（他人的注视）、服が汚れる（衣服脏了）、親の心配（父母的担心）等］。

「〜もかまわず」는「실제는 〜(이)지만 그것을 신경 쓰지 않고…한다」라는 의미. 「〜」에는 현실의 상태（人の目がある 사람들의 시선、服が汚れる 옷이 더럽혀지다、親の心配 부모님의 걱정 등）을 나타내는 말이 온다.

3. a 「〜は別として」は、「〜は特別な例外だ」という意味を表す。後の文はそのほかのことがらについて述べる。

「〜は別として」means "〜 is a special exception." It is followed by a description of things except "〜."

「〜は別として」中的"〜"提示的是特别的例外，后面的句子中所表现的是除此之外的其他事情。

「〜は別として」는「〜 는/은 특별히 예외다」라는 의미를 나타낸다. 뒷문장은 그 밖의 사항에 대해서 서술한다.

4. a 「〜はともかくとして」は、「〜より大切なことがあるから、ひとまず〜は議論の対象外に置く」という意味。後の文には「〜」より重要なことが来る。

「〜はともかくとして」means "〜 won't be discussed for the time being, since there is another thing that has more priority." It is followed by something more important than "〜."

「〜はともかくとして」表示的是"与〜相比还有更重要的事情，所以暂且将〜放在议论的对象之外"的意思。后接句子中出现的是比"〜"更重要的事情。

「〜はともかくとして」는「〜 보다 중요한 것이 있으므로 먼저 〜 는/은 의논의 대상 밖에 둔다」는 의미. 뒷문장에는「〜」보다 중요한 내용이 온다.

問題2-2

1. a   2. b   3. a   4. b   5. b   6. b   7. b   8. a

問題3-1

1. b 「〜上」は、「〜のほかに同類のことが加わる」という意味だから、区別を表す「は」は使わない。

As 「〜上」 means "other similar things are added as well as 〜," "は," which shows distinction, is not used.

「〜上」表示"在〜之外，再添加同类事物"的意思，所以不用表示区别的助词"は"。

「〜上」는「〜 외에 같은 종류의 내용이 더해진다」는 의미이므로 구별을 나타내는「は」는 사용하지 않는다.

2. b 「〜ばかりでなく」は、「〜だけでなくほかのものも加わる」という意味だから、後ろの文には「は」ではなく「も」が来る。

As「〜ばかりでなく」means "other things are added as well as 〜," it is followed by "も"(not "は").

「〜ばかりでなく」表示"不仅〜,还要再加上其他"的意思,所以后接句子使用助词"も",而不是"は"。

「〜ばかりでなく」는「〜뿐만 아니라 다른 것도 더해진다」라는 의미이므로 뒷문장에는「は」가 아닌「も」가 온다.

3. a 「〜に限らず」は、「〜だけでなく〜と同じ種類のほかのものもみんな」という意味。後ろには「〜（東京）」と同じ種類の言葉（都市）が来る。

As「〜に限らず」means "not only 〜 but other (similar) things," it is followed by a word (都市) that is similar to "〜（東京）."

「〜に限らず」表示"不仅〜，而且与〜同类的其他事物也都…"的意思。后接句子中出现的是与"〜（東京）"同类的用语（都市）。

「〜に限らず」는「〜뿐만 아니라〜과/와 같은 종류의 다른 것 모두」라는 의미. 뒤에는「〜（東京）」와 같은 종류의 말（都市）이 온다.

4. b 「〜はもとより」は、「〜は当然として、そのほかの人（もの、こと）も…」という意味だから、「〜」には当然のものの方がくる。

As「〜はもとより」means "needless to say 〜, other people (things, matters) also ...," "〜" is a thing that is considered to be a premise.

「〜はもとより」表示的是"〜是理所当然的，其他的人（东西、事情）也…"的意思，所以"〜"出现的是理所当然的事物。

「〜はもとより」는「〜는/은 당연하고 그 외의 사람（물건, 일）도…」라는 의미이므로「〜」에는 당연한 내용이 온다.

問題3-2

1. b   2. a   3. a   4. a   5. b

まとめ

A ① b   ② a   ③ c   ④ e   ⑤ f
B ① c   ② b   ③ a   ④ f   ⑤ e

5課 助詞の働きをする言葉　3

問題

1. a　2. a　3. b　4. a　5. b　6. a　7. a　8. b　9. a　10. b

問題 1 − 1

1. b 「〜にとって」の後には、その対象物がどうであるかを表す文が来る。

   「〜にとって」 is followed by a phrase expressing how something looks.

   「〜にとって」后接表示"其对象事物是怎样一种状态、怎样一种情况"的句子。

   「〜にとって」의 뒤에는 그 대상물이 어떤지를 나타내는 문장이 온다.

2. b 「〜として」の後には、その立場でどうするか、どう感じるかを表す文（主に動詞文）が来る。

   「〜として」 is followed by a phrase (mainly a verb phrase) expressing "what someone should do or how someone feels in that position."

   「〜として」后接表示"站在〜立场上，要怎样做或做何感想"的句子（主要为动词谓语句）。

   「〜として」의 뒤에는 그 입장에서 어떤지, 어떻게 느끼는지를 나타내는 문장 (주로 동사문) 이 온다.

3. a 「〜からすれば」の後には、その立場から見るとどうであるかを表す文（主に形容詞文）が来る。

   「〜からすれば」 is followed by a phrase (usually an adjectival phrase) expressing how something looks from that position.

   「〜からすれば」后接表示"从〜立场上看的话是如何一种情况"的句子（主要为形容词谓语句）。

   「〜からすれば」의 뒤에는 그 입장에서 봤을 때 어떤지를 나타내는 문장 (주로 형용사문) 이 온다.

4. a 「〜にしたら」は、ふつう、人物を表す語につながり、後にはその人の気持ちを代弁する文（主に形容詞文）が来る。

   Usually words denoting a person precede 「〜にしたら」 and a phrase (usually an adjectival phrase) describing the person's feelings follows.

「～にしたら」一般与表示人物的用语相接，后面是为那一人物的心境进行代辨的句子（主要为形容词谓语句）。

「～にしたら」는 보통 인물을 나타내는 말에 연결되고 뒤에는 그 사람의 느낌을 대변하는 문장（주로 형용사문）이 온다.

5. a 「～の上では」の後には、判断を表す文（主に形容詞文）が来る。

「～の上では」 is followed by a phrase (usually an adjectival phrase) expressing the speaker's judgment.

「～の上では」后接表示判断的句子（主要为形容词谓语句）。

「～の上では」의 뒤에는 판단을 나타내는 문장（주로 형용사문）이 온다.

問題１－２

1. a　2. b　3. a　4. a　5. b

問題２－１

1. a 「～のわりには」の後の文には、「～の程度に合わない」という意味の文が来る。どちらとも言えないという文は来ない。

「～のわりには」 is followed by a phrase expressing "something is ill-matched considering ～." It is not followed by a "yes or no" expression.

「～のわりには」后接表示"与～的程度不相符"之意的句子。不接"说不上是哪一方"这样的句子。

「～のわりには」의 뒷문장에는 「～의 정도에 맞지 않는다」는 의미의 문장이 온다. 어느쪽도 말할 수 없다는 문장은 오지 않는다.

2. b 「～にしては」の後には、「～から考えて当然の状態ではない」という意味の文が来る。

「～にしては」 is followed by a phrase expressing "Considering ～, it is unusual."

「～にしては」后接"从～来考虑，不是应有的状态"之意的句子。

「～にしては」의 뒤에는 「～에서 생각했을 때 당연한 상태가 아니다」라는 의미의 문장이 온다.

3. a 「～だけあって」は、「～だから当然だが…」と感心する言い方。当然であることを表す言葉につながる。

「～だけあって」 is an expression showing the speaker's praise that means "As might be expected from ～." It is preceded by a phrase describing the reason for the praise.

「～だけあって」是表示钦佩、赞赏的说法，即"因为～，自然…"。与表示理所当然之意的用语相接。

「～だけあって」는 「～이므로 당연하지만…」이라고 감탄하는 표현. 당연하다는 것을 나타내는 말에 연결된다.

4. a 「～ともなると」は、程度がそこまで進んだことを表す言葉につながる。

「～ともなると」is preceded by a phrase indicating that something is to an advanced degree.

「～ともなると」后接表示"程度已进展到这一步"之意的用语。

「～ともなると」는 정도가 거기까지 이르렀다는 것을 나타내는 말에 연결된다.

問題2-2

1. a　　2. b　　3. a　　4. a　　5. b

問題3-1

1. b 「～によって」の後の文には、「一定ではない」という意味の文が来る。

「～によって」is followed by a phrase describing inconsistency or variety.

「～によって」后接表示"不一定是这样"的句子。

「～によって」의 뒷문장에는「일정하지는 않다」는 의미의 문장이 온다.

2. a 「～によっては」は、一例を取り出して言う言い方。後の文では一つの場合だけを言う。

As 「～によっては」is used to pick up one example from among many, it is followed by a phrase describing only one aspect.

「～によっては」是举出一例加以说明的表现方法。在后接句子中出现的是只有一个的情况。

「～によっては」는 한 예를 들어서 말하는 표현. 뒷문장에는 하나의 경우만을 말한다.

3. a 「～に応じた」は、変化の幅のある言葉につながる。

「～に応じた」is preceded by a phrase that indicates a range.

「～に応じた」与表示有变化范围的用语相接。

「～に応じた」는 변화의 폭이 있는 말이 온다.

4. b 「～に応じて」の前後には、変化の幅のある言葉が来る。2種類を並べただけの言葉には使いにくい。

A phrase that has a continuous range is used before and after 「～に応じて」. It is not usually used with a phrase that just lists two items.

「～に応じて」前后出现的是表示有变化范围的用语。不用在只有两种事物并列时。

「～に応じて」의 전후에는 변화의 폭이 있는 말이 온다. 두종류를 나열하기만한 말에는 사용하기 어렵다.

5. a 「～次第で」の後には、「あることが異なる、決まる」という意味の文が来る。出来事を言う文は来ない。

「～次第で」is followed by a phrase that means "to change or be decided depending on ～." A phrase simply stating an event cannot be used.

「～次第で」后接表示"事物相异或决定"之意的句子。不接讲述发生事情的句子。

「～次第で」의 뒤에는「어떤 것이 달라진다, 정해진다」는 의미의 문장이 온다. 일어난 일을 말하는 문장은 오지 않는다.

問題3-2
1. a   2. a   3. b   4. b   5. a

まとめ
A ① c   ② a   ③ e   ④ b   ⑤ d
B ① a   ② f   ③ d   ④ e   ⑤ b

6課　名詞化の方法 「こと」と「の」

問題I
1. b   2. b   3. a   4. a   5. a

問題II
1. a   2. a   3. b   4. a   5. a

問題1
1. まじめな　2. 幼稚園を作る　3. お金がかかりすぎる　4. あいさつのしかたを覚える
5. 田中（さん）がきょう授業に出られない／授業を欠席する　6. きのう大火事があった
7. 5月に子どもが生まれる

問題2

1. ことに   2. とのこと   3. ことに   4. ことはない   5. ことは   6. とのこと
7. ことは   8. ことはない

問題3-1

1. 風邪薬を飲まない   2. 向こうの山に登っていく   3. 子どもが泣いている
4. 教室の机を外に出す   5. 気がつく   6. あの山の上まで行く

問題3-2

1. の   2. こと   3. の   4. の   5. こと   6. の   7. の   8. こと   9. こと
10. こと

問題4

1. 喜び   2. 泳ぎ／水泳   3. 部屋の汚さ   4. 部屋の掃除   5. 汚れ
6. 足の速さ   7. 遊び   8. にぎやかさ・便利さ   9. 食事   10. 美術品の売買

まとめ

1. b   2. a   3. c   4. b   5. a   6. a

7課　複文構造　－複文の中の「は」と「が」・時制－

問題Ⅰ

1. a   2. b   3. b   4. b   5. a

問題Ⅱ

1. a   2. a   3. b   4. a   5. b

問題1

1. が   2. が   3. は・が   4. が   5. が   6. は   7. が・は   8. が   9. が
10. は・が   11. が・は   12. は・は

問題2-1

1. b 2. a 3. b 4. a 5. b 6. a 7. b 8. b 9. b 10. b

問題2-2

1. a 2. b 3. b 4. b 5. a

まとめ

①は ②が ③は ④が ⑤が ⑥言った ⑦が ⑧出かける ⑨きた
⑩が ⑪来た ⑫した ⑬が ⑭が ⑮は ⑯なっている ⑰が ⑱は

8課　名詞修飾

問題Ⅰ

1. 顔を洗う　2. あした祭りがある　3. ピアノを弾く
4. ごみの問題について書かれた　5. 新潟で地震があったという

問題Ⅱ

1. e 2. d 3. c 4. a 5. b

問題1

1. 自分がいちばん影響を受けた　2. 教科書に書いてあった
3. 家族といっしょにアメリカへ行く　4. 飲むと眠くなる　5. 魚を焼いている
6. きのうマリさんがあんなに怒った　7. ある有名な俳優が店から出てくる
8. 困ったときいつも助けてくれる

問題2-1

A　1. いっしょに行く（人）　2. かかった（お金）　3. 学校にいる（時間）
　　4. この花が／を見られる（所）　5. 来る（日）
B　1. 汚れる（心配）　2. 参加できない（理由）　3. アンさんが国へ帰る（話）
　　4. 日本語を教える（仕事）　5. 料理が上手になる（方法）

問題2-2

1. が／の   2. が／の   3. が   4. が   5. が   6. が   7. が／の

問題2-3

1. ×   2. ×   3. ○   4. ○   5. ○   6. ×   7. ×   8. ○

まとめ

1. 林の中で1千万円が見つかった
2. 姉に男の子が生まれた
3. 野菜を作るときには農薬(のうやく)を使わないほうがいい
4. 今月はお金が足りるか
5. 来週このあたりで水道工事(こうじ)が始まる

9課 複文を作る言葉　1　－時間－

問題

1. e   2. b   3. c   4. d   5. a   6. b   7. e   8. d   9. a   10. c

問題1-1

1. b 「〜際(さい)に」は、日常(にちじょう)のことに使うのは不適切(ふてきせつ)。

   「〜際に」is not suitable for talking about everyday activities.

   「〜際に」不适用于日常发生的事情。

   「〜際に」는 일상적인 일에 사용하기에는 부적절.

2. a 「〜折(おり)に」は、よくないイメージの言葉(ことば)にはつかない。

   「〜折に」is not used with words that have an unhappy or negative connotation.

   「〜折に」不接在有负面印象的用语之后。

   「〜折に」는 좋지 않은 이미지의 말에는 붙지 않는다.

3. b 「〜たびに」は、1回だけのことには使わない。

   「〜たびに」is not used with one-off events.

   「〜たびに」不用于只有一次的事情。

   「〜たびに」는 한번 뿐인 일에는 사용하지 않는다.

4. b 「〜につけて」は、「同じ場面にいるといつもある感情がわく」という意味。後には心の動きを言う文が来る。

「〜につけて」 means "Whenever someone is in a certain situation, the same feeling occurs." It is followed by a sentence that describes the changing feeling.

「〜につけて」表示"在同一场面时，总会不由得产生某种感情"的意思。后接表示心理活动的句子。

「〜につけて」는「같은 장면에 처하면 항상 어떤 감정이 생긴다」는 의미. 뒤에는 마음의 변화를 말하는 문장이 온다.

5. a 「〜うちに」の後には、変化を表す文が来る。

「〜うちに」 is followed by a sentence that expresses change.

「〜うちに」后接表示变化的句子。

「〜うちに」의 뒤에는 변화를 나타내는 문장이 온다.

6. b 「〜最中」は、進行中の動作を表す言葉（動詞ている形）につながる。

「〜最中」 is used with an expression denoting an action that is in progress (i.e. verb "ている形").

「〜最中」与表示进行中的动作（动词"ている形"）的用语相接。

「〜最中」는 진행중인 동작을 나타내는 말（동사「ている形」）에 연결된다.

問題１-２

1. b   2. a   3. b   4. b   5. a   6. b

問題２-１

1. a 「〜たとたん」の後の文には、話者の意志を表す文や、相手へ働きかける文は来ない。

「〜たとたん」 cannot be followed by a sentence that shows the speaker's volition or encourages the listener to do something.

「〜たとたん」之后不接表示说话人意志或推动对方之意的句子。

「〜たとたん」의 뒷문장에는 말하는 사람의 의지를 나타내는 문장이나 상대에게 행동을 하게 만드는 문장은 오지 않는다.

2. b 「〜かと思うと」は、1人称は主語にはならない。

The subject of the expression 「〜かと思うと」 is not the first person.

「〜かと思うと」时第一人称不用作主语。

「〜かと思うと」는 1인칭이 주어는 되지 않는다.

3. a 「～か～ないかのうちに」の後の文には、話者の意志を表す文や、相手へ働きかける文は来ない。

「～か～ないかのうちに」cannot be followed by a sentence that shows the speaker's volition or encourages the listener to do something.

「～か～ないかのうちに」之后不接表示说话人意志或推动对方之意的句子。

「～か～ないかのうちに」의 뒷문장에는 말하는 사람의 의지를 나타내는 문장이나 상대에게 행동을 하게 만드는 문장은 오지 않는다.

4. a 「～次第」の後の文は、話者の意志や相手への働きかけを表す文が来る。

「～次第」is followed by a sentence that shows the speaker's volition or encourages the listener to do something.

「～次第」后接表示说话人意志或推动对方之意的句子。

「～次第」의 뒷문장에는 말하는 사람의 의지나 상대에게 행동을 하게 만드는 문장이 온다.

問題2-2

1. a   2. a   3. b   4. a   5. b

問題3-1

1. a 「～うちに」は、「反対の状況になったら実現が難しいから、そうなる前に行動する」という意味だから、後の文は行動を表す文が来る。

A sentence denoting an action follows「～うちに」, because「～うちに」means "do something before '～,' because it will be difficult to be realized after '～' ended."

「～うちに」表示"如果一旦成为与之相反的状况，事情必将难以实现，因此要在此之前采取行动"的意思，所以后接表示行动的句子。

「～うちに」는「반대의 상황이 되면 실현되기 어려우므로 그렇게 되기 전에 행동한다」는 의미이므로 뒷문장에는 행동을 나타내는 문장이 온다.

2. b 「～に先立って」は、「あることの前に準備をする」という意味だから、後の文は行動を表す文が来る。

Because「～に先立って」means "to prepare before ～," it is followed by a sentence denoting an action.

「～に先立って」表示"在做某一事情之前先进行准备"的意思，所以后接表示行动的句子。

「～に先立って」는「어떤 일을 하기 전에 준비를 한다」는 의미이므로 뒷문장은 행동을 나타내는 문장이 온다.

3. b 「～てはじめて」の後の文には、話者の意志や相手に働きかける文は来ない。

   「～てはじめて」cannot be followed by a sentence that shows the speaker's volition or encourages the listener to do something.

   「～てはじめて」之后不接表示说话人意志或推动对方之意的句子。

   「～てはじめて」의 뒷문장에는 말하는 사람의 의지나 상대에게 행동을 하게 만드는 문장은 오지 않는다.

4. b 「～てからは」の後の文は、継続していることを表す文が来る。

   「～てからは」is followed by a sentence showing continuity.

   「～てからは」后接句子表示的是要继续做的事情。

   「～てからは」의 뒷문장은 계속하고 있는 것을 나타내는 문장이 온다.

5. a 「～た上で」は、ある行為の前にするべきことを表す言葉につながる。

   「～た上で」is used with an expression that shows something should be done before something else can be done.

   「～た上で」与表示"在进行某一行为之前必须要做的事情"之意的用语相接。

   「～た上で」는 어떤 행위의 전에 반드시 해야할 것을 나타내는 말이 연결된다.

6. a 「～からでなければ」の後の文には、困難や不可能を表す文が来る。

   「～からでなければ」is followed by a sentence showing difficulty or impossibility.

   「～からでなければ」后接表示困难或不可能之意的句子。

   「～からでなければ」의 뒷문장에는 곤란하거나 불가능한 것을 나타내는 문장이 온다.

[問題３－２]

1. b 2. a 3. a 4. a 5. b 6. a 7. a 8. b

[まとめ]

A 1. 帰り次第   2. 泣いたかと思ったら   3. 読むにつけて
   4. 聴くうちに／聴いているうちに   5. バスの乗り降りの際には

B 1. 若いうちに   2. 会うたびに   3. 話している最中に   4. 確かめた上で
   5. 読んで以来

C 1. 住んではじめて   2. 見てからでなければ   3. 開けたとたん   4. ご旅行の折に
   5. 入ってからは

10課 複文を作る言葉　2　－仮定の言い方・逆接の言い方－

問題Ⅰ

1. d　2. a　3. b　4. e　5. c

問題Ⅱ

1. b　2. b　3. b　4. a　5. a

問題1－1

1. a 「～としたら」は仮定を表す。必ずそうなることには使わない。

   「～としたら」shows supposition and is not used to express things that are always realized.

   「～としたら」表示假定。因此不用于可以肯定的事情。

   「～としたら」는 가정을 나타낸다. 반드시 그렇게 되는 내용에는 사용하지 않는다.

2. b 「～ないことには」の後の文には、「あることが実現しない」という意味の文が来る。

   「～ないことには」is followed by a sentence that indicates that something does not come true.

   「～ないことには」后接表示"某一事情不会实现"之意的句子。

   「～ないことには」의 뒷문장에는 「어떤 일이 실현되지 않는다」는 의미의 문장이 온다.

3. b 「～(よ)うものなら」の後の文には、「ひどい結果になるだろう」という意味の文が来る。

   「～(よ)うものなら」is followed by a sentence that indicates something will lead to a terrible result.

   「～(よ)うものなら」后接表示"结果可能很糟"之意的句子。

   「～(よ)うものなら」의 뒷문장에는 「심한 결과가 될 것이다」라는 의미의 문장이 온다.

4. a 「～ものなら」は、「もしそれが可能なら」という意味。可能を表す言葉につながる。

   「～ものなら」means "If it is possible..." It is therefore followed by an expression showing possibility.

   「～ものなら」表示"如果那可能的话"的意思。与表示可能的用语相接。

   「～ものなら」는 「혹시 그것이 가능하다면」이라는 의미. 가능을 나타내는 말에 연결된다.

5. a 「～ない限り」の後の文には、「あることが実現しない」という意味の文が来る。

   「～ない限り」is followed by a sentence that means something does not come true.

   「～ない限り」后接表示"某一事情不会实现"之意的句子。

   「～ない限り」의 뒷문장에는 「어떤 일이 실현되지 않는다」는 의미의 문장이 온다.

問題1－2

1. ものなら　　2. ものなら　　3. ことには　　4. 限り　　5. としたら

問題2－1

1. b 「〜としても」は「仮に〜が現実であっても」という意味だから、現実になる可能性が高いものには使わない。

    As「〜としても」means "Even if 〜 is true," it is not used to talk about things that have a high possibility of being realized.

    「〜としても」表示"假使〜是现实也…"的意思，所以不用于很有可能成为现实的事物。

    「〜としても」는「만일〜가/이 실현되더라도」라는 의미이므로 현실이 될 가능성이 높은 일에는 사용하지 않는다.

2. b 「〜たところで」の後の文には、「効果がない、無駄だ」という意味の文が来る。

    「〜たところで」is followed by a sentence that means "not effective" or "useless."

    「〜たところで」后接表示"没有效果、是白费功夫"之意的句子。

    「〜たところで」의 뒷문장에는「효과가 없고 쓸데 없다」는 의미의 문장이 온다.

3. a 「〜にしても」の前後の文は、逆接の関係にならなければならない。

    Phrases before and after「〜にしても」should be expressions denoting the opposite of what is expected.

    「〜にしても」前后的句子必须是逆接关系。

    「〜にしても」의 전후문장은 역접의 관계가 되어야 한다.

4. b 「〜ようと」は「もし〜しても」と仮定するのだから、後の文は過去形にはならない。

    As「〜ようと」supposes "Even if doing … ," it cannot be followed by a sentence in the past tense.

    「〜ようと」是"即使〜也…"的意思，用以表示假定，所以后接句子不可以是过去时。

    「〜ようと」는「혹시〜해도」와 가정하는 것이므로 뒷문장은 과거형은 되지 않는다.

問題2－2

1. b　　2. c　　3. a　　4. c　　5. a　　6. a　　7. a

問題3－1

1. a 「〜ながら」の後の文には、逆接的につながる文が来る。

「～ながら」 is followed by a sentence with a conjunction that denotes the opposite of what is expected.

「～ながら」后接逆接关系的句子。

「～ながら」의 뒷문장에는 역접적으로 연결되는 문장이 온다.

2. b 「～とはいうものの」の後には、前の文の事実（春はもうすぐだ）とは合わないこと（風は冷たい）文が来る。

「～とはいうものの」 is followed by a sentence （風は冷たい） that does not agree with the fact shown in "～（春はもうすぐだ）."

「～とはいうものの」后接"与前面句子所述事实（春はもうすぐだ）相违（風は冷たい）"之意的句子。

「～とはいうものの」의 뒤에는 앞문장의 사실（春はもうすぐだ）과는 맞지 않는 내용（風は冷たい）의 문장이 온다.

3. a 「～にもかかわらず」の後には、前の文の事実とは合わない結果になったという意味の文が来る。

「～にもかかわらず」 is followed by a sentence that means "The result is contrary to the fact mentioned in the preceding sentence."

「～にもかかわらず」后接表示"结果与前面句子所述事实相违"之意的句子。

「～にもかかわらず」의 뒤에는 앞문장의 사실과는 맞지 않는 결과가 됐다는 의미의 문장이 온다.

4. a 「～といっても」の後には、「前の文から当然期待されるほどではない」という意味の文が来る。

「～といっても」 is followed by a sentence that means "Unlike what is expected by the preceding sentence."

「～といっても」后接表示"情况等并不是从前面句子来看理所当然可以期待的那种程度"之意的句子。

「～といっても」의 뒤에는 「앞문장에서 당연히 기대될 정도는 아니」라는 의미의 문장이 온다.

5. b 「～からといって」の後の文は、前の文（時間がない）から当然考えられること（インスタント食品ばかり食べる）を言い、次にその文を否定する形（～のはだめ）で文を作る。

「～からといって」is followed by a sentence stating that "Thinking of the former sentence （時間がない）, it is natural to do '～（インスタント食品ばかり食べる）'." The negative form （～のはだめ）follows at the end of the sentence.

「～からといって」后接的句子先提起的是，从前面的句子（時間がない），自然联想到的事情（インスタント食品ばかり食べる），然后再对此加以否定（～のはだめ）。

「～からといって」의 뒷문장에는 앞문장（時間がない）에서 당연히 생각되어지는 일（インスタント食品ばかり食べる）을 말하고 다음으로 그 문장을 부정하는 형태 （～のはだめ）로 문장을 만든다.

問題３－２

1. ながら　　2. にもかかわらず　　3. ものの　　4. からといって　　5. といっても
6. にもかかわらず　　7. ながら　　8. といっても　　9. からといって　　10. ものの

まとめ

A　①できたとしたら　　②できたとしても　　③使ってみないことには
　　④使ったところで　　⑤思わない限り
B　①言われようと　　②好きだからといって　　③思いながら
　　④言っていたにもかかわらず　　⑤踏みはずそうものなら

11課　複文を作る言葉　３　－原因・理由を表す言葉・相関関係を表す言葉－

問題Ⅰ

1. b　　2. a　　3. c　　4. e　　5. d

問題Ⅱ

1. a　　2. b　　3. a　　4. b　　5. a

問題１－１

1. b　「～ものだから」の後には、相手へ働きかける文・話者の意志などを表す文は来ない。
「～ものだから」is not followed by a phrase that encourages the listener to do something or that shows the speaker's volition.

「～ものだから」之后不接有推动对方或表示说话人意志等的句子。

「～ものだから」의 뒤에는 상대에게 행동을 하게 하는 문장·말하는 사람의 의지 등을 나타내는 문장은 오지 않는다.

2. b 「～おかげで」は、自分の努力などが原因の場合には使わない。

「～おかげで」is not used to mention the efforts of the speaker him/herself.

「～おかげで」不用于原因是由于自身努力的场合。

「～おかげで」는 자신의 노력 등이 원인인 경우에는 사용하지 않는다.

3. b 「～あまり」は「非常に～ために」という意味だから、程度を表す言葉につながる。

「～あまり」is used with an expression to show the degree of something, as it means "so ... that ..."

「～あまり」表示"因为非常～"的意思，所以与表示程度的用语相接。

「～あまり」는 「너무 ～기 때문에」라는 의미이므로 정도를 나타내는 말과 연결된다.

4. a 「～だけに」の後の文は、前の文（きれいだった）が理由で、「普通の場合よりもっと…（残念がる）」という意味の文が来る。

「～だけに」is followed by a sentence stating "Because of the '～（きれいだった），' it is more '...（残念がる）' than usual."

「～だけに」后接是即从前文的理由（きれいだった）来看，较之一般情况更为…（残念がる）的句子。

「～だけに」의 뒷문장은 앞의 내용（きれいだった）이 이유가 되어「보통의 경우보다 더…（残念がる）」라는 의미의 문장이 온다.

問題1-2

1. a 2. a 3. b 4. b 5. c 6. c 7. c 8. c 9. a 10. b

問題2-1

1. b 「～ことだし」の後には、事実そのものではなく、判断、希望、働きかけなどを言う文が来る。

「～ことだし」is followed by a sentence describing the speaker's judgment or hope, or a sentence encouraging the listener to do something.

「～ことだし」后接表示并非事实本身，而是判断、希望、推动等意思的句子。

「～ことだし」의 뒤에는 사실 그대로가 아닌 판단, 희망, 행동을 하게 만드는 것 등을 말하는 문장이 온다.

2. b 「～ばかりに」の後には、「予想外の悪い結果になった」という意味の文が来る。

「～ばかりに」is followed by a sentence describing an unexpected bad result.

「～ばかりに」后接表示"结果之坏超出了预料"之意的句子。

「～ばかりに」의 뒤에는「예상외의 나쁜 결과가 됐다」는 의미의 문장이 온다.

3. a 「～以上」の後には、話者の希望、判断、決心、相手への働きかけなどの文が来る。

「～以上」is followed by a sentence describing the speaker's hope, judgment or decision, or a sentence encouraging the listener to do something.

「～以上」后接表示说话人的希望、判断、决心、推动对方等意思的句子。

「～以上」의 뒤에는 말하는 사람의 희망, 판단, 결심, 상대에게 행동을 하게 만드는 내용 등의 문장이 온다.

4. a 「～ところを見ると」の後には、推量を表す文が来る。

「～ところをみると」is followed by a sentence describing the speaker's conjecture.

「～ところを見ると」后接表示推测的句子。

「～ところを見ると」의 뒤에는 추측을 나타내는 문장이 온다.

問題2-2

1. ことだし　2. からには　3. ばかりに　4. ところを見ると　5. ばかりに
6. 上は　7. ところを見ると　8. ことだし

問題3-1

1. a　2. b　3. b　4. b　5. a

問題3-2

1. a 「～ば～ほど」の前後には、「だんだんに程度が変化する」という意味の表現が来る。

「～ば～ほど」is preceded and followed by a phrase expressing the gradual change of the degree of something.

「～ば～ほど」的前后为程度逐渐变化的表现。

「～ば～ほど」의 앞뒤에는「점점 정도가 변화한다」는 의미의 표현이 온다.

2. a 「～に従って」の後の文は、だんだんに変化するということを表す文が来る。

「～に従って」is followed by a phrase describing a gradual change.

「～に従って」后接表示"逐渐发生变化"之意的句子。

「〜に従って」의 뒷문장은 점점 변화한다는 것을 나타내는 문장이 온다.

3. b 「〜につれて」の後の文は、「一度の変化ではなく、だんだんに変化する」ということを表す文が来る。

「〜につれて」 is followed by a phrase describing a gradual change, not a sudden or complete change.

「〜につれて」后接表示"不是一次变化，而是逐渐发生变化"之意的句子。

「〜につれて」의 뒷문장은「한번의 변화만이 아니라 점점 변화한다」는 것을 나타내는 문장이 온다.

4. b 「〜につれて」の後の文に、話者の意志、希望、相手への働きかけなどの文は来ない。

「〜につれて」 is not followed by a phrase expressing the speaker's volition hope, or a phrase encouraging the listener to do something.

「〜につれて」之后不接表示说话人的意志、希望以及有推动对方等意思的句子。

「〜につれて」의 뒷문장은 말하는 사람의 의지, 희망, 상대에게 행동을 하게 만드는 내용 등의 문장은 오지 않는다.

5. a 「〜に伴って」の後の文は、「一回だけの出来事ではなく、だんだんに変化する」ということを表す文が来る。

「〜に伴って」 is followed by a phrase describing a gradual change, not an event that happened only once.

「〜に伴って」后接表示"不是仅此一次发生的事情，而是在逐渐发生变化"之意的句子。

「〜に伴って」의 뒷문장은「한번만 일어난 일이 아니라 점점 변화한다」는 것을 나타내는 문장이 온다.

6. b 「〜とともに」の後の文は、「一回だけの出来事ではなく、だんだんに変化する」ということを表す文が来る。

「〜とともに」 is followed by a phrase describing a gradual change, not an event that happened only once.

「〜とともに」后接表示"不是仅此一次发生的事情，而是在逐渐发生变化"之意的句子。

「〜とともに」의 뒷문장은「한번만 일어난 일이 아니라 점점 변화한다」는 것을 나타내는 문장이 온다.

まとめ

A　1. 引いているものですから　　2. 言った以上は　　3. 集まるにつれて

4. くれたおかげで　　5. 資料だけに

B　1. 言ったせいで　　2. いなかったところを見ると　　3. 疲れていたことだし
　　4. 急いだあまり　　5. 考えれば考えるほど

12課　否定の言い方

問題

1. いる　　2. 書ける　　3. ある　　4. 悪い　　5. 留学した　　6. 読まない
7. 走れるように　　8. おいしい　　9. 治る　　10. 通えない

問題1-1

1. a　　2. b　　3. b　　4. b　　5. b　　6. a　　7. a

問題1-2

1.（佐藤さんが）参加する　　2. 帰る　　3. 聞き（も）しない　　4. 好き（な）

問題2

1. 暇な　　2. 弾けるようになる　　3. 飲む　　4. みんな正しい　　5. 全然知らない
6. しない　　7. 参加すれ（ば）いい

まとめ-1

1. c　　2. c　　3. b　　4. a　　5. b

まとめ-2

①a　②b　③a　④a　⑤b　⑥b　⑦a　⑧a　⑨b　⑩b

13課　わたしからの発信　1　−感覚・強い気持ち・不可能判断−

問題Ⅰ

1. a　　2. a　　3. a　　4. b　　5. b

| 問題Ⅱ |

1. しかない　　2. んではいられない　　3. にすぎない　　4. にほかならない
5. りようがない

| 問題1−1 |

1. b　　2. a　　3. b　　4. a　　5. a　　6. a　　7. a

| 問題1−2 |

1. すいてたまらない　　2. 残念でならない　　3. 笑わずにはいられなかった
4. 出席しないわけにはいかない　　5. 手術せざるを得ない
6. 声をかけないではいられなかった

| 問題2−1 |

1. a 「〜に決まっている」は動詞の普通形に直接つながる。

   「〜に決まっている」 is preceded by a verb in the plain form.

   「〜に決まっている」与动词的普通形直接相接。

   「〜に決まっている」는 동사의 보통형에 직접 연결된다.

2. b 「〜にほかならない」は話者が評価して断定するときに使う。客観的な事実には使わない。

   「〜にほかならない」 is used to express the speaker's conclusions based on his/her evaluation of something. It is not used to express objective facts.

   「〜にほかならない」用于说话人加以评价判断时。叙述客观事实时不用。

   「〜にほかならない」는 말하는 사람이 평가하고 단정할 때 사용한다. 객관적인 사실에는 사용하지 않는다.

3. b 「〜にすぎない」は程度が低いことを主張する文型だから、程度が高い言葉（会長）につながるのは不自然である。

   「〜にすぎない」 is not preceded by a word that shows a higher rank（会長）, as it emphasizes how low the level of "〜" is.

   「〜にすぎない」是主张程度之低的句型，所以与程度高的用语（会長）相接则显得不自然。

   「〜にすぎない」는 정도가 심하지 않은 일을 주장하는 문형이므로 정도가 심한 말

（会長）に連結되는 것은 부자연스럽다.

4. b 「～ほかない」は、「それ一つしか方法がない」という意味を表す文型だから、いろいろな方法という言葉につながるのは不適当である。

As「～ほかない」means only one way of doing something is possible, it cannot be followed by a phrase that means "various ways."

「～ほかない」是表示方法只此一个之意的句型，所以不适用于与表示有各种方法之意的用语相接。

「～ほかない」는「그것 하나 밖에 방법이 없다」는 의미를 나타내는 문형이므로 여러 방법이라는 말에 연결되는 것은 부자연스럽다.

5. a 「～までだ」は覚悟を表す言い方だから、意志的な意味を持つ動詞につながる。

「～までだ」is used with volitional verbs, as it shows the speaker's decision.

「～までだ」是表示已做好精神准备的说法，所以与表示意志的动词相接。

「～까지다」는 각오를 나타내는 표현이므로 의지적인 의미를 가지는 동사에 연결된다.

問題2－2

1. に決まっている　2. までだ　3. にすぎない　4. ほかない

問題3

1. a　2. a　3. b　4. a　5. b

まとめ

①楽しくてたまらない　②残念でならない　③クンクン泣いているに決まっている
④帰りようがない　⑤待っているしかない　⑥捜さないわけにはいかない
⑦待ってはいられない

14課　わたしからの発信　2　－話者の推量・願望・感嘆・提案－

問題Ⅰ

1. b　2. b　3. a　4. a　5. a

問題Ⅱ

1. a　　2. a　　3. b　　4. a　　5. a

問題1-1

1. あった　　2. 飲んだ　　3. 投げ出し　　4. こわす　　5. 続く

問題1-2

1. a 「～とみえて」の後には、「～とみえて」で推量したこと（引っ越しする）の根拠（片づけをしている）を言う。

   After「～とみえて」, the basis of conjecture（片付けをしている）that is mentioned before "～とみえて"（引っ越しする）is explained.

   「～とみえて」之后所接的句子所说的是以"～とみえて"推测出来的事情（引越しする）的根据（片づけをしている）。

   「～とみえて」의 뒤에는 「～とみえて」에서 추측한 것（引越しする）의 근거（片付けをしている）를 말한다.

2. b 「～に違いない」は推量表現だから、自分のことには使わない。

   As「～に違いない」is used for conjecture, it is not used to refer to the speaker him/herself.

   「～に違いない」是进行推测的表现，所以讲自己的事情时不用。

   「～に違いない」는 추측표현이므로 자기 일에는 사용하지 않는다.

3. a 「～かねない」は、悪い事態を推量するときにだけ使う。

   「～かねない」is used only to guess a bad result.

   「～かねない」只用于推测不好的事态时。

   「～かねない」는 나쁜 사태를 추측할 때만 쓴다.

4. b 「～おそれがある」は、悪い事態を推量するときにだけ使う。

   「～おそれがある」is used only to guess a bad result.

   「～おそれがある」只用于推测不好的事态时。

   「～おそれがある」는 나쁜 사태를 추측할 때만 쓴다.

5. a 「～まい」は「～ないだろう」という意味だから、「だろう」をつける必要はない。

   As「～まい」contains the meaning of "～ないだろう," it is not used with "だろう."

   「～まい」是"～ないだろう"的意思，所以不需要加"だろう"这一表现。

   「～まい」는 「～ないだろう」라는 의미이므로 「だろう」를 붙일 필요는 없다.

問題2−1
1. 独立したい　2. なって　3. 頼めない　4. かわいい　5. 遊んだ　6. 楽しかった

問題2−2
1. b　2. b　3. b　4. b　5. a

問題3−1
1. 言う　2. 働きすぎない　3. 食べる　4. 使わない　5. やってみよう

問題3−2

1. b　「〜べきだ」は規則や法律で決まっていることではなく、人間としての常識について説教する言い方である。

   「〜べきだ」 is used to state what people should do from the viewpoint of common sense, not rules or laws.

   「〜べきだ」不是就规则、法律所规定的事情，而是针对作为一个人所应具有的常识进行说教的表现。

   「〜べきだ」는 규칙이나 법률로 결정된 일이 아니라 사람으로서의 상식에 대해 설교하는 표현이다.

2. a　「〜べきだ」は「ない形」にはつながらない。

   「〜べきだ」 is not used with the "ない形."

   「〜べきだ」不与"ない形"相接。

   「〜べきだ」는 「ない形」에는 연결되지 않는다.

3. b　「〜ことだ」は説教するときなどに使う言い方なので、目上の人には使わない。

   「〜ことだ」 is not used to superiors as it is used to lecture, or give advice, etc.

   「〜ことだ」是进行说教等时使用的表现，所以对长辈、上司不用。

   「〜ことだ」는 설교할 때 등에 쓰는 표현이므로 윗사람에게는 사용하지 않는다.

4. b　「〜ものだ」は道徳的、社会的な意識について説教する言い方なので、選挙で投票をお願いするときに言うのは不適切である。

   「〜ものだ」 is not appropriate when soliciting votes as it is used to lecture on moral or social awareness.

「〜ものだ」是针对道德、社会意识进行说教时的表现，所以用在选举请求大家投票时是不妥当的。

「〜ものだ」는 도덕적, 사회적인 의식에 대해 설교하는 표현이므로 선거에서 투표를 부탁할 때에 말하는 것은 부적절하다.

まとめ

A　①a　②c　③b　　B　④a　⑤b　⑥d
C　⑦d　⑧b　⑨a　⑩c

15課　決まった使い方の副詞

問題

1. c　2. d　3. b　4. e　5. a　6. c　7. d　8. e　9. a　10. b

問題1

1. a　2. c　3. a　4. a　5. b　6. c　7. a　8. a　9. a　10. c
11. b　12. a　13. b　14. c　15. c

問題2

1. a　2. b　3. b　4. a　5. b　6. b　7. b　8. a　9. b　10. b

問題3

1. a　2. a　3. b　4. b　5. b　6. b　7. a　8. a　9. b　10. a

問題4

1. b　2. b　3. a　4. b　5. b　6. a　7. b　8. a　9. b　10. b

問題5

1. a　2. b　3. a　4. c　5. b　6. b　7. b　8. b

まとめ

①a ②b ③b ④b ⑤b ⑥b ⑦a ⑧b ⑨b ⑩b ⑪a
⑫a ⑬b ⑭a ⑮b ⑯a

16課　接続の言葉

問題

1. a　2. b　3. a　4. b　5. b　6. a　7. b　8. a　9. b　10. a

問題1−1

1. a　2. b　3. b　4. a

問題1−2

1. b　2. a　3. b　4. a　5. a

問題2−1

1. b 「そのため」の後には、話者の意志や相手への働きかけを表す文は来ない。

   「そのため」 is not followed by a sentence expressing the speaker's volition or encouraging the listener to do something.

   「そのため」之后不接表示说话人的意志或有推动对方之意的句子。

   「そのため」의 뒤에는 말하는 사람의 의지나 상대에게 행동을 하게 만드는 내용의 문장은 오지 않는다.

2. b 「それで」の後には、話者の意志や相手への働きかけを表す文は来ない。

   「それで」 is not followed by a sentence expressing the speaker's volition or encouraging the listener to do something.

   「それで」之后不接表示说话人的意志或有推动对方之意的句子。

   「それで」의 뒤에는 말하는 사람의 의지나 상대에게 행동을 하게 만드는 내용의 문장은 오지 않는다.

3. a 「したがって」の後には、話者の意志や相手への働きかけを表す文は来ない。

   「したがって」 is not followed by a sentence expressing the speaker's volition or encouraging the listener to do something.

「したがって」之后不接表示说话人的意志或有推动对方之意的句子。

「したがって」의 뒤에는 말하는 사람의 의지나 상대에게 행동을 하게 만드는 내용의 문장은 오지 않는다.

4. b 「すると」の後には、意志的な行動を表す文ではなく、どんな結果になったかを表す文が来る。

「すると」 is followed by a sentence expressing a result and not a sentence expressing a volitional action.

「すると」后接表示结果如何的句子，而不是表示有意识的行动的句子。

「すると」의 뒤에는 의지적인 행동을 나타내는 문장이 아니라 어떤 결과가 됐는가를 나타내는 문장이 온다.

5. a 「そこで」の後には、意志的な行動を表す文が来る。

「そこで」 is followed by a sentence expressing a volitional action.

「そこで」后接表示有意识的行动的句子。

「そこで」의 뒤에는 의지적인 행동을 나타내는 문장이 온다.

問題2−2

1. a   2. c   3. b   4. a   5. c   6. b

問題3−1

1. b   2. a   3. a   4. b

問題3−2

1. a   2. b   3. b   4. a   5. a

問題4

1. a   2. b   3. a   4. a   5. a・b

まとめ1

A   1. b   2. c   3. a   4. e   5. d
B   1. a   2. c   3. e   4. b   5. d
C   1. a   2. d   3. c   4. b   5. e

まとめ2

1. だが ×　しかも　　2. そこで　すると ×　　3. それで　また ×
4. もっとも ×　それでも　　5. ×　そればかりでなく　ちなみに

17課　語彙を広げる

問題Ⅰ

1. a　2. a　3. a　4. b　5. b

問題Ⅱ

1. め　2. 気味(ぎみ)　3. だらけ　4. っぱなし　5. っぽい

問題1

1. b　2. b　3. b　4. c　5. a　6. c　7. b　8. a　9. a　10. b　11. a

問題2

1. a　2. b　3. a　4. a　5. b　6. a　7. b　8. b　9. b　10. a　11. a
12. a

まとめ

A　①がち　②かけ　③通(とお)す　④きり　⑤め　⑥得(え)ない
B　①っぱなし　②だらけ　③気味(ぎみ)　④っぽい　⑤きっ

18課　硬い文章

問題Ⅰ

1. a　2. b　3. a　4. a　5. a

問題Ⅱ

1. a　2. b　3. a　4. b　5. b

問題1-1

①問題がある　②問題がない　③問題があった　④問題がなかった
⑤安い　⑥安くない　⑦安かった　⑧安くなかった
⑨健康だ　⑩健康ではない　⑪健康だった　⑫健康ではなかった
⑬学生だ　⑭学生ではない　⑮学生だった　⑯学生ではなかった
⑰雨が降るだろう　⑱便利なのだ　⑲使おう

問題1-2

1. だろうか／であろうか　2. したい　3. 知らなかった　4. 調べた　5. わかった
6. だ／である　7. ではない　8. できる　9. ある　10. 大きい
11. なのだ／なのである　12. らしい　13. あるか　14. かもしれない
15. 調べてみよう

問題2

1. 始まり　2. 遊び　3. 寒くなく　4. であり　5. 立ち上がり　6. 働いており
7. 行かず　8. 言わず　9. ではなく　10. 読み　11. あり　12. 安くなく

問題3-1

1. 非常に（たいへん）　2. 次第に　3. 少し　4. 急速に　5. やはり　6. 全く
7. どちら　8. よくない（いけない）

問題3-2

1. ではない　2. しなければならない／しなくてはならない　3. 言っていた
4. なのだ　5. 変えてしまう　6. しなくてはならない　7. では・出ないのではないか
8. わからない　9. あっても　10. 捨ててしまおうと

まとめ-1

①知っている　②こちら　③それだけではない　④あるということ
⑤という人だ／である　⑥かかったが　⑦次第に　⑧いろいろな／さまざまな
⑨わかっている　⑩笑おう

まとめ-2

①かかっても　②進めなくてはならない　③なのだという　④あるだろう
⑤なのだが　⑥非常に　⑦しなくてはいけない　⑧考えるのでは
⑨しかたがない　⑩ものだ／ものである

19課　ていねいな言い方

問題Ⅰ

1. b　2. b　3. a　4. a　5. a

問題Ⅱ

1. b　2. a　3. b　4. b　5. a

問題1

1. 見えました／お見えになりました／おいでになりました／いらっしゃいました
2. お待ち・方　3. おいで／いらっしゃって　4. おいでになります／いらっしゃいます
5. ご自由に・ご覧　6. お宅・おいでになります／いらっしゃいます
7. 役員でいらっしゃいます　8. 来てくださいました／おいでくださいました
9. 考えていらっしゃいます／考えておいでです／お考えです
10. お変わりなく・お元気でいらっしゃいます　11. お休みになりました

問題2-1

1. 伺っ　2. 使わせていただき　3. 伺い・ござい　4. お目にかかり
5. お目にかけ　6. 拝借し　7. 存じ上げており／存じており
8. 存じ　9. 田中でござい　10. 申し上げ

問題2-2

1. a　2. b　3. a　4. a　5. a　6. b　7. a　8. a・a　9. b・a
10. a・b・b・a

問題2-3

①a ②b ③b ④a ⑤a ⑥a ⑦b ⑧a ⑨a ⑩a ⑪b ⑫a

問題3

1. a 2. a 3. b 4. a 5. b 6. a 7. a 8. a・b 9. b 10. a

問題4

①a ②b ③b ④b ⑤a ⑥b ⑦b ⑧a

まとめ

①申します　②おいでになりますか／いらっしゃいますか　③でございます
④おりません　⑤ご用件　⑥お目にかかりたい　⑦申しております　⑧伺いたい
⑨伺います／参ります　⑩お電話いたします　⑪おります
⑫おいでになりません／いらっしゃいません　⑬伺っておりません
⑭お戻りになったら　⑮お伝えいたします
⑯いらっしゃいました／おいでになりました　⑰お出かけになった
⑱おっしゃっている

20課　会話・文章のまとまり

問題

1. a 2. b 3. a 4. b 5. b 6. a 7. a 8. b 9. b 10. a

問題1

1. b・a 2. a 3. a 4. b 5. a 6. b

問題2

1. b・b 2. a・b・b・a 3. b・a・b 4. a・a・a・b・a・a・b

問題3

1. C B A D   2. A D B C   3. D B A C   4. A D C B
5. B C A D   6. B A D C

まとめ－1

1. b   2. a   3. a   4. b   5. a

まとめ－2

1. d   2. c   3. d   4. b   5. a